Teoría de la Administración Pública

Jorge Mendoza Vester

Créditos

Teoría de la Administración Pública
Mendoza Vester, Jorge

Teoría de la Administración Pública / Jorge Mendoza Vester

© 2023 Teoría de la Administración Pública - Jorge Mendoza Vester

1ª edición.- Ciudad de Santiago, Chile, 2023

Primera edición

Índice

Prefacio

Como profesor en el ámbito de la Administración Pública, he tenido el privilegio de guiar y formar a estudiantes en su primer acercamiento a esta disciplina esencial. A lo largo de mis años de docencia, me he enfrentado a una realidad ineludible: la escasez de textos introductorios específicamente diseñados para futuros administradores públicos. Esta situación me llevó a emprender la tarea de escribir este manual de Administración Pública, un recurso didáctico y teórico que busca llenar ese vacío educativo.

La mayoría de los textos de administración se inclinan hacia una orientación empresarial, centrados en el sector privado. Esta tendencia deja un hueco considerable en la educación de aquellos que aspiran a servir en el sector público. Mi objetivo con este manual es ofrecer una perspectiva que aborde de manera integral los desafíos y particularidades de la administración pública.

Este libro está fundamentado en la sólida creencia de que la administración pública es una disciplina científica por derecho propio. Por ello, se ha elaborado con un enfoque riguroso, buscando establecer un marco teórico robusto que sirva como base para la comprensión y práctica de esta profesión. En su desarrollo, se incorpora la teoría general de sistemas, proporcionando un enfoque teórico que considera la administración pública como un conjunto de sistemas interconectados y dinámicos.

Además, en un mundo caracterizado por la volatilidad, la incertidumbre, la complejidad y la ambigüedad (VICA), es imperativo actualizar y adaptar los marcos teóricos tradicionales. Este manual aborda estos desafíos contemporáneos, integrando enfoques teóricos actuales que son cruciales para la formación de administradores públicos eficaces.

Consciente de la importancia de una enseñanza práctica y aplicada, este manual no se limita a la exposición teórica. Se complementa con una serie de ejercicios resueltos, cuidadosamente diseñados para reforzar el aprendizaje y apoyar el proceso formativo de los alumnos. Estos ejercicios ofrecen la oportunidad de aplicar los conceptos teóricos a situaciones reales, fomentando así una comprensión más profunda y una habilidad práctica en la administración pública. Esta combinación de teoría y práctica es esencial para preparar a los estudiantes para los desafíos reales que enfrentarán en su carrera profesional.

Este libro no solo está destinado a ser un recurso para estudiantes de primer año en la carrera de Administración Pública, sino también una herramienta valiosa para cualquier persona interesada en comprender los fundamentos y desafíos actuales de la administración en el sector público.

Este libro no solo está destinado a ser un recurso para estudiantes de primer año en la carrera de Administración Pública, sino también una herramienta valiosa para cualquier persona interesada en comprender los fundamentos y desafíos actuales de la administración en el sector público. Espero sinceramente que este manual sirva como un faro de conocimiento y guía para las nuevas generaciones de administradores públicos, quienes tendrán la tarea de navegar y gestionar los complejos sistemas de nuestra sociedad.

Con este manual, aspiro a inspirar, educar y capacitar a los futuros líderes del sector público, proporcionándoles un conocimiento profundo y una comprensión integral de la administración pública. Este es un paso hacia la construcción de un futuro más informado y eficiente en la administración de nuestros recursos y sistemas públicos.

Jorge Mendoza Vester

Introducción

La Administración Pública es un campo fascinante y en constante evolución que es fundamental para la estructura y funcionamiento de nuestras sociedades. Este libro, "Manual de Administración Pública", está diseñado para ser una guía integral y accesible para estudiantes de primer año en la carrera de Administración Pública, así como para cualquier persona interesada en explorar las profundidades de esta disciplina esencial. A través de sus páginas, abordaremos tanto los fundamentos teóricos como los aspectos prácticos de la administración en el sector público, ofreciendo un enfoque equilibrado entre teoría y práctica.

En el Capítulo 1, "Introducción a la administración", establecemos el escenario para su estudio. Aquí, exploraremos los antecedentes históricos de la administración, mostrando cómo ha evolucionado a través del tiempo y cómo diferentes enfoques teóricos han moldeado su desarrollo. También introducimos la Teoría General de Sistemas y el enfoque VICA (Volatilidad, Incertidumbre, Complejidad, Ambigüedad), que son fundamentales para entender la naturaleza dinámica de la administración pública en el mundo actual.

Avanzando hacia el Capítulo 2, se presenta la "Historia de la Administración Pública Mundial y en Chile", examinando las corrientes principales como la teoría de la burocracia, la nueva gestión pública y los estados neo-weberianos.

Este capítulo también aborda la administración pública como ciencia, destacando las diferencias entre la administración pública y la privada, y cómo el enfoque VICA se aplica específicamente en el ámbito público. Además, se hace énfasis en la importancia de la ética en la administración pública, un tema de relevancia creciente en la gestión moderna.

El Capítulo 3, "Funciones de la Administración", se centra en las funciones continuas de la administración y en las cuatro etapas clásicas del proceso administrativo: planificación, organización, dirección y evaluación. Estas funciones son el corazón de la administración pública eficaz y eficiente, y entenderlas a fondo es crucial para cualquier administrador público exitoso.

Este libro no solo es un texto académico; es una herramienta enriquecida con ejercicios resueltos para fomentar una comprensión práctica y aplicada de los conceptos teóricos. Está diseñado para guiar a los estudiantes a través de su viaje de aprendizaje, preparándolos para enfrentar y superar los desafíos que encontrarán en el apasionante mundo de la administración pública.

Al final del texto, espero que cada lector no solo adquiera conocimientos fundamentales, sino que también desarrolle una apreciación profunda por la importancia y complejidad de la administración pública. Están a punto de embarcarse en un viaje educativo que les proporcionará las herramientas y perspectivas necesarias para convertirse en líderes eficaces y responsables en el sector público. Bienvenidos a la experiencia de aprender y formar parte de la administración pública.

Introducción a la administración

Antecedentes históricos

A lo largo de la historia, los seres humanos han actuado de manera conjunta para satisfacer no solo sus necesidades básicas, sino también para abordar una amplia gama de objetivos en diversas áreas de la vida en sociedad. Desde los albores de la civilización, se han desarrollado técnicas y enfoques para gestionar eficientemente los recursos y coordinar las actividades de grupos humanos.

Los primeros indicios de técnicas administrativas se remontan al inicio de la historia, cuando comenzó a surgir la necesidad de dejar registro gráfico de las actividades humanas. Estos avances tuvieron lugar en la antigua civilización Sumeria en el IV milenio a. e. c., donde se utilizaban cañas para grabar información en tabletas de arcilla. A través de esta forma de escritura, se registraban inventarios, transacciones comerciales y otros datos contables. Estos descubrimientos revelan que desde tiempos remotos se empleaban métodos para organizar y administrar eficientemente los recursos, así como para llevar un control preciso de las actividades económicas.

Al continuar el examen histórico, se observa una amplia variedad de ejemplos que demuestran la relevancia de la administración en el desarrollo de las empresas humanas más destacadas. La construcción de las pirámides en Egipto es un testimonio asombroso de la capacidad de planificación, coordinación y gestión de recursos que implica una tarea monumental como esta. Del mismo modo, el éxito en la administración de un imperio vasto como el Imperio Romano, que abarcó una extensa geografía y una diversidad de culturas, evidencia la importancia de la administración en la organización y gobernabilidad de sociedades complejas. Estos ejemplos históricos resaltan la presencia temprana de la disciplina de la administración en la estructuración y eficacia de los estados y organizaciones.

Además de su papel en la gestión de grandes empresas y estructuras estatales, los principios y enfoques administrativos se aplican en una amplia variedad de ámbitos en la vida humana. Desde organizaciones de la sociedad civil hasta el entorno familiar, se pueden emplear técnicas de administración para mejorar la eficiencia, la coordinación y el logro de objetivos. La versatilidad y aplicabilidad de los enfoques administrativos en diversos contextos justifican su estudio y comprensión sistemática.

En este sentido, es importante destacar que las interacciones humanas para lograr objetivos se cristalizan en organizaciones, las cuales son el **lugar preferente** donde se aplica y estudia la administración. Estas organizaciones pueden variar desde empresas privadas, organizaciones sin fines de lucro, instituciones gubernamentales hasta comunidades y grupos sociales. El estudio de la administración se enfoca en comprender cómo se planifican, organizan, dirigen y controlan las actividades dentro de estas entidades para lograr resultados eficientes y efectivos.

En este capítulo examinaremos los siguientes temas relacionados con la administración:

- La administración: su definición, características y conceptos fundamentales.

- Las organizaciones: su naturaleza, tipos y estructuras.

- La evolución histórica de la administración: un recorrido por las diferentes corrientes y enfoques que han influido en su desarrollo.

- El aporte de la Teoría de Sistemas: cómo esta teoría ha contribuido a comprender y analizar las organizaciones como sistemas complejos.

- El enfoque VICA en la administración moderna: un acercamiento que destaca la importancia de la volatilidad, incertidumbre, complejidad y ambigüedad en el entorno actual y cómo afecta la gestión y toma de decisiones.

Organizaciones y la administración

Las experiencias mencionadas previamente, así como numerosos ejemplos adicionales, muestran que los seres humanos actúan en conjunto para lograr objetivos definidos previamente. Esta característica de la cooperación humana ha llevado a que gran parte de la vida transcurra en organizaciones, las cuales constituyen la base y el fundamento de la sociedad moderna.

Además de la administración privada y la administración pública, existen otras áreas en las que la disciplina de la administración también desempeña un papel fundamental. Estas incluyen:

- Organizaciones sin fines de lucro, como, por ejemplo: organizaciones caritativas, fundaciones, asociaciones civiles y otras entidades que tienen como objetivo principal el bienestar social. La administración en estas organizaciones es crucial para garantizar la eficiencia en el uso de los recursos y la consecución de los objetivos sociales.

- Organizaciones internacionales: Tales como las Naciones Unidas, la Organización Mundial de la Salud y el Fondo Monetario Internacional, entre otras, que se dedican a abordar problemas globales y promover la cooperación entre países. La administración en estas organizaciones implica la gestión de programas, la coordinación de esfuerzos internacionales y la toma de decisiones estratégicas para lograr sus objetivos.

- Organizaciones comunitarias: Comprenden asociaciones vecinales, comités de acción ciudadana y otras agrupaciones locales que se dedican a mejorar la calidad de vida en comunidades específicas. La administración en estas organizaciones implica la coordinación de actividades comunitarias, la movilización de recursos locales y la participación ciudadana en la toma de decisiones.

- Organizaciones educativas: Incluyen escuelas, universidades, institutos de investigación y otros centros de aprendizaje. La administración en estas organizaciones abarca la planificación curricular, la gestión de recursos humanos y materiales, la supervisión de procesos educativos y la implementación de políticas educativas.

- Organizaciones culturales y artísticas: Tales como museos, teatros, galerías de arte y festivales culturales. La administración en estas organizaciones implica la gestión de eventos, la planificación de exposiciones, la recaudación de fondos y la promoción de la cultura y las artes.

En síntesis, la administración no se limita solo a la esfera empresarial y gubernamental, sino que se extiende a diversas áreas de la sociedad en las que las personas se organizan para alcanzar objetivos compartidos. El estudio de la administración en todas estas organizaciones permite comprender mejor cómo se gestionan los recursos, se coordinan las actividades y se logran los resultados deseados, contribuyendo así al desarrollo y el bienestar de la sociedad en su conjunto.

Por las razones expuestas anteriormentel estudio en profundidad de la administración pública, contribuye no solo a una mejor organización del Estado y las organizaciones , si no que también, a un amplio conjunto de iniciativas de interés social.

Organizaciones

Las actividades humanas en la realización de objetivos comunes se manifiestan de múltiples formas, pero no en todos los casos hablamos de organizaciones, debido a que, muchas de estas iniciativas no perduran en el tiempo.

Solo cuando los esfuerzos colectivos de las personas que persiguen un propósito se vuelven permanentes en el tiempo, hablamos de organizaciones. Estas agrupaciones se encuentran en diversas áreas de la actividad hu-

> **Las organizaciones** *son "... estructuras sociales creadas por los individuos para organizar y realizar actividades de una forma conjunta, consiguiendo la colaboración de individuos persiguiendo objetivos específicos".*

mana y son un componente en el que todas las personas se ven involucradas de alguna manera al vivir en sociedad. La presencia de organizaciones no se limita únicamente a la actividad económica, sino que, como señalábamos anteriormente, también se extiende a clubes deportivos, organizaciones no gubernamentales, instituciones educativas, fundaciones filantrópicas, iglesias, entre otras.

A pesar de las enormes diferencias entre las organizaciones mencionadas, se pueden identificar puntos en común entre ellas, que permiten considerarlas a todas como organizaciones. La búsqueda de estas regularidades es una de las áreas de interés de la administración como disciplina.

Al examinar la definición propuesta por Diez et al.1 en el recuadro, podemos identificar los siguientes elementos claves:

- Objetivos o fines perseguidos por las personas.

- Relaciones que vinculan, coordinan y organizan a las personas.

- Seres humanos que aportan sus capacidades en el logro de los objetivos.

- Recursos materiales utilizados en el proceso.

Como podemos ver, en toda actividad humana en la que se coordinen esfuerzos colectivos para alcanzar fines, se encontrarán estos elementos, lo cual posibilita su estudio conjunto, incluso si corresponden a instituciones que llevan a cabo acciones en áreas muy diversas.

La ciencia de la administración se dedica al estudio de todo este tipo organizaciones. Por facilidad conceptual, los expertos en el tema reconocen dos grandes áreas en las que esta disciplina enfoca sus estudios: la administración privada, que generalmente se asocia con la gestión empresarial, y la administración pública, que se centra en el ámbito gubernamental y las instituciones del sector público.

---

1. *Administración y dirección* (España: Editorial McGraw_Hill, 2001), 3.

Administración

Una de las definiciones más ampliamente aceptadas sobre administración se basa en los trabajos de Frederick Taylor, a la que nos referiremos más adelante. De acuerdo a una versión de Idalberto Chiavenato, un reconocido académico brasileño, "La administración no es otra cosa que la conducción racional de las actividades de una organización; implica la planificación, organización (estructuración), dirección (liderazgo) y control de todas sus actividades" 2.

Las palabras resaltadas en esta definición representan las cuatro funciones esenciales que conforman el proceso administrativo: planificación, organización, dirección y control. La mayoría de los autores y académicos coinciden en que estas cuatro fun-

ciones son las fundamentales en la administración. Aunque algunos académicos han propuesto agregar funciones adicionales, como la integración propuesta por Harold Koontz, esta perspectiva no es predominante en la teoría administrativa.

En relación con la definición de organización, se destaca que estas están compuestas por personas coordinadas que utilizan recursos para alcanzar los fines u objetivos que se han planteado. Aquí radica la importancia práctica de la administración, ya que a través del uso de técnicas apropiadas, se logra que las organizaciones alcancen sus objetivos con la menor utilización de recursos posible.

De la reflexión anterior surgen varias consideraciones que son

2. Chiavenatto, I, *Introducción a la teoría general de la administración* (México: Editorial Mc Graw Hill., 2019).

de interés.

- Eficacia: Se refiere al logro de los objetivos establecidos por la organización. Una administración eficaz se centra en alcanzar los resultados deseados.

- Eficiencia: Consiste en lograr los objetivos con el menor uso de recursos posibles. Una administración eficiente busca optimizar la utilización de recursos y evitar el desperdicio.

Estos conceptos implican que las organizaciones correctamente administradas son aquellas que incorporan la eficiencia en sus prácticas internas. Esta concepción de la administración la vincula con disciplinas cercanas, como la economía, a través del concepto de productividad.

$$\text{Productividad} = \frac{\text{producto}}{\text{insumos}}$$

La productividad se define como la relación entre el logro de los objetivos y los recursos utilizados para alcanzarlos. Matemáticamente, se puede expresar como el cociente entre el producto (los fines) y los insumos (recursos) usados para obtener ese producto.

Desde una perspectiva económica o administrativa, se pueden abordar los problemas de dos maneras:

- Si se establece como objetivo un cierto nivel de producto, la tarea de un administrador eficiente, que busca optimizar la productividad, es alcanzar ese nivel de producto con el menor uso de recursos posible.

- Existe una perspectiva alternativa a la anterior, donde si se cuenta con un nivel de recursos definido previamente, la forma eficiente de hacerlo es lograr el máximo nivel de producto con esos recursos.

Estos enfoques permiten tomar decisiones administrativas y económicas informadas, buscando maximizar la eficiencia y la productividad de las organizaciones. En un entorno cada vez más competitivo y dinámico, estas prácticas administrativas son cruciales para el éxito y la sostenibilidad de las organizaciones.

Pregunta activadora

¿Considera de que forma los conceptos de productividad y eficiencia pueden influir en tu vida diaria, en particular, en los estudios?

Respuesta a la pregunta activadora

Los conceptos de productividad y eficiencia pueden tener una influencia muy poderosa en la vida diaria en la optimización del tiempo de estudio. El uso de técnicas administrativas simples como la incorporación de una carta Gantt, acompañado del empleo sistemático de una agenda, se traducirán en mejoras importantes en el desempeño académico.

Evolución histórica de la teoría de la administración

La evolución histórica de la teoría de la administración ha sido influenciada por una serie de factores a lo largo del tiempo. Aunque las técnicas administrativas pueden rastrearse hasta la invención de la escritura, fue durante la Revolución Industrial cuando la administración moderna comenzó a tomar forma. Durante este período de transformación económica y tecnológica, surgieron las primeras teorías sistemáticas de la administración a finales del siglo XIX y principios del siglo XX.

Dentro del campo de la administración, dos enfoques principales han dominado gran parte del pensamiento y las prácticas: el enfoque clásico o administración científica, y el enfoque humanista o administración humanista. Estos enfoques representan diferentes formas de abordar la gestión y ofrecen perspectivas complementarias sobre cómo se deben organizar y dirigir las actividades organizacionales.

El enfoque clásico, representado en gran medida por las teorías de Frederick Taylor y Henri Fayol, se centra en la eficiencia y la optimización de los aspectos relacionados con la tarea realizada por los trabajadores. Se basa en el análisis científico de los procesos de trabajo, la estandarización de métodos y la división del trabajo para maximizar la productividad. Este enfoque busca eliminar el desperdicio y mejorar la eficiencia en la ejecución de las tareas, enfocándose en la racionalización y la planificación meticulosa.

Por otro lado, el enfoque humanista, que encuentra sus raíces en las teorías de Elton Mayo y Abraham Maslow, se centra en las características individuales de las personas involucradas en el proceso de trabajo. Este enfoque reconoce la importancia de aspectos como la motivación, la satisfacción laboral, el desarrollo personal y la interacción social en el rendimiento y el bienestar de los trabajadores. Se preocupa por el trato justo, el reconocimiento y la participación activa de los empleados, y busca crear un entorno de trabajo favorable que promueva el crecimiento y el desarrollo, tanto personal como profesional.

Es fundamental destacar que esta dicotomía entre los enfoques clásico y humanista no debe ser considerada como excluyente o contradictoria, sino más bien como dos perspectivas complementarias dentro del amplio campo de la administración. Ambos enfoques reconocen la importancia tanto de las características individuales de los trabajadores como de los aspectos relacionados con la tarea para lograr un funcionamiento efectivo y eficiente de las organizaciones. La integración de estos enfoques puede conducir a un enfoque más completo y equilibrado de la administración, teniendo en cuenta tanto a las personas como a las metas organizativas en la búsqueda de la excelencia y el éxito.

Administración científica	Administración humanista
Creador Taylor, Fayol	Versión de Peter Drucker
Estudios meticulosos acerca del trabajo y las formas de incrementar la productividad, estableciendo bases para la administración científica.	Cambio de era: Sociedad del conocimiento y de organizaciones.
Ejemplo Fordismo. División del trabajo, incrementos en la productividad, disminución de los costos. Incrementos en la demanda. Principios básicos de la Administración Científica	Conocimiento es factor trascendente
Orientación:	Fase I (1750-1880) Saber aplicado a herramientas, procesos y productos. Rev. Industrial.
1. Estudiar científicamente el trabajo por especialistas.	Fase II (1880-1950) Saber aplicado al trabajo. Rev. de la Productividad. Aparece trabajador de clase media con acceso a bienes de consumo. En 3 meses se forman obreros calificados que ganan mejor salario e incrementan la productividad).
2. Selección y entrenamiento científico del obrero (según aptitudes.)	Fase III (1950 – hoy) Saber aplicado al saber. Se trata de la "Rev. de la Gestión" (el saber es el factor de producción más importante). Economía del Saber lleva a la Sociedad del Saber, potenciando los adelantos científicos y tecnológicos. El origen de la Investigación científica es la U.
3. Unificar estudio del trabajo y selección científica del operario	
4. Lograr cooperación entre dirigentes y obreros-empleados, de forma que refuerce la solidaridad humana.	

Si quisiera resumir en una sola frase las principales características de estos dos grandes grupos de escuelas, puede decirse que:

• La administración clásica se centra en optimizar los aspectos relacionados con la tarea realizada por el trabajador.

• La administración humanista, como lo indica su nombre, está enfocada en las características de la persona que participa en el proceso de trabajo.

Escuela clásica

La escuela clásica marca el inicio de la administración moderna y se caracteriza por la formalización de los estudios en este campo. Esta escuela se compone de tres enfoques que coinciden en enfatizar los aspectos formales del trabajo. En el cuadro siguiente se presentan estas tres escuelas junto con los investigadores que realizaron los principales aportes en su formulación.

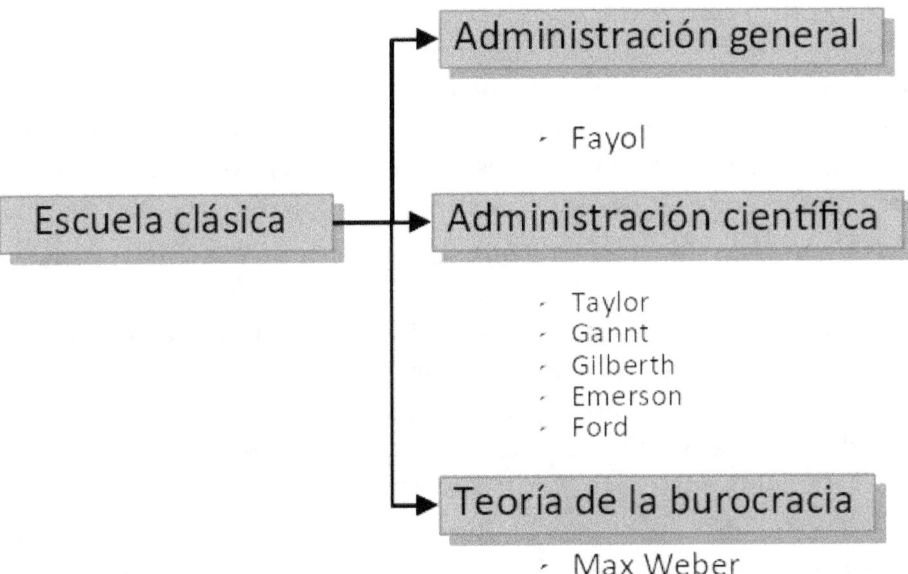

Entre las principales características de estas escuelas, podemos mencionar las siguientes:

1. Las recompensas como motivadores: Se reconoce que las re-

compensas juegan un papel importante en la motivación de las personas dentro de las organizaciones. Estas recompensas pueden ser tanto materiales como inmateriales y se utilizan para fomentar un mejor desempeño y lograr los objetivos organizacionales.

2. El individuo es un recurso pasivo: En esta perspectiva, se considera al individuo como un recurso pasivo que puede ser controlado y motivado por la empresa. Se enfatiza la autoridad y jerarquía dentro de la organización, donde los líderes tienen la responsabilidad de dirigir y guiar a los empleados hacia el logro de los objetivos.

3. Racionalidad económica: Se busca evitar que las emociones irracionales interfieran con la racionalidad económica en la toma de decisiones organizacionales. Se promueve un enfoque objetivo y basado en datos para maximizar la eficiencia y minimizar los costos.

4. Control de las emociones irracionales: Se plantea que las empresas pueden organizar sus estructuras y procesos de manera que se controlen las emociones irracionales. Esto implica establecer sistemas de control y normas claras para regular el comportamiento de los empleados y mantener el orden dentro de la organización.

En resumen, la escuela clásica de la administración se caracteriza por su enfoque en los aspectos formales del trabajo, el papel de las recompensas como motivadores, la consideración del individuo como recurso pasivo, la importancia de la racionalidad económica y la necesidad de controlar las emociones irracionales en el ámbito organizacional. Estas ideas sentaron las bases para el desarrollo posterior de otras corrientes de pensamiento en la administración.

Estos enfoques están estrechamente ligados a sus precursores, quienes realizaron valiosas contribuciones al desarrollo de la administración.

Henry Fayol fue un destacado teórico de la administración y se le considera uno de los fundadores de la escuela clásica de la administración. Sus estudios y aportes han tenido una gran influencia en el campo de la gestión y siguen siendo relevantes en la actualidad. A continuación, se detallan algunos de los principales estudios y aportes de Henry Fayol:

1. Los 14 principios de la administración: Fayol identificó 14 principios fundamentales que consideraba necesarios para el buen funcionamiento de una organización. Estos principios incluyen la división del trabajo, la autoridad y responsabilidad, la unidad de mando, la centralización y descentralización, entre otros. Estos principios proporcionan pautas generales para la administración eficiente y se consideran fundamentales en la teoría administrativa.

2. Las cinco funciones de la administración: Fayol propuso que la administración se compone de cinco funciones básicas: planificación, organización, dirección, coordinación y control. Estas funciones representan las actividades esenciales que deben llevarse a cabo para lograr los objetivos de la organización.

3. Teoría de la estructura organizacional: Fayol también realizó importantes contribuciones en el campo de la estructura organizacional. Propuso una estructura jerárquica dividida en diferentes niveles de autoridad, y destacó la importancia de la coordinación y comunicación efectiva entre los diferentes departamentos de una organización.

4. Administración industrial: Fayol fue un defensor de la aplicación de los principios de la administración en el entorno industrial. Enfatizó la importancia de la eficiencia y productividad en las organizaciones industriales, y abogó por la utilización de métodos científicos para mejorar los procesos de producción.

5. Enfoque integral de la administración: Fayol enfatizó la necesidad de una visión integral de la administración, considerando aspectos tanto técnicos como humanos. Reconoció la importancia de las habilidades gerenciales, el liderazgo y la motivación del personal para lograr el éxito organizacional.

Como puede verse, los estudios y aportes de Henry Fayol en el campo de la administración han sido fundamentales para el desarrollo de la teoría administrativa. Sus principios, funciones y enfoque integral siguen siendo referentes importantes en la gestión de las organizaciones en la actualidad.

Frederick Taylor fue un ingeniero mecánico y teórico de la administración que realizó importantes contribuciones al campo de la gestión científica. A continuación, se detallan algunos de sus principales estudios y aportes:

1. Estudio de tiempos y movimientos: Taylor es conocido por su enfoque en el análisis de los procesos de trabajo a través del estudio de tiempos y movimientos. Utilizó métodos científicos para medir y analizar el tiempo requerido para realizar cada tarea, con el objetivo de identificar las formas más eficientes de llevar a cabo el trabajo.

2. División del trabajo: Taylor abogó por la división del trabajo y la especialización de las tareas. Argumentó que al dividir las actividades en tareas más pequeñas y especializadas, se podía aumentar la eficiencia y la productividad.

3. Estándares de trabajo: Taylor propuso establecer estándares de trabajo basados en el estudio científico de tiempos y movimientos. Estos estándares servían como referencia para evaluar el desempeño de los trabajadores y mejorar la eficiencia en el proceso de producción.

4. Incentivos y remuneración: Taylor defendió la idea de que los trabajadores deberían recibir incentivos y remuneración basados en su desempeño. Creía que al recompensar a los empleados por su productividad, se estimulaba su rendimiento y se lograban mejores resultados.

5. Relaciones laborales: Taylor hizo hincapié en la importancia de establecer relaciones laborales armoniosas y colaborativas entre la gerencia y los trabajadores. Buscaba superar los conflictos y la desconfianza, promoviendo la colaboración y el trabajo en equipo.

6. Principios de la administración científica: Taylor desarrolló una serie de principios que fundamentaban su enfoque de la administración científica. Estos principios incluían la selección científica y el desarrollo de los trabajadores, la cooperación estrecha entre la gerencia y los empleados, y la aplicación de métodos

científicos para la toma de decisiones.

Aunque la obra de Taylor fue objeto de críticas y controversias debido a su enfoque mecanicista y su énfasis en la eficiencia a expensas de la consideración de las necesidades y motivaciones de los trabajadores, su legado en el campo de la administración sentó las bases de la gestión científica y tuvo un impacto significativo en la forma en que se organiza y gestiona el trabajo en las organizaciones. Su enfoque en la eficiencia y la aplicación de métodos científicos ha influido en gran medida en la teoría y práctica de la administración moderna.

El factor humano

El factor humano desempeña un papel fundamental en el enfoque de la administración, y uno de los investigadores destacados en este campo es C. S. Myers. Su trabajo se centró en comprender la relación entre los accidentes laborales, el ausentismo y las horas trabajadas. Sin embargo, Myers llegó a la conclusión de que la fatiga fisiológica no era el factor más relevante, sino que puso énfasis en el concepto de fatiga industrial, la cual asoció con el trabajo coordinado y rítmico.

A través de sus investigaciones, Myers descubrió que la monotonía en el trabajo tenía un impacto significativo en la fatiga y el rendimiento de los trabajadores. Reconoció que las tareas repetitivas y carentes de desafío podían llevar a una disminución en la motivación, el interés y la satisfacción laboral, lo que a su vez afectaba la productividad y aumentaba la probabilidad de accidentes y ausentismo.

Basado en estas observaciones, Myers se dedicó a explorar la importancia de crear condiciones ambientales más favorables en el entorno laboral. Reconoció que aspectos como la iluminación adecuada, la temperatura controlada y la reducción del ruido podían tener un impacto positivo en el bienestar de los trabajadores, su nivel de atención y su rendimiento en general.

Los estudios de C. S. Myers sentaron las bases para comprender la importancia de considerar el factor humano en la administración. Sus investigaciones demostraron que el diseño de tareas, la variedad y la creación de un entorno de trabajo favorable son elementos cruciales para garantizar la motivación, el compromiso y el desempeño óptimo de los empleados.

Otros investigadores como F. Galton y W. Wundt, incorporaron el enfoque de la psicología aplicada en los estudios laborales, iniciando lo que sería una fructífera contribución de esta ciencia en la administración.

La orientación general de esta escuela consiste en que el jefe debe delegar responsabilidad y autoridad, capacitar a los subordinados destacados para ocupar puestos de jefatura, coordinar los diversos esfuerzos y estimular y alentar a las personas que colaboran, en pos del objetivo general. El jefe debe ser un líder, y el éxito de la empresa dependerá de que los colaboradores asuman los objetivos que se les asignan.

Estos hallazgos han influido en el desarrollo de enfoques posteriores de la teoría de la administración que enfatizan la importancia de la satisfacción laboral, el desarrollo personal y la calidad de vida en el trabajo.

Las relaciones humanas

El investigador más destacado de esta escuela Elton Mayo, fue un destacado psicólogo y sociólogo australiano conocido por sus investigaciones en el campo de las relaciones humanas y su influencia en la teoría de la administración. Sus principales contribuciones incluyen:

Experimentos de Hawthorne: Mayo lideró los famosos experimentos de la Western Electric Company en la fábrica de Hawthorne en Chicago. Estos estudios se centraron en investigar cómo los factores psicológicos y sociales afectaban la productividad y el rendimiento de los trabajadores. Los hallazgos revelaron la importancia de los aspectos emocionales, las relaciones sociales y el sentido de pertenencia en el entorno laboral.

Uno de los hallazgos más significativos de los experimentos de Hawthorne fue el descubrimiento del efecto Hawthorne, que mostró que la mera atención y el interés mostrado por los investigadores hacia los empleados tenían un impacto positivo en su motivación y productividad. Este efecto resaltó la importancia de las interacciones sociales y la satisfacción emocional en el trabajo.

Importancia de las relaciones sociales: Mayo enfatizó la relevancia de las relaciones sociales y la colaboración entre los miembros de un grupo de trabajo. Destacó la necesidad de crear un clima de apoyo y camaradería dentro de las organizaciones para mejorar el desempeño y la satisfacción laboral.

Teoría de las necesidades sociales: Mayo desarrolló la teoría de las necesidades sociales, que postula que los individuos tienen una necesidad inherente de pertenecer a grupos y establecer relaciones sociales significativas en el entorno laboral. Esta teoría destacó la importancia de satisfacer estas necesidades sociales para promover un ambiente de trabajo productivo y saludable.

Enfoque en el ser humano: Mayo promovió un cambio de enfoque en la teoría de la administración, alejándose de la visión mecanicista y centrada en la eficiencia para dar mayor importancia al ser humano como elemento central de las organizaciones. Hizo hincapié en la importancia de comprender y atender las necesidades y motivaciones de los trabajadores para lograr mejores resultados.

Las contribuciones de Elton Mayo en el campo de la administración revolucionaron la forma en que se comprende y se gestiona el factor humano en el entorno laboral. Su enfoque en las relaciones sociales, la satisfacción emocional y las necesidades sociales ha tenido un impacto duradero en la teoría y la práctica de la administración.

Además de Elton Mayo, otras personas destacadas contribuyeron a la escuela de las relaciones humanas en la administración. Algunos de los principales exponentes son:

1. Chester Barnard: Fue un ejecutivo y teórico de la administración que enfatizó la importancia de las relaciones humanas en el contexto organizacional. Barnard desarrolló la teoría de las organizaciones como sistemas sociales y argumentó que la cooperación y la aceptación de metas comunes eran fundamentales para

el éxito de una organización.

Barnard consideraba que el rol del administrador era esencial para el funcionamiento eficiente de una organización. Según su perspectiva, el administrador debía desempeñar dos funciones principales: la función ejecutiva y la función simbólica.

En la función ejecutiva, el administrador debía coordinar y dirigir las actividades de los miembros de la organización, asegurando que se cumplieran los objetivos y metas establecidos. En la función simbólica, el administrador debía representar y promover los valores y principios de la organización, fomentando la cooperación y la aceptación de metas comunes entre los miembros. Barnard enfatizaba que el administrador debía tener habilidades de liderazgo, capacidad para comunicarse efectivamente y ser capaz de generar confianza y compromiso en el equipo de trabajo.

Además, sostenía que la cooperación voluntaria era esencial para el éxito de la organización, y que los administradores debían generar un entorno favorable que propiciara la participación activa y el compromiso de los empleados.

2. Mary Parker Follett: Fue una pionera en el campo de la teoría de la administración y se centró en la importancia de las relaciones humanas y la participación en la toma de decisiones. Follett abogó por la gestión basada en la cooperación y la integración de intereses en lugar de la autoridad y el control jerárquico.

3. Kurt Lewin: Fue un psicólogo social reconocido por su investigación sobre la dinámica de los grupos y el cambio organizacional. Lewin introdujo el concepto de "campo social" y enfatizó la importancia de comprender el comportamiento humano en su entorno social y cultural. En su opinión, el comportamiento humano no depende tanto del pasado, ni del futuro, sino del campo dinámico actual.

Estos son solo algunos de los teóricos y académicos destacados que contribuyeron a la escuela de las relaciones humanas en la administración. Sus ideas y estudios sentaron las bases para una nueva perspectiva en la gestión de las organizaciones, centrándose en el factor humano y las interacciones sociales como elementos cruciales para el éxito empresarial.

Esta escuela, al centrarse en los factores motivacionales de la persona, cambió radicalmente la visión de Taylor, quien consideraba que los incentivos monetarios eran el principal incentivo en el rendimiento laboral.

Teoría de la conducta o del comportamiento

Este enfoque es el continuador natural de la escuela de relaciones humanas y aporta una teoría de las necesidades que A. Maslow popularizara a través de su conocida jerarquía piramidal de las necesidades, la que en la base tiene las necesidades fisiológicas y en su vértice las de autorealización. Herzberg complementó este enfoque planteando que las necesidades más básicas (o de higiene) son fuente de insatisfacción cuando hay carencia de ellas, pero aportan poco a la satisfacción de las personas. En cambio, las necesidades de logro o motivación, si generan satisfacción cuando están presentes, pero tienen poco impacto cuando están ausentes.

Principales exponentes de esta escuela:

- McGregor
- Maslow
- Herzberg
- McClelland
- Likert
- Simon

Puntos destacados que se pueden mencionar:
1. Tratamiento dado a la motivación.
2. Diferentes estudios sobre los estilos de mando.
3. Proceso de toma de decisiones.
4. Comportamiento de la organización.
5. Desarrollo de la organización.

La escuela de la Teoría de la Conducta o del Comportamiento en la administración realizó importantes contribuciones a nuestra comprensión de la motivación y el comportamiento humano en el entorno laboral.

Principales aportes de los teóricos más destacados de esta escuela:

1. Douglas McGregor:

- Teoría X y Teoría Y: McGregor propuso dos teorías opuestas sobre la naturaleza humana y su motivación en el trabajo. La Teoría X sugiere que los empleados son inherentemente perezosos, evitan el trabajo y requieren de una supervisión y control estrictos. Por otro lado, la Teoría Y sostiene que los empleados son intrínsecamente motivados, autónomos y buscan autorrealización en su trabajo. McGregor destacó la importancia de adoptar una mentalidad basada en la Teoría Y para fomentar la participación y el compromiso de los empleados.

2. Abraham Maslow:

- Jerarquía de necesidades de Maslow: Maslow planteó una teoría de motivación basada en una jerarquía de necesidades humanas. Según su modelo, las necesidades humanas están organizadas en una pirámide, donde las necesidades básicas como la alimentación, el refugio y la seguridad deben ser satisfechas antes de que las necesidades superiores como la autorrealización y el desarrollo personal puedan ser alcanzadas. Este enfoque propone que las empresas deben entender y satisfacer las diversas necesidades de sus empleados para fomentar su motivación y rendimiento.

3. Frederick Herzberg:

- Teoría de los dos factores: Herzberg propuso que los factores que influyen en la satisfacción y la insatisfacción laboral son diferentes y no se encuentran en un continuo. Identificó los "factores de higiene" como aquellos relacionados con el entorno laboral, como el salario, las condiciones de trabajo y la seguridad laboral, que si están ausentes causan insatisfacción, pero si están presentes no necesariamente generan satisfacción. Por otro lado, identificó los "factores motivacionales" como aquellos relacionados con la naturaleza intrínseca del trabajo, como el reconocimiento, la responsabilidad y el crecimiento profesional, que son los verdaderos impulsores de la satisfacción y la motivación en el trabajo.

Estos teóricos proporcionaron valiosas perspectivas sobre la motivación y el comportamiento humano en el entorno laboral, enfatizando la importancia de comprender y satisfacer las necesidades de los empleados, fomentar la participación activa y el compromiso, y adoptar un enfoque más humano y participativo en la gestión de las organizaciones. Sus contribuciones han influido significativamente en la práctica y la teoría de la administración, promoviendo una visión más centrada en las personas y en la creación de entornos laborales motivadores.

Escuela del desarrollo de la organización

En continuidad a los avances de la escuela de la Teoría de la conducta o del comportamiento, surge este enfoque que incorpora los conocimientos y prácticas de la ciencia del comportamiento para conseguir que las organizaciones obtengan una mayor eficacia, logrando con esto una mayor calidad de vida en el trabajo e incrementos en la productividad.

La Escuela del Desarrollo de la Organización, también conocida como Escuela del Desarrollo Organizacional (DO), es una corriente de pensamiento en el campo de la administración que se centra en el cambio planificado y el desarrollo de las organizaciones. Esta escuela se desarrolló en la década de 1960 como una respuesta a la necesidad de adaptarse a los rápidos cambios sociales, tecnológicos y económicos.

El enfoque del Desarrollo de la Organización se basa en la premisa de que las organizaciones son sistemas complejos y dinámicos, y que deben evolucionar y adaptarse para sobrevivir y prosperar en un entorno cambiante. Se centra en mejorar la efectividad y el rendimiento organizacional a través del cambio planeado, la gestión del cambio y la mejora continua.

La Escuela del Desarrollo de la Organización se caracteriza por los siguientes aspectos clave:

1. Enfoque sistémico: Considera a las organizaciones como sistemas interdependientes compuestos por personas, estructuras, procesos y cultura organizacional. Se enfoca en comprender las interacciones entre estos elementos y cómo afectan el desempeño de la organización.

2. Participación y empoderamiento: Fomenta la participación activa de los miembros de la organización en el proceso de cambio y toma de decisiones. Se valora el empoderamiento de los empleados y se promueve una cultura de colaboración y trabajo en equipo.

3. Diagnóstico organizacional: Se utiliza el diagnóstico para identificar las fortalezas y debilidades de la organización, así como las áreas que requieren cambios o mejoras. Se usan diversas herramientas y técnicas, como encuestas, entrevistas y análisis de datos, para obtener una visión clara de la situación actual.

4. Intervención y cambio planificado: Se implementan intervenciones diseñadas para mejorar la efectividad y el desempeño organizacional. Estas intervenciones pueden incluir capacitación, desarrollo de liderazgo, rediseño de procesos, reestructuración organizacional y gestión del cambio.

5. Aprendizaje organizacional: Se enfatiza el aprendizaje continuo y la adaptación organizacional como procesos clave para mantener la competitividad y la eficacia a largo plazo. Se promueve una cultura de aprendizaje, retroalimentación y mejora continua.

La Escuela del Desarrollo de la Organización se centra en el cambio y el desarrollo organizacional a través de la participación activa de los miembros de la organización, el diagnóstico, la intervención planificada y el aprendizaje continuo. Su objetivo es mejorar la efectividad y la capacidad de adaptación de las organizaciones en un entorno empresarial en constante evolución.

Métodos cuantitativos

El enfoque de Métodos Cuantitativos en administración se basa en el uso de herramientas y técnicas matemáticas y estadísticas para analizar y resolver problemas relacionados con la toma de decisiones en las organizaciones. Algunas de las técnicas utilizadas en este enfoque son la teoría de colas, la programación lineal, los modelos de simulación y el control de inventarios.

La teoría de colas es una técnica que se usa para analizar el comportamiento de sistemas de espera, como líneas de atención al cliente, procesos de producción o distribución de recursos. Permite evaluar y optimizar la eficiencia de estos sistemas al analizar variables como la tasa de llegada, el tiempo de servicio y el número de servidores.

La programación lineal es una herramienta matemática que se utiliza para resolver problemas de optimización en los que se busca maximizar o minimizar una función lineal sujeta a un conjunto de restricciones lineales. Es empleada en la gestión de la cadena de suministro, la planificación de la producción y la asignación de recursos.

Los modelos de simulación son representaciones simplificadas de sistemas complejos que se usan para comprender su comportamiento y realizar experimentos virtuales. Permiten evaluar diferentes escenarios y tomar decisiones informadas sin tener que llevar a cabo pruebas en el mundo real. La simulación es útil en áreas como la planificación de proyectos, el pronóstico de demanda y la evaluación de riesgos.

El control de inventarios es una técnica que se utiliza para gestionar los niveles de inventario de una organización de manera eficiente. Se basa en el análisis de la demanda, los costos de almacenamiento y pedido, y los tiempos de entrega para determinar los niveles óptimos de inventario y evitar la escasez o el exceso de existencias.

En conjunto, estas herramientas y técnicas cuantitativas proporcionan a los administradores una base sólida para la toma de decisiones informadas y la optimización de los procesos organizacionales. Ayudan a mejorar la eficiencia, la productividad y la rentabilidad de las empresas al proporcionar un enfoque basado en datos y análisis rigurosos.

Algunos de los principales exponentes del enfoque de métodos cuantitativos son:

- Von Newman
- Morgensten
- Wald

• Savage

Teoría neoclásica

En términos generales, aunque esta escuela presenta variedad en sus planteamientos, se puede decir que se orienta a la actualización de los criterios clásicos. Dentro de sus principales exponentes se encuentran académicos e investigadores que se encuentran vigentes al día de hoy.

Esta orientación hacia los "criterios clásicos" puede inducir a error, ya que dicho énfasis está dirigido a lograr una integración de lo mejor de la escuela clásica con la de las relaciones humanas, como ocurre en el caso de Peter Drucker y Harold Koontz.

La Teoría Neoclásica de la administración es una corriente de pensamiento que surgió como una evolución de la teoría clásica de la administración, con el objetivo de actualizar y complementar sus principios y conceptos. Consiste en un enfoque que busca integrar los aspectos formales y estructurales de la administración con el factor humano y la motivación de los empleados.

Entre sus teóricos más relevantes se pueden mencionar a:

• V. I. Ansoff,

• P. F. Drucker,

• H. Koontz,

• A. D. Chandler,

• O. Geliner,

• C. O'Donnell y

• A. Sloan

Sus investigaciones enfatizan los siguientes puntos:

Las investigaciones realizadas en el marco de la Teoría Neoclásica de la administración resaltan la importancia de los aspectos pragmáticos de la administración, centrándose en su aplicación práctica. Además, se reconoce la relevancia de los conceptos clásicos de la administración, como la estructura organizacional, la autoridad, la responsabilidad y la departamentalización, entre otros.

Uno de los aportes significativos de la Teoría Neoclásica es el desarrollo y la actualización de los principios clásicos de administración propuestos por Henri Fayol. Estos principios son adaptados y aplicados en función de las necesidades y demandas actuales de las organizaciones.

Además, se toman en consideración otras teorías que se consideran relevantes en el ámbito de la administración. Estas incluyen la comprensión de la organización informal, la dinámica de grupos, la importancia de la comunicación interpersonal, el liderazgo efectivo y la apertura hacia la dirección democrática.

Los principales aspectos de la Teoría Neoclásica de la administración incluyen:

1. Énfasis en la eficiencia: La teoría neoclásica mantiene el enfoque en la eficiencia en la realización de las tareas y actividades organizacionales. Se busca optimizar los recursos y procesos para lograr resultados óptimos.

2. Principios de la administración: Se retoman y actualizan los principios básicos de la administración, como la división del trabajo, la autoridad y responsabilidad, la disciplina, la unidad de mando y la coordinación.

3. Organización formal: Se enfatiza la importancia de la estructura organizacional formal, estableciendo líneas claras de autoridad, responsabilidad y comunicación. Se definen los roles y las funciones de los miembros de la organización.

4. Jerarquía y autoridad: Se reconoce la importancia de la jerarquía y la autoridad en la toma de decisiones y en la coordinación de las actividades. Los administradores tienen la autoridad formal para dirigir y supervisar a los subordinados.

5. Motivación y liderazgo: Se considera crucial la motivación de los empleados y el liderazgo efectivo para lograr los objetivos organizacionales. Se fomenta el reconocimiento, los incentivos y la participación de los empleados en la toma de decisiones.

6. Enfoque en los resultados: Se enfatiza la importancia de los resultados y el logro de los objetivos organizacionales. Se estable-

cen medidas y estándares para evaluar el desempeño y la eficacia de los empleados y la organización en su conjunto.

En resumen, la Teoría Neoclásica de la administración busca integrar los principios clásicos de la administración con una mayor atención al factor humano y la motivación de los empleados. Se enfoca en la eficiencia, la estructura organizacional formal, la autoridad, la motivación y el logro de resultados, con el objetivo de mejorar el rendimiento y el éxito de las organizaciones.

Teoría general de sistemas

La Teoría General de Sistemas3 (TGS) fue desarrollada por Ludwig von Bertalanffy, un biólogo alemán, a partir de sus estudios de los sistemas abiertos.

Desde una perspectiva histórica, la idea de la Teoría General de Sistemas nació en 1925 y comenzó a adquirir Influencia en otras áreas desde el año 1950 en adelante.

La Teoría General de Sistemas se enfoca en la comprensión de las totalidades, de las relaciones internas de los elementos que componen los sistemas, así como de las relaciones con su medio.

Dentro de las principales características, importantes de destacar se encuentran las siguientes.

- Es sistemática y científica al abordar y representar la realidad.

- Desarrolla formas de trabajo transdisciplinarias.

- Como paradigma científico, la TGS es holística e integradora.

En el contexto chileno uno de los principales divulgadores de esta teoría y su incorporación a la administración, ha sido el académico Oscar Johansen. En el ámbito internacional, quienes han realizado las principales contribuciones a este enfoque, además de von Bertalanffy son:

- Ashby, Boulding y Beer

- Wiener, Rosenbluth y Von Neuman

---

3. Bertalanffy, Ludwig, *Teoría general de sistemas* (Buenos Aires: Fondo de cultura económica de Argentina, 1976).

- Shannen y Weaber

- Morgenstem

En la sección siguiente se realizará una presentación detallada de esta escuela, ya que aporta una visión global y universal a la teoría de la administración.

Teoría de la contingencia

La teoría de la contingencia asociada a Lawrence y Galbraith[4] propone que no existe una forma óptima de organización, sino que la más adecuada es una función de las características de factores contextuales internos y externos y de su interrelación con las variables de la organización.

1. De esta forma los factores contingentes son el origen directo del cambio organizacional y de la forma organizativa que se establezca.

Esta teoría sostiene que las variables situacionales, como el entorno externo, la tecnología, la estructura organizativa, la estrategia y las características individuales, influyen en la elección de las prácticas y enfoques administrativos más adecuados para una organización en particular. En otras palabras, la eficacia de una forma de administración depende de la adaptación de esa forma a las condiciones específicas de la organización y su entorno.

Según Lawrence y Galbraith, la teoría de la contingencia implica que las prácticas administrativas deben ajustarse a las contingencias o circunstancias particulares de cada situación. Esto significa que no hay un estilo de liderazgo, una estructura organizativa o un sistema de control único que funcione en todas las situaciones. En cambio, se debe realizar un análisis cuidadoso de las variables relevantes y tomar decisiones basadas en la combinación más efectiva de prácticas y enfoques que se adapten a esas contingencias específicas.

La teoría de la contingencia también destaca la importancia de la flexibilidad y la capacidad de adaptación en la administración.

4. Galbraith, Jay, *Designing complex organizations* (Massachusetts: Addison-Wesley, 1973).

Las organizaciones exitosas son aquellas que pueden identificar y responder de manera oportuna a los cambios en su entorno y ajustar sus prácticas administrativas en consecuencia.

Plantea que no existen principios universales, más bien hay modelos y teorías que servirían para ciertas situaciones y que en otras no funcionan de la forma esperada.

De acuerdo a este enfoque el principal esfuerzo se debe orientar a conocer las circunstancias en que un modelo u otro contribuye a obtener los mejores resultados.

Es decir, la teoría de la contingencia enfatiza que no hay un enfoque universalmente aplicable a la administración, y que las prácticas administrativas efectivas dependen de las circunstancias y situaciones específicas de cada organización. Proporciona un marco conceptual que permite a los administradores analizar las variables situacionales y tomar decisiones basadas en la adaptación de las prácticas administrativas a esas contingencias específicas.

PREGUNTA: ¿Qué propone la teoría científica de la administración? Ejemplifique.

RESPUESTA: Plantea la realización de estudios meticulosos acerca del trabajo y las formas de incrementar la productividad, estableciendo bases para la administración científica.

Ejemplos: Fordismo, división del trabajo, incrementos en la productividad, disminución de los costos, incrementos en la demanda.

Teoría general de sistemas

"La Teoría General de Sistemas a través del análisis de las totalidades y las interacciones internas de éstas y las externas con su medio, es, ya en la actualidad, una poderosa herramienta que permite la explicación de los fenómenos que se suceden en la realidad y también hace posible la predicción de la conducta futura de esa realidad"[5]

5. Johansen, Oscar, *Introducción a la teoría general de sistemas* (México: Editorial Limusa, 1993).

Con estas palabras, Oscar Johansen, pone de relieve características de la TGS que la han convertido en un enfoque que ha permeado a un grupo importante de las ciencias sociales, entre ellas a la administración. La capacidad explicativa y el poder predictivo, como bien señala este autor, la hacen una herramienta indispensable para el administrador moderno.

La Teoría General de Sistemas (TGS) es un enfoque que ha tenido un impacto significativo en el campo de la administración. Esta teoría, desarrollada por Ludwig von Bertalanffy en la década de 1950, busca comprender los sistemas como entidades complejas y holísticas que interactúan entre sí y con su entorno. Desde la biología desarrolló un nuevo cuerpo teórico que busca ser universal y de aplicación multidisciplinaria.

El autor constata una excesiva especialización en el desarrollo del conocimiento en la época que formula su teoría, la que considera una limitación para la práctica científica. Por otro lado, observa un proceso emergente en sentido contrario: una tendencia a encontrar problemas y concepciones equivalentes en campos muy distintos unos de otros en el conocimiento.

En el ámbito de la administración, la TGS ha aportado varios conceptos y principios fundamentales que han enriquecido la comprensión de las organizaciones y su gestión. Algunos de los aportes más importantes son los siguientes:

Enfoque sistémico: La TGS propone ver a las organizaciones como sistemas abiertos que interactúan con su entorno. Esto implica considerar no solo los componentes internos de una organización, sino también las interacciones y relaciones con otras organizaciones, clientes, proveedores y el contexto socioeconómico en el que operan.

Interdependencia y retroalimentación: La TGS enfatiza la interdependencia entre los diferentes elementos de un sistema y la retroalimentación que se produce entre ellos. En el contexto de la administración, esto implica reconocer que las decisiones y acciones tomadas en un área de la organización pueden tener impacto en otras áreas, y que es necesario tener una visión holística para comprender las consecuencias de dichas decisiones.

Pensamiento holístico: La TGS promueve un enfoque holístico en la administración, donde se considera la organización en su totalidad y se busca entender cómo los diferentes componentes se integran y afectan mutuamente. Esto implica comprender los objetivos, procesos, estructuras, personas y cultura organizacional como elementos interconectados que influyen en el funcionamiento global de la organización.

Adaptabilidad y flexibilidad: La TGS reconoce que los sistemas deben ser capaces de adaptarse y ajustarse a los cambios en su entorno. En el ámbito de la administración, esto implica desarrollar una mentalidad flexible y abierta al cambio, y buscar formas de anticipar y responder de manera efectiva a los desafíos y oportunidades que surjan.

Enfoque multidisciplinario: La TGS fomenta el uso de conocimientos y perspectivas de diferentes disciplinas para comprender y abordar los problemas organizacionales. Esto implica que la administración no se limite a un enfoque exclusivamente empresarial, sino que se nutra de aportes provenientes de áreas como la psicología, la sociología, la tecnología, entre otras.

Sistema

➢ Estructura: Conjunto de elementos que conforman un sistema.

➢ Organización: Relación entre los elementos que conforman un sistema.

➢ Subsistema: Un sistema está conformado por partes que interactúan entre sí que a su vez están conformadas por partes interactuando.

La aspiración de este enfoque es elaborar en torno al concepto de sistema una teoría general, válida para todas las disciplinas científicas.

El concepto fundamental de este cuerpo teórico es el de sistema, el cual es una expresión que quiere decir reunir, colocar juntos. Es decir, **sistema significa un todo integrado cuyas propiedades fundamentales se encuentran en las relaciones de sus componentes.** De aquí surge una de las afirmaciones que caracteriza al pensamiento sistémico que el todo es más que la suma de sus partes.

La TGS ha desarrollado un set de herramientas que son poderosas desde el punto vista teórico y muy útiles en el terreno práctico, entre ellas podemos mencionar:

• **Recursividad**: Un sistema está conformado por partes interactuantes (o subsistemas) que a su vez están formadas por partes interactuantes.

• **Homeostasis**: este concepto es uno de los más relevantes sobre todo para los organismos vivos. La homeostasis tiene lugar ante modificaciones del medio que afectan a un ser vivo y, corresponde a los cambios internos del sistema con el propósito de mantener sin modificaciones su estructura.

• **Circularidad**: este concepto es compartido con la cibernética y se refiere a procesos que son alimentados mutuamente. Esta propiedad de los sistemas sociales y vivos es fundamental para la existencia de procesos retroalimentados.

• **Emergencia**: alude a que las cualidades y atributos no se basan en partes separadas. Es uno de los conceptos centrales de la TGS, entre otras cosas, porque explica la idea que el todo es más que la suma de las partes.

• **Estructura**: Las relaciones y los componentes de un sistema forman la estructura del sistema.

• **Organización**: esta consiste en las interrelaciones de los distintos elementos que conforman un sistema. La organización al establecer las posibilidades de un sistema define los estados posibles para dicho sistema.

• **Negentropía**: De acuerdo a interpretaciones de la segunda ley de la termodinámica los sistemas tienden a estados de organización más probables (entropía), es decir, al desorden, toda organización está determinada por esta propiedad. La negentropía, por el contrario, alude a la capacidad de los sistemas abiertos de incorporar energía adicional para mantener sus estados de organización.

En resumen, la Teoría General de Sistemas ha aportado a la administración un enfoque integrador y holístico que permite comprender y gestionar las organizaciones como sistemas complejos y dinámicos. Este enfoque ha sido fundamental para desarrollar una visión más amplia y sistémica de la administración, promoviendo una gestión más efectiva y adaptativa en un entorno cambiante.

Entorno V. I. C. A.

Un entorno altamente cambiante viene siendo anunciado desde la segunda mitad del siglo XX, por mencionar solo a autores contemporáneos. Alvin Toffler6 en El Schock del futuro anticipaba demasiados cambios en periodos de tiempo demasiado breves, debido al paso de una sociedad industrial a una posindustrial. En el presente, Zygmunt Bauman7 ha acuñado el concepto filosófico de modernidad líquida que hace énfasis en el cambio más que en la permanencia.

Esta realidad a la que nos enfrentamos ha sido recogida por los teóricos de la administración a través del acrónimo V. I. C. A. que alude a los conceptos Volatilidad, Incertidumbre, Complejidad y Ambigüedad.

Este enfoque fue formulado en los años 90 del siglo XX y empezó a circular en el ejército estadounidense para describir el mundo después de la Guerra Fría, y resurgió algunos años después, tras los ataques del 11S a las Torres Gemelas de Nueva York.

6. Toffler Alvin, *El schock del futuro* (Barcelona, España: Plaza & Janes editores., 1971).
7. Bauman Zygmunt, *Modernidad líquida* (Argentina: Fondo de cultura económica de Argentina, 2000).

En el contexto económico se trasladó al ámbito empresarial a raíz de la crisis económica de 2008, ya que este tuvo repercusiones a nivel global y trajo consigo un escenario, retos, formas de proceder y trabajar significativamente distintos.

La importancia de este enfoque es alta, ya que permite a las organizaciones a comprender el entorno en el cual se desenvuelven y en consecuencia adaptar su organización y estilos de trabajo para reaccionar de la forma más adecuada y a la velocidad que estos entornos requieren.

En sus aspectos sustantivos, este enfoque coincide con los planteamientos de Peter Drucker, respecto a que nos encontramos en una etapa del desarrollo económico y organizacional donde lo que predomina es el saber aplicado al saber, por lo tanto, lo relevante es una "Revolución de la Gestión" y el saber es el factor de producción más importante.

El enfoque VICA, propuesto por Terlato[8], ofrece una clasificación de distintos tipos de escenarios en función de la velocidad de los cambios y el volumen de información implicada. Estos escenarios son fundamentales para comprender y abordar la incertidumbre en el entorno empresarial. A continuación, se detallará conceptualmente cada uno de estos ambientes:

1. Ambientes simples: Estos ambientes se caracterizan por ser evidentes, obvios e imaginables.

En ellos, las causas y efectos son fácilmente visibles y pueden ser rápidamente identificados. La relación causa-efecto es clara y predecible, lo que facilita la toma de decisiones y la implementación de acciones correctivas o de mejora. En estos escenarios, las organizaciones pueden confiar en su experiencia y conocimiento acumulado para resolver los problemas de manera eficiente.

2. Ambientes complicados: Los ambientes complicados presentan mayores dificultades en la identificación de la relación causa-efecto.

8. Terlato N., "Estrategia y decisiones en ambientes VICA: Implicancias de este entorno para las empresas.", Universidad del Centro de Estudios Macroeconómicos de Argentina, Serie *Documentos de Trabajo*, no 69 (2019), http://hdl.handle.net/10419/203839.

Aunque la relación existe, no es evidente y se desconoce inicialmente. Requiere un análisis más profundo y la aplicación de enfoques especializados para comprender y abordar los problemas. En estos escenarios, es necesario recurrir a expertos, utilizar herramientas analíticas y realizar investigaciones exhaustivas para descubrir las conexiones entre los diferentes elementos y variables.

Si se formulan las preguntas correctas y se cuenta con la experiencia adecuada puede ser descubierta.

La falla de un equipo puede ser un problema complicado. Es necesario conocer su software y hardware.

La solución existe, es conocida, debe ser localizada y descubierta, aunque implique esfuerzo.

3. Ambientes complejos: Los ambientes complejos se caracterizan por tener relaciones causa-efecto desconocidas o difíciles de determinar.

En estos sistemas, la relación solo puede ser comprendida en retrospectiva, es decir, se identifica después de que los eventos hayan ocurrido. Las interacciones entre los diferentes elementos y variables son altamente interdependientes y dinámicas. En estos escenarios, se requiere una aproximación experimental, donde se realicen pruebas, se ajusten las estrategias y se aprenda de la retroalimentación del entorno.

Los sistemas vivos -entre ellos los sociales- operan mayormente dentro de ambientes complejos.

La emergencia es un enfoque que permite abordar estos contextos: el afloramiento de propiedades, en los más altos niveles de una estructura jerárquica, que no resultan previsibles desde lo existente en los niveles más bajos de la misma. Está vinculado con los aportes en biología y teoría de sistemas.

4. Ambientes caóticos: Los ambientes caóticos se refieren a situaciones en las que pequeños cambios en las condiciones iniciales pueden tener un impacto significativo y desproporcionado en el sistema.

La teoría del caos ilustra cómo una mínima variación en un parámetro puede generar resultados completamente diferentes. Estos ambientes son altamente impredecibles y requieren respuestas rápidas y flexibles. En tales escenarios, las organizaciones deben ser capaces de adaptarse rápidamente a las condiciones cambiantes y tomar decisiones ágiles para mitigar el caos y restaurar el equilibrio.

Los sistemas caóticos y complejos, no pueden ser analizados o modelizados sino a partir de sistemas no lineales, como en la siguiente expresión matemática.

$$y = e^x$$

Esta visión de Terlato en el contexto del enfoque VICA, clasifica los escenarios empresariales en simples, complicados, complejos y caóticos. Cada uno de ellos presenta características específicas en términos de visibilidad de las causas, relación causa-efecto y grado de previsibilidad. Comprender estos escenarios ayuda a las organizaciones a ajustar su enfoque estratégico, adoptar estrategias adecuadas y desarrollar la capacidad de adaptación requerida para prosperar en un entorno empresarial dinámico y desafiante.

El siguiente cuadro resumen presenta los desafíos que implica un entorno VICA y las respuestas adecuadas para abordar estos desafíos:

VICA	Desafío	Respuesta
Volátil: velocidad de los cambios.	Cambios relativamente inestables, hay información disponible y la situación comprensible, pero cambios frecuentes y algunas veces impredecibles.	La agilidad es clave para afrontar la volatilidad. Es decir, los recursos deben ser agresivamente direccionados para construir holgura y crear potencial para flexibilidades futuras.
Incierto: incapacidad de predecir el futuro	Falta de conocimiento para saber si un evento tendrá ramificaciones significativas. Aunque se conoce la causa-efecto, se desconoce si el evento generará cambios significativos.	La información es esencial para reducir la incertidumbre, conlleva moverse más allá de las fuentes de información existentes para recopilar nuevos datos y considerar otras perspectivas.
Complejo: dificultad para comprender el contexto	Muchas partes conectadas formando una elaborada red de información y procedimientos, pero no necesariamente involucran un cambio.	La reestructuración de las operaciones internas para igualar la complejidad externa es la más efectiva y eficiente forma para afrontarla.
Ambiguo: falta de claridad para entender el entorno	Falta de conocimiento con respecto a las reglas básicas del juego, no se conocen la causa-efecto y no hay precedentes para elaborar predicciones sobre qué esperar.	La experimentación es necesaria para reducir la ambigüedad. Mediante la experimentación inteligente los líderes pueden determinar cuáles estrategias son y no son beneficiosas en situaciones donde las reglas anteriores no aplican.

Fuente: (Bennett y Lemoine)[9].

9. Bennet, N.; Lemoine, J., "Lo que VUCA realmente significa para tí", *Horizonte de negocios*, 3, 57 (s. f.): 311–17.

PREGUNTA: ¿Cuál es el principal aporte del enfoque VICA?

RESPUESTA: Permite a las organizaciones situarse en los ambientes dinámicos modernos y responder a sus desafíos.

Conclusiones

En el capítulo 1 hemos examinado la importancia de la administración en la sociedad moderna y su amplio alcance en diferentes tipos de organizaciones y actividades humanas.

Desde una perspectiva histórica se puede decir que la administración surge con los primeros indicios de civilización humana y desde entonces ha jugado un rol de primera importancia en el gobierno de imperios monarquías y los estados modernos. En este sentido podría decirse que la administración surge primero en su modalidad de administración pública, o al menos al mismo tiempo que la administración privada.

Los estudios pioneros de Taylor y Fayol sobre la productividad laboral marcaron el inicio de la administración como disciplina científica. Desde entonces, ha experimentado un continuo desarrollo y enriquecimiento a través de diferentes escuelas y enfoques, lo que le ha permitido evolucionar y adaptarse a los cambios de la sociedad.

El diálogo constante de la administración con la ciencia, incluyendo la Teoría General de Sistemas, ha enriquecido su enfoque y le ha permitido adoptar herramientas y enfoques que brindan una visión integral de las organizaciones y los procesos humanos. Esta visión transdisciplinaria le permite a la administración abordar una amplia gama de actividades humanas y contribuir significativamente al bienestar de la sociedad.

Esta teoría, propuesta por Ludwig von Bertalanffy, destaca la importancia de comprender las organizaciones como sistemas complejos y en constante interacción con su entorno. Según esta perspectiva, una organización es un sistema compuesto por elementos interrelacionados que trabajan juntos para alcanzar objetivos comunes.

En la actualidad, la administración se enfrenta a desafíos constantes debido a la dinámica y cambiante realidad económica y social. En este contexto, el enfoque VICA se destaca como una perspectiva actualizada que permite a la administración responder de manera efectiva a los cambios y desafíos del entorno.

Los profesionales que ejercen la administración, especialmente en el ámbito de la administración pública, están en una posición privilegiada para aportar tanto en términos prácticos como teóricos. Su formación les permite asumir roles de liderazgo y desempeñar un papel crucial en sus respectivos campos, contribuyendo al desarrollo y mejora de las organizaciones y al bienestar general de la sociedad.

En conclusión, el estudio de la administración es esencial en la sociedad moderna, y su evolución a lo largo del tiempo, en conjunto con la incorporación de enfoques actualizados como el enfoque VICA y la Teoría General de Sistemas, ha permitido a esta disciplina adaptarse y responder de manera efectiva a los desafíos y cambios que enfrenta.

Ejercicios resueltos

Principios de administración

101. De acuerdo a lo visto en la unidad ¿Desde cuál dimensión o perspectiva se puede considerar a la administración?

A.   Ciencia.

B.   Epistemológica.

C.   Ontológica.

D.   Gnoseológica

102. ¿De las siguientes alternativas, qué institución es con fines de lucro.

A. Ministerio de Vivienda.

B. Fundación Las Rosas

C. Junta de vecinos

D. Empresa de energía verde (solar).

103. En la actualidad, las organizaciones enfrentan escenarios cambiantes, con un alto dinamismo, complejidad y diversidad de la información. ¿Qué escuela, enfoque o teoría modela adecuadamente esta situación?

A. Enfoque VICA

B. Escuela de administración científica

C. Escuela de administración humanista

D. Teoría de la burocracia.

104. ¿De los siguientes ejemplos qué organización es de interés solo para la administración privada?

A. Empresa Nacional del Petróleo

B. Codelco

C. Banco de Chile

D. Banco Central

105. ¿En qué consiste el concepto de eficiencia?

A. Consiste en el logro de los objetivos.

B. Consiste en el logro de los objetivos con el menor uso posible de recursos.

C. Consiste en la obtención de los resultados.

D. Consiste en la obtención de las metas.

106 ¿Cuál es la importancia de la administración en la sociedad moderna?

A. Su aplicación práctica abarca todo tipo de organizaciones y actividades humanas.

B. Su agilidad es clave para afrontar la sociedad actual.

C. La información que proporciona es esencial para reducir la incertidumbre.

D. Ayuda a comprender que las bases de la insatisfacción humana son económicas.

107. ¿Cuáles son las cuatro funciones de la administración en las que coinciden casi todos los teóricos y académicos?

I. Planificación

II. Dirección.

III. Organización, Dirección, Control.

IV. Organización, Integración, Control.

A.   II y III

B.   I y IV

C.   II y IV

D.   I y III

Respuestas breves: Dispone de 6 líneas para responder.

108. Defina el concepto de productividad y su importancia en la administración

109. Defina eficacia y eficiencia, y las diferencias entre estos dos conceptos.

110. Mencione las principales diferencias entre el enfoque clási-

co en administración y el enfoque humanista.

111. Explique en qué consiste la administración.

112. ¿Cuáles son las cuatro funciones secuenciales de la administración?

113. ¿Qué son las organizaciones?

114. El concepto de eficiencia consiste en el logro de los objetivos con el menor uso posible de recursos.

• Verdadero

• Falso

115. El concepto de eficacia consiste en el logro de los objetivos con el menor uso posible de recursos.

• Verdadero

• Falso

116. ¿De las siguientes alternativas, qué institución es con fines de lucro?

A. Ministerio de Obras Públicas.

B. Fundación Teletón.

C. Empresa de energía eólica.

D. Centro de Madres.

117. ¿De los siguientes ejemplos qué organización es de interés solo para la administración privada?

A. Empresa Nacional de Electricidad (ENEL)

B. Codelco

C. Corporación de Fomento (CORFO)

D. Banco Central

Rellenar espacio en blanco

118. Las cuatro funciones clásicas de la administración son: planificación, _________, dirección y control.

119. La administración moderna plantea que las organizaciones enfrentan escenarios cambiantes. Un enfoque que da cuenta de este fenómeno es el conocido a través del acrónimo VICA que

significa: volátil, incierto, _______ y ambigüo.

Teoría general de sistemas

120. En toda organización existe una tendencia al desorden y la desintegración. ¿Qué concepto de la teoría general de sistemas alude a esta tendencia?

A. Recursividad

B. Homeostasis

C. Circularidad

D. Entropía

121. En las organizaciones los recursos orientados a la planificación, organización dirección y evaluación, permiten integrarla y mantener su organización en el tiempo. ¿Qué concepto de la teoría general de sistemas alude a esta tendencia?

A. Circularidad

B. Emergencia

C. Recursividad

D. Negentropía

122. ¿Cuál de las siguientes combinaciones describe a la Teoría de sistemas?

I. La TGS observa el universo empírico y escoge fenómenos generales de las diferentes disciplinas y construye un modelo teórico relevante.

II. LA TGS ordena campos empíricos en jerarquías de acuerdo con la complejidad de la organización y sus individuos y desarrolla un nivel de abstracción para ellos.

III. La TGS a través del análisis de las totalidades y las interacciones internas de estas y las externas con su medio, es una herramienta que permite la explicación de los fenómenos.

IV. La TGS es un Método que enfatiza la división en partes para el estudio complejo con especial énfasis en el análisis

A.   I, II y IV

B.   II, III y IV

C.   I, III y IV

D.   I, II y III

123. Mencione las principales características de la Teoría de Sistemas

Respuesta breve: Dispone de 6 líneas para responder.

124. ¿Qué es un sistema?

Escuelas de administración

125. ¿Cuál de las siguientes afirmaciones corresponde a la teoría de las necesidades de Abraham Maslow?

A. Las necesidades se ordenan de manera jerárquica en una organización piramidal.

B. La colaboración grupal no se produce de forma automática.

C. La actitud y eficacia del trabajador están influenciadas por la demanda social.

D. Una queja puede ser la expresión de una alteración en la situación de una persona.

126 ¿Cuál de las siguientes combinaciones caracteriza a la escuela de la Administración científica?

I. División del trabajo.

II. Incrementos en la productividad,

III. Disminución de los costos

IV. Equipos interfuncionales de trabajo.

A.   I, II y IV

B.   II, III y IV

C.   I, III y IV

D.   I, II y III

127 ¿Cuál de las siguientes combinaciones corresponden a escuelas de administración tradicionales:

I. Administración científica.

II. Teoría de la burocracia.

III. El factor humano.

IV. Enfoque keynesiano.

A.   I, II y IV

B.   II, III y IV

C.   I, III y IV

D.   I, II y III

128. ¿Cuáles de las siguientes alternativas corresponden a conceptos orientados a explicar la motivación en el trabajo de la escuela de administración de las relaciones humanas?

I. El trabajo es una ocupación grupal.

II. Las personas adultas establecen su círculo social alrededor del trabajo.

III. El individuo es un recurso pasivo que puede ser controlado y motivado por la empresa.

IV. Los grupos informales dentro del lugar de trabajo ocupan un rol relevante.

A.   I, II y IV

B.   II, III y IV

C.   I, III y IV

D.   I, II y III

129 ¿Cuáles de las siguientes alternativas corresponden a conceptos orientados a explicar la motivación en el trabajo de la escuela de administración de las relaciones humanas?

I. El trabajo es una ocupación grupal.

II. Las personas adultas establecen su círculo social alrededor del trabajo.

III. El individuo es racional y se orienta a maximizar su beneficio económico.

IV. Los grupos informales dentro del lugar de trabajo ocupan un rol relevante.

A.   I, II y IV

B.   II, III y IV

C.   I, III y IV

D.   I, II y III

130. ¿Cuál de las siguientes combinaciones corresponden a escuelas de administración tradicionales:

• Administración científica.

• Teoría General de sistemas.

• Escuela del desarrollo de la organización.

• Enfoque neoliberal.

A.   I, II y IV

B.   II, III y IV

C.   I, III y IV

D.   I, II y III

Enfoque VICA

Respuesta breve. Dispone de 6 líneas para responder.

131. ¿En qué consiste el enfoque VICA en administración?

132. Si el escenario es volátil, es decir, los cambios se producen a gran velocidad. ¿Cuál es la respuesta apropiada de la organización para enfrentar esta situación?

A. Agilidad.

B. Experiencia.

C. Formalidad.

D. Una estructura sólida.

133. Si el escenario es incierto, es decir, existe un escenario donde falta conocimiento para saber si un evento tendrá ramificaciones significativas. ¿Cuál es la respuesta apropiada de la organización para enfrentar esta situación?

A. Agilidad.

B. Experiencia.

C. Formalidad.

D. Información.

Organizaciones.

134. ¿Cuáles de las siguientes opciones representan organizaciones?

I. Fuerza Aérea de Chile

II. Armada de Chile

III. Guerra del Pacífico

IV. Ejército de Chile

A.   I, II y IV

B.   II, III y IV

C.   I, III y IV

D.   I, II y III

135. ¿De acuerdo al concepto de organización cuáles de las siguientes alternativas representan propiedades o elementos de estas?

I. Objetivos o fines perseguidos por las personas

II. Relaciones que vinculan coordinan y organizan a las personas

III. Toda decisión implica un coste de oportunidad

IV. Recursos materiales utilizados en el proceso

A.   I, II y IV

B.   II, III y IV

C.   I, III y IV

D.   I, II y III

Respuesta breve. Dispone de 6 líneas para responder.

136. Transportes y comunicaciones en el Imperio romano

El transporte terrestre hizo uso de una compleja y avanzada red de calzada romana. Los impuestos en especie pagados por las comunidades locales requerían viajes frecuentes de funcionarios administrativos, animales y vehículos de curso público (Cursus publicus, el sistema estatal de correos y transporte implementado por Augusto). La primera vía , la Vía Apia, fue creada en el 312 a. C. A medida que el imperio se expandía, la administración adaptó el mismo esquema en provincias. En su apogeo, la red de carreteras romanas tenía hasta 400 000 km de carreteras, 80 500 de las cuales estaban pavimentadas.

Empalmes y postas estaban magníficamente concatenados. A cada kilómetro, un mojón indicaba la distancia de la ciudad más próxima. Cada diez kilómetros había una estación con restaurante, habitaciones, cuadra y caballos frescos en alquiler. Cada treinta, había una mansión que además de lo anterior, más espacioso y mejor organizado, se añadía también un burdeL Los itinerarios eran vigilados por patrullas de policía, que no consiguieron jamás, empero, hacerlos del todo seguros. Indro Montanelli, Historia de Roma.

De acuerdo al concepto de organización visto en la unidad, expliqué como lo aplicaban los romanos.

Administración y ciencia

137. ¿De acuerdo a Humberto Maturana, cuál es la definición de ciencia?

A.   "Hacer ciencia es explicar".

B.   "La ciencia es un estilo de pensamiento y de acción".

C.   "'La ciencia puede caracterizarse como un conocimiento racional".

D.   "La ciencia es el conocimiento racional, sistemático, exacto, verificable y por ende falible".

Respuesta breve. Dispone de 6 líneas para responder.

138. Explique los dos requisitos que debe cumplir la administración para ser ciencia.

Respuesta breve. Dispone de 6 líneas para responder.

139. ¿Qué es ciencia?

140. ¿De acuerdo a Humberto Maturana, cuál es la definición de ciencia?

A. "Hacer ciencia es explicar".

B. "La ciencia es un conocimiento de naturaleza especial: trata primariamente, aunque no exclusivamente, de acaecimientos inobservables e insospechados por el lego no educado".

C. "...tanto el sano sentido común cuanto la ciencia aspiran a ser racionales y objetivos".

D. "La ciencia es el conocimiento racional, sistemático, exacto, verificable y por ende falible".

Respuestas

Principios de administración

101. Respuesta: La alternativa correcta es la A.

Retroalimentación: Las tres dimensiones de la administración son ciencia, técnica y arte. La epistemología, ontología, gnoseología son ramas de la filosofía.

102. Respuesta: La alternativa correcta es la D.

Retroalimentación: Una empresa aunque tenga orientación ecológica tiene fines de lucros. Las otras tres por su naturaleza o condición legal no pueden tener fines de lucro.

103. Respuesta: La alternativa correcta es la A.

Retroalimentación: El acrónimo V. I. C. A. alude a los conceptos Volatilidad, Incertidumbre, Complejidad y Ambigüedad, que da cuenta de un gran dinamismo en los cambios. Las otras opciones son escuelas de la administración y no enfatizan este punto.

104. Respuesta: La alternativa correcta es la C.

Retroalimentación: La Empresa Nacional del Petróleo, Codelco y Banco Central son instituciones del sector público. El Banco de Chile es una empresa privada y, por lo tanto, de interés solo para la administración privada.

105. Respuesta: La alternativa correcta es la B.

Retroalimentación: La eficiencia consiste lograr los objetivos considerando la utilización de los recursos. Las demás alternativas responden a la definición de eficacia donde el uso de los recursos no importan si se logra el objetivo.

106. Respuesta: La alternativa correcta es la A.

Retroalimentación: la importancia de la administración radica en que el alcance y la extensión de su aplicación práctica abarca todo tipo de organizaciones y actividades humanas, por lo que su estudio resulta imprescindible en la actualidad.

107. Respuesta: D.

Retroalimentación: Planificación, Organización, Dirección, Control corresponden a las funciones en que coinciden los académicos como las cuatro funciones de la administración. La Integración es solo propuesta por Harold Koontz.

108. Retroalimentación: Productividad es el índice o relación entre el producto obtenido con un nivel de recursos. Permite medir el nivel de eficiencia de una organización.

109. Retroalimentación: Eficacia es lograr un objetivo. Eficiencia es lograr el objetivo con el menor nivel de recursos posible. La eficacia no da cuenta del uso de recursos necesarios para lograr un objetivo, por lo que se puede ser eficaz sin ser eficiente.

110. Retroalimentación: El enfoque clásico se centra en los procesos y el humanista en las personas.

111. Retroalimentación: La administración consiste establecer un entorno en el que las personas colaborando grupalmente, logran objetivos eficientemente.

112. Retroalimentación: Planificación, Organización, Dirección y Evaluación o Control.

113. Retroalimentación: Las organizaciones son estructuras sociales creadas por los individuos para organizar y realizar actividades de una forma conjunta persiguiendo objetivos específicos.

114. Respuesta: Verdadero.

Retroalimentación: La eficiencia pone acento en cumplir los objetivos definidos cuidando los recursos utilizados.

115. Respuesta: Falso.

Retroalimentación: La eficacia consiste en el logro de los objetivos, sin importar los recursos necesarios para lograrlo.

116. Respuesta: La alternativa correcta es la C.

Retroalimentación: Una empresa aunque tenga orientación ecológica tiene fines de lucros. Las otras tres por su naturaleza o condición legal no pueden tener fines de lucro.

117. Respuesta: La alternativa correcta es la C.

Retroalimentación: La Empresa Nacional del Petróleo, Codelco y Banco Central son instituciones del sector público. El Banco de Chile es una empresa privada y, por lo tanto, de interés solo para la administración privada.

118. Respuesta: organización.

119. Respuesta: complejo.

Teoría general de sistemas

120. Respuesta: La alternativa correcta es la D.

Retroalimentación: De acuerdo a la segunda ley de la termodinámica los sistemas tienden a estados de organización más probables , al desorden, es decir, entropía. Toda organización está determinada por esta propiedad. Las otras alternativas aluden a propiedades distintas de los sistemas.

121. Respuesta: La alternativa correcta es la D.

Retroalimentación: La negentropía alude a la capacidad de los sistemas abiertos de incorporar energía adicional para mantener sus estados de organización. Las otras alternativas aluden a propiedades distintas de los sistemas.

122. Respuesta: D.

Retroalimentación: La opción IV corresponde a una característica del método analítico que la TGS busca superar. I, II y III son afirmaciones válidas para describir la TGS.

123. Retroalimentación: Es sistemática y científica al abordar y representar la realidad. Desarrolla formas de trabajo transdisciplinarias. Como paradigma científico, la TGS es holística e integradora.

124. Retroalimentación: Sistema quiere decir reunir, colocar juntos. Es decir, significa un todo integrado cuyas propiedades

fundamentales se encuentran en las relaciones de sus componentes.

Escuelas de administración

125 Respuesta: La alternativa correcta es la A.

Retroalimentación: De acuerdo a Maslow las necesidades se ordenan partiendo de las fisiológicas a las de logro y se pueden representar como una pirámide. Las otras afirmaciones corresponden a la escuela de las relaciones humanas.

126. Respuesta: D.

Retroalimentación: La opción IV corresponde a la escuela de la administración humana. La escuela clásica enfatiza el estudio del puesto de trabajo, por lo que I, II y III si son características de esta.

127. Respuesta: D.

Retroalimentación: La opción IV corresponde a un enfoque en economía. Las opciones I, II y III son escuelas de administración.

128. Respuesta: A.

Retroalimentación: I, II y IV corresponde a conceptos de la escuela de las relaciones humanas. La opción III es una premisa de la escuela clásica.

129. Respuesta: A.

Retroalimentación: I, II y IV corresponde a conceptos de la escuela de las relaciones humanas. La opción III es una premisa de la escuela clásica.

130. Respuesta: D.

Retroalimentación: La opción IV corresponde a un enfoque en economía. Las opciones I, II y III son escuelas de administración.

Enfoque VICA

131. Retroalimentación: VICA significa Volátil, Incierto, Complejo y Ambiguo. Alude a entornos cambiantes que enfrentan las organizaciones en la actualidad.

132. Respuesta: La alternativa correcta es la A.

Retroalimentación: La agilidad es clave, ya que los recursos pueden ser orientados para crear flexibilidades futuras. Las otras opciones aluden a estructuras rígidas.

133. Respuesta: La alternativa correcta es la D.

Retroalimentación: La información es esencial para reducir la incertidumbre, conlleva moverse más allá de las fuentes de información existentes para recopilar nuevos datos y considerar otras perspectivas.

Organizaciones

134. Respuesta: A.

Retroalimentación: Fuerza Aérea, Armada y Ejército de Chile son instituciones que tienen el carácter de organizaciones. La Guerra del Pacífico es un evento ocurrido en la historia de Chile.

135. Respuesta: A.

Retroalimentación: Las alternativas I, II y IV corresponden a principios y relaciones que permiten definir una organización. La opción III es un principio económico que orienta la toma de decisiones.

136. Retroalimentación: Para administrar un imperio de las dimensiones que alcanzó el Imperio Romano, tuvieron que asignar recursos de manera eficiente en áreas como: vías de transporte, comunicaciones, impuestos, redes de apoyo a los viajeros.

Administración y ciencia

137. Respuesta: La alternativa correcta es la A.

Retroalimentación: Según Maturana "Hacer ciencia es explicar". Las otras definiciones corresponden al filósofo Mario Bunge.

138. Retroalimentación: La administración para ser una ciencia debe seguir el método científico y tener objeto de estudio propio:las organizaciones.

139. Retroalimentación: Es una forma de conocimiento basada en el método científico.

140. Respuesta: La alternativa correcta es la A.

Retroalimentación: Según Maturana "Hacer ciencia es explicar". Las otras definiciones corresponden al filósofo Mario Bunge.

Corrientes de la administración pública

Introducción

La sistematización de la administración pública es un fenómeno relativamente reciente en la historia del pensamiento, aun cuando su práctica se remonta a las primeras civilizaciones humanas. Aunque comparte principios y elementos teóricos con disciplinas cercanas como la economía, la sociología, la administración y la ciencia política, la administración pública también posee características y aspectos específicos que la distinguen de estas ciencias. De hecho, busca establecerse como una disciplina independiente y aspira a convertirse en una ciencia por derecho propio.

La administración pública ha evolucionado a lo largo del tiempo como respuesta a la necesidad de gestionar eficientemente los asuntos públicos y los recursos estatales. Aunque sus fundamentos teóricos y prácticos están estrechamente relacionados con otras disciplinas sociales, ha desarrollado sus propias materias y enfoques específicos para abordar los desafíos y peculiaridades del ámbito público.

Una de las principales características distintivas de la administración pública es su enfoque en el interés general de la sociedad. Mientras que la administración privada se centra en la maximización de beneficios y el cumplimiento de objetivos corporativos, la administración pública tiene la responsabilidad de servir al interés público, garantizar la provisión de servicios para la comunidad y maximizar la función de bienestar de la sociedad en su conjunto.

La administración pública también se enfrenta a desafíos particulares en comparación con otras disciplinas. La gestión de recursos públicos, la toma de decisiones basada en el interés colectivo, la transparencia y la rendición de cuentas son aspectos cruciales en el ámbito de la disciplina. Además, la complejidad de las políticas gubernamentales, los procedimientos legales y los marcos normativos, así como la interacción con diversos actores y grupos de interés, hacen que la administración pública sea un campo altamente especializado.

A pesar de las conexiones y sinergias con otras disciplinas, la administración pública busca establecerse como una ciencia independiente con su propio objeto de estudio y teorías específicas. Se esfuerza por desarrollar marcos conceptuales y metodologías que aborden las particularidades del sector público y permitan mejorar la eficiencia, la eficacia y la equidad en la gestión de los asuntos públicos.

En resumen, la administración pública se distingue como una disciplina que aborda los desafíos de la gestión, con un enfoque en el interés general y la prestación de servicios públicos. Aunque comparte principios y elementos teóricos con otras ciencias sociales, busca consolidarse como una ciencia autónoma y desarrollar teorías y enfoques propios que respondan a las necesidades y características específicas de la gestión pública.

En esta Unidad revisaremos los siguientes contenidos:

- Historia de la administración pública
- Corrientes principales de gestión pública
- Administración pública como ciencia
- Teoría de la administración pública
- Aplicación del enfoque VICA a la administración pública
- Ética y administración pública

Historia de la administración pública

Antecedentes históricos

La evolución teórica de la administración pública comenzó a desarrollarse en el siglo XIX, principalmente en Estados Unidos y países europeos como Francia y Alemania. Sin embargo, a pesar de que el cuerpo teórico de esta disciplina es relativamente reciente, la práctica de la administración pública tiene raíces profundas en la historia de la humanidad.

Como se mencionó anteriormente, encontramos los primeros indicios del uso de técnicas administrativas en los registros escritos en escritura cuneiforme de la civilización Sumeria en el IV milenio a.e.c. Estos registros incluían información contable como inventarios y transacciones comerciales. Este ejemplo demuestra que la aplicación de técnicas administrativas ha existido desde tiempos remotos y ha sido fundamental para el funcionamiento de imperios y civilizaciones.

A lo largo de la historia, podemos identificar numerosos ejemplos de la aplicación de técnicas administrativas en diferentes contextos. En el antiguo Egipto, por ejemplo, se aprovechaba el ciclo de las crecidas del río Nilo en una agricultura intensiva, lo que requería una cuidadosa planificación y gestión de los recursos agrícolas. En el Imperio Romano y el Imperio Mogol, se enfrentaron al desafío de administrar territorios extensos, lo cual implicaba una organización efectiva, distribución de recursos y control administrativo.

Estos ejemplos históricos ilustran la presencia de un cuerpo administrativo sólido que brindaba apoyo al Estado en diversas civilizaciones y épocas. Estos cuerpos administrativos se encargaban de la planificación, organización, coordinación y control de las actividades gubernamentales, asegurando así el funcionamiento eficiente y efectivo de los sistemas políticos y sociales.

La administración pública ha evolucionado junto a los cambios históricos, y se ha adaptado a las modificaciones en los sistemas políticos, económicos y sociales. La aparición de un cuerpo teórico más formal en el siglo XIX marcó un hito en el desarrollo de este tipo de conocimiento.

A lo largo del tiempo, la administración pública ha evolucionado y se ha consolidado como una disciplina teórica y práctica que busca garantizar la eficacia y la eficiencia en la gestión de los asuntos del Estado. Comprender su historia, nos permite apreciar su importancia en el contexto actual de la sociedad moderna.

Sin embargo, es importante reconocer que sus fundamentos y prácticas tienen raíces profundas en la historia de la humanidad. La historia de la administración pública se remonta a civilizaciones antiguas donde se aplicaban técnicas administrativas para el funcionamiento eficiente de los imperios y sociedades. Los siguientes ejemplos nos muestran la presencia de un cuerpo administrativo que le daba soporte al Estado en diferentes civilizaciones:

- Civilización India
- Civilización Sumeria
- Civilización China
- Civilización egipcia (cuerpo sacerdotal)
- Imperio Persa (sátrapas)
- Grecia (Instituciones políticas siglo de oro)
- Imperio Romano
- Imperio Mogol
- Imperio azteca
- Imperio inca

Desde una perspectiva, teórica la disciplina comienza su desarrollo en Estados Unidos y Europa, en sus inicios, como una materia de estudio del derecho y son los académicos de esta área los que primero comienzan a elaborar una doctrina conceptual que más tarde cristalizará en un cuerpo teórico.

Examinemos la evolución histórica de la teoría de la administración pública en el primer mundo y también en Latinoamérica y Chile.

Francia

En Francia, Charles Jean Bonnin realizó un importante aporte a la teoría de la administración pública con su libro "Principes d'Administration Publique" publicado en 1808. En esta obra, Bonnin introduce por primera vez el concepto de administración pública como una actividad distinta de la actividad general del Estado.

Bonnin plantea que la administración pública no se limita únicamente a las acciones del Estado en su conjunto, sino que se refiere específicamente a las actividades efectuadas por los órganos del Estado. Destaca que estas actividades administrativas son evidentes y tienen una presencia tangible para los gobernados, ya que son las que impactan directamente en la sociedad y en la relación entre el Estado y los ciudadanos.

Uno de los aspectos clave enfatizados por Bonnin es el carácter científico de la administración pública. Reconoce que esta disciplina tiene una base teórica y práctica propia, relacionada estrechamente con el derecho, pero con objetivos y métodos propios[10]. De esta manera, Bonnin destaca la necesidad de un enfoque científico para comprender y mejorar la administración pública, estableciéndola como un campo de estudio autónomo y especializado.

Al enfatizar el carácter científico de la administración pública, Bonnin sienta las bases para su desarrollo posterior como una disciplina académica y práctica. Su enfoque contribuye a establecer un cuerpo de conocimientos y principios que permiten ana-

10. Galindo, M, *Teoría de la administración pública* (México: Porrúa, 2000).

lizar, comprender y mejorar la gestión de los asuntos públicos. Asimismo, al destacar la relación entre la administración pública y el derecho, resalta la importancia de la legalidad y el respeto a los principios jurídicos en el ejercicio de la actividad administrativa.

El aporte de Charles Jean Bonnin a la teoría de la administración pública radica en su definición del concepto y su distinción como una actividad específica de los órganos del Estado. Además, su énfasis en el carácter científico de la disciplina y su relación con el derecho contribuyen a consolidarla como un campo de estudio autónomo y a sentar las bases para su desarrollo posterior.

Dentro de la tradición francesa también se puede mencionar a Alexis de Tocqueville, el que desarrolla su pensamiento en las obras: De la Démocratie en Amérique (1835) y en De l'Ancien Régime et la Révolution (1856).

El pensamiento de Alexis de Tocqueville sobre administración pública se puede resumir de la siguiente manera:

1. Considera que la administración pública es una parte esencial de la democracia moderna.

2. Destaca la importancia de una administración eficiente y profesional.

3. Hace hincapié en la necesidad de equilibrar el poder administrativo con los derechos individuales y la libertad política.

4. Sostiene que la administración pública debe ser responsable ante la sociedad y estar sujeta al control y la supervisión ciudadana.

5. Aboga por la descentralización administrativa y la participación activa de los ciudadanos en los asuntos públicos.

6. Reconoce el papel fundamental de los valores y las instituciones en la configuración de una buena administración.

7. Argumenta que la administración pública debe ser neutral y actuar en interés del bien común, evitando la corrupción y los abusos de poder.

8. Destaca la importancia de una administración pública trans-

parente y accesible, que promueva la igualdad de oportunidades y la justicia social.

9. Propone la creación de mecanismos de rendición de cuentas y sistemas de control que limiten los abusos y promuevan la responsabilidad administrativa.

Otro importante teórico del pensamiento administrativo en Francia fue Montesquieu: Sus principales aportes pueden resumirse de la siguiente forma:

Charles-Louis de Secondat, barón de La Brède y de Montesquieu (1689-1755), fue un filósofo, político y escritor francés conocido por su influyente obra "El espíritu de las leyes".

Montesquieu amplía y desarrolla las ideas de Aristóteles sobre la separación de poderes y de esta manera influyó directamente en la organización y funcionamiento de la administración pública. Según Montesquieu, el poder estatal debería dividirse en tres ramas independientes: el poder legislativo, el poder ejecutivo y el poder judicial. Esta división tenía como objetivo evitar la concentración del poder y garantizar un equilibrio de poderes que protegiera los derechos de los ciudadanos.

Montesquieu también hizo hincapié en la importancia de los controles y contrapesos en la administración pública. Argumentó que cada rama del gobierno debía tener la capacidad de supervisar y limitar las acciones de las otras ramas para evitar abusos de poder.

Además, Montesquieu abogó por la importancia de las leyes en la administración pública. Sostenía que las leyes debían ser claras, justas y aplicadas de manera consistente para garantizar la igualdad y la estabilidad en la sociedad.

Estados Unidos

El académico y posteriormente presidente de Estados Unidos Woodrow Wilson realizó importantes aportes a la disciplina de la administración pública. En su artículo *"The Study of Administration"* (1887), inició la sistematización de la disciplina y promovió su estudio en las universidades estadounidenses. Wilson abogó por la implementación de métodos administrativos eficientes en el gobierno federal, reconociendo la importancia de una administración efectiva en el funcionamiento del Estado.

En su búsqueda de los orígenes de la disciplina, Wilson identificó los primeros antecedentes en el modelo de administración y organización territorial de la Francia napoleónica y la Prusia del siglo XVIII. Estos modelos influyeron en su enfoque de la administración pública y le proporcionaron una base teórica sólida.

Propone como objeto de la ciencia de la administración

> ...descubrir, en primer lugar, qué cosas son las que puede hacer el gobierno de forma apropiada y con éxito, y en segundo lugar, cómo puede hacer esas cosas con la mayor eficiencia y al menor coste posible, tanto en términos de dinero como de energía.

Desde un punto de vista metodológico, Wilson enfatizó los métodos de la historia y el estudio comparativo como herramientas adecuadas para la formación de la administración pública. Reconoció que el estudio de casos históricos y la comparación de diferentes enfoques y prácticas administrativas permiten obtener lecciones valiosas para mejorar la gestión pública en el presente.

Los aportes de Woodrow Wilson sentaron las bases para el desarrollo posterior de la administración pública como disciplina académica y práctica. Su énfasis en la eficiencia, el estudio comparativo y la aplicación de métodos científicos contribuyó significativamente al avance de la teoría y la práctica administrativa, y su legado continúa siendo relevante en la actualidad.

Alemania y Suiza

Entre los autores de la escuela germana se pueden mencionar a Lorenz von Stein, Johann Kaspar Bluntschli y Robert von Mohl, los que proponen el estudio de la administración pública con una concepción orgánica del Estado, al que relacionan con el estudio de la sociedad.

Entre ellos destaca Lorenz von Stein (1815-1890) fue un destacado sociólogo, jurista y economista. Este autor omitió opiniones normativas para estudiar al Estado respecto a las necesidades sociales de su época. Más allá del contexto académico promovió programas sociales para enfrentar los problemas entre las clases sociales y de esta forma, sortear la revolución social.

Entre sus principales aportes pueden mencionarse los siguientes:

1. Teoría de la administración pública: fue uno de los pioneros en desarrollar una teoría sistemática de la administración pública. Propuso que la administración era una disciplina autónoma con sus propios principios y métodos de estudio, separada de la economía y el derecho.

2. Estudio de las funciones de la administración: Von Stein analizó las funciones de la administración pública, distinguiendo entre la función administrativa y la función legislativa. Sostenía que la administración debía ocuparse de la implementación y ejecución de las leyes, mientras que la legislatura debía encargarse de la formulación de políticas.

3. Concepto de servicio público: Von Stein acuñó el concepto de "servicio público" (Dienstleistung) para describir la naturaleza y el propósito de la administración pública. Sostenía que los funcionarios públicos debían actuar en interés del bien común y servir a la sociedad.

4. Énfasis en la formación y profesionalización de los funcionarios: Von Stein abogaba por la importancia de una formación sólida y una capacitación adecuada para los funcionarios públicos. Consideraba que la administración eficiente dependía de funcionarios competentes y éticos.

5. Influencia en el desarrollo del Estado de bienestar: Las ideas de Von Stein sobre la administración pública y el servicio público fueron influyentes en el desarrollo del Estado de bienestar en Alemania y en otros países. Sus ideas ayudaron a sentar las bases para la provisión de servicios públicos y la protección social.

Contemporáneo de von Stein, Karl Marx realizó también algunas contribuciones al desarrollo del pensamiento administrativo. Aunque el filósofo alemán es más conocido por sus contribuciones en el campo de la filosofía, la economía y la crítica social que por sus aportes específicos a la administración pública. Sin embargo, se pueden identificar algunos puntos relevantes en su pensamiento que tienen implicaciones para este campo:

1. Crítica al Estado y la administración burocrática: Marx tuvo una visión crítica del Estado y la administración pública. Veía a la burocracia estatal como una herramienta para perpetuar las desigualdades y mantener el control de la burguesía sobre los trabajadores.

2. Transición hacia el comunismo: Aunque no ofreció un modelo detallado de administración pública en una sociedad comunista, Marx concibió el comunismo como una etapa superior y final del desarrollo social en la que el Estado y la administración se volverían obsoletos.

3. Lucha de clases y administración del proletariado: Marx argumentaba que la lucha de clases entre la burguesía y el proletariado definía la dinámica social y política de su época. En un contexto en el que la clase trabajadora llegara al poder, se esperaba una transformación de las estructuras administrativas y de Estado para servir a los intereses de los trabajadores.

4. Descentralización y autogestión: Aunque no desarrolló completamente esta idea, Marx apuntaba hacia una sociedad comunista en la que la administración de los asuntos públicos se descentralizaría, y las comunidades locales tendrían un mayor control sobre sus propios asuntos.

Los aportes de Marx a la administración pública son principalmente indirectos, derivados de su enfoque en la crítica del Estado y la búsqueda de una sociedad igualitaria y sin clases. Su influencia en la teoría política y económica del siglo XIX ha tenido un impacto duradero en diversos campos, incluido el estudio de la administración pública y las reflexiones sobre las estructuras de poder. Sin embargo, no se puede atribuir a Marx una teoría detallada de cómo debería organizarse y funcionar la administración pública en una sociedad comunista, ya que esta es una forma de sociedad que aún no existía, solo alcanzó a esbozar algunas ideas en La Guerra Civil en Francia de 1871 y La crítica del Programa de Ghota.

Max Weber (1864-1920) es reconocido como uno de los sociólogos más influyentes de la época contemporánea, pero también se le atribuye con justicia el título de politólogo y economista. Su legado abarca una amplia gama de disciplinas y sus ideas han dejado una profunda huella en el estudio de la sociedad, la política y la economía.

Weber es conocido por su capacidad para combinar diferentes perspectivas en sus análisis. Su obra se centra en la comprensión de la acción social, la burocracia, la religión, el capitalismo y el Estado, entre otros temas.

Max Weber otorgó gran importancia a la administración pública en los Estados modernos y consideró a la burocracia como un elemento humano fundamental e indispensable en su funcionamiento. Según Weber, la burocracia representa la forma más eficiente y racional de organizar la administración pública, basada en la especialización de tareas, la jerarquía, la reglamentación y la impersonalidad.

Además, Weber identificó seis principios de acción que sustentan el papel de la burocracia: jerarquía, especialización de tareas, reglamentación, objetividad, eficiencia e impersonalidad. Estos principios garantizan el funcionamiento eficaz y efectivo de la burocracia, así como un trato justo e igualitario para los ciudadanos por parte del Estado.

Asimismo, Weber resaltó la importancia de la formación y capacitación de los funcionarios públicos, junto con la necesidad de establecer sistemas de control y supervisión para prevenir la corrupción y el abuso de poder. Weber sostenía que la burocracia era un elemento esencial en el funcionamiento de la administración pública moderna, cuya eficacia y eficiencia dependían de la estricta aplicación de los principios de acción que él identificó.

España

El pensamiento administrativo español del siglo XIX es un tema complejo que se ve influenciado por diversos factores históricos, políticos y sociales. Uno de los principales factores que influyen en el pensamiento administrativo español es la Revolución Francesa y su Constitución de 1791, que estableció los principios de libertad, igualdad y fraternidad. Estos principios tuvieron un impacto significativo en la forma en que se concebía la administración pública en España, y se convirtieron en una fuente de inspiración para muchos de los pensadores administrativos de la época.

Entre los representantes más importantes del pensamiento administrativo español del siglo XIX se encuentran Francisco Javier de Burgos y Olmo y Pedro Sáinz de Andino. Ambos personajes tuvieron la influencia del pensamiento de Carlos Juan Bautista Bonnin.

El pensamiento administrativo español se caracteriza por la lucha política entre conservadores y liberales, y su desarrollo está influenciado por los acontecimientos históricos, como la invasión de Napoleón I.

El intento de reorganización administrativa buscó desconcentrar el poder centralista en órganos con facultades delegadas, estos son algunos de los cambios importantes en la estructura administrativa española. Dichos cambios reflejan la necesidad de adaptarse a los nuevos tiempos y de modernizar la administración pública para hacerla más eficiente y efectiva.

Los puntos más relevantes del pensamiento de Francisco Javier de Burgos y Pedro Sáinz de Andino, pueden resumirse de la siguiente forma.

Francisco Javier de Burgos sostiene que la administración pública es la ciencia que se ocupa de lo útil y lo dañino. En otras palabras, se refiere a la acción del gobierno para proteger y regular las relaciones entre el sector público y privado, abarcando todos los aspectos de la vida productiva y social, como los recursos materiales, la tierra y la industria, que contribuyen a la prosperidad del país.

Burgos defiende la idea de una administración centralizada y omnipresente, aunque también muestra cierta inclinación hacia la descentralización mediante la delegación de poderes, sin que ningún poder central se pierda en última instancia.

Según Sáinz de Andino, la administración pública puede ayudar a España a través de una gestión eficiente y efectiva en áreas como la justicia, la administración civil, la economía, la defensa y la política exterior. Estas áreas son fundamentales para promover la prosperidad y el bienestar del país.

América Latina

Durante el siglo XIX la administración pública tuvo un importante desarrollo, en momentos que en el mundo anglosajón se encontraba estancada. Destaca en este contexto los aportes realizados por México, los que se extienden hasta el presente.

Entre los principales exponentes de este periodo se puede mencionar a:

• Florentino González fue un destacado constitucionalista, economista y político colombiano. En su libro Elementos de ciencia administrativa (1840) teoriza sobre la relación del ejecutivo con el legislativo, la administración local y las relaciones internacionales, entre otros temas.

• Luis de la Rosa (México), su principal obra es Sobre la administración pública de México y medios para mejorarla (1853), donde plantea las siguientes ideas:

La ciencia de la administración es una disciplina que ha evolucionado con el tiempo y se ha convertido en una ciencia precisa y confiable. Un estadista encargado de dirigir la administración debe tener un profundo conocimiento de esta ciencia, así como de las teorías administrativas del pasado y la historia económica y administrativa de otras naciones, para comprender las instituciones administrativas.

Además, De la Rosa sostiene que se deben aplicar las teorías administrativas que se adapten a cada país en particular. Según él, la Administración Pública está estrechamente relacionada con el progreso de la sociedad.

• Antonio González Saravia (Guatemala), La administración pública: Curso de derecho administrativo (1888). En este texto teoriza sobre la organización del poder público y sus formas. Propone una clasificación de los poderes y los puntos de contacto que existen entre ellos. Conflictos entre los poderes y la manera de resolverlos.

Historia de la administración pública: Chile

En sus inicios, la historia del pensamiento relacionado con la administración pública, se desarrolla cercana al derecho y a los académicos que imparten la materia de derecho administrativo. Una de las primeras fuentes a que acuden estos intelectuales es a Manuel Colmeiro, historiador y jurista español.

Corrientes

Las tres principales corrientes que aglutinan las ideas en este periodo son:

• Derecho administrativo:

Esta es la primera fuente en que es posible encontrar elementos para una teoría de la administración pública.

Está representada por autores como Santiago Prado [Principios elementales de derecho administrativo chileno, (1859)] y Amunátegui Rivera.

Prado, sigue las ideas de Manuel Colmeiro, sin embargo, plantea aspectos novedosos que tienen vigencia hasta el día de hoy, tales como:

◦ La administración debe ser análoga a las instituciones políticas de cada nación.

◦ La administración debe ser esencialmente activa, estar en movimiento, cuyas condiciones son la generalidad, perpetuidad, prontitud y energía.

◦ La administración debe ser centralizada.

◦ La administración debe ser independiente.

◦La administración debe ser responsable. Citado por Cienfuegos et al.[11]

• Corriente de orientación práctica.

Formulada por autores con gran experiencia en la práctica administrativa y orientados a la producción de textos sobre problemas administrativos contemporáneos.

Está integrada por Armando Quezada Acharán, abogado político y académico, quien publico textos como La reorganización administrativa en Chile (1893, tesis degrado); Conveniencia de exigir títulos de competencia para optar de los cargos administrativos (1903).

Las principales preocupaciones que planteó fueron en torno a las plantas de funcionarios y sus requisitos:

- Políticos como académicos se enfocaron en encontrar soluciones para corregir el problema del clientelismo.

- Examinó propuestas académicas relacionadas con la selección y nombramiento de empleados en la administración pública.

- Planteó preguntas sobre qué tipo de empleados deberían ser nombrados, cómo seleccionarlos y cómo permitirles desarrollar carreras en sus puestos de trabajo.

• Vertiente administrativa:

En esta resalta Valentín Letelier, quien estimaba que la administración pública era una práctica social que debía ser formulada de manera científica. Este académico propuso en 1888, junto a

11. *Manual de Administración Pública* (Santiago: RIL Editores, 2016), 25.

Julio Bañados Espinosa, la formación de administradores públicos como programa de estudios de la Universidad de Chile, lo que no fructificó en ese periodo.

Principales obras de Valentín Letelier sobre administración pública:

○ De la enseñanza del derecho administrativo (1889)

○ La ciencia del derecho administrativo (1894)

○ Teoría jeneral de la administración pública (1896)

○ Último capítulo de génesis del Estado (1917), el que trata sobre los inicios de la administración pública.

En su ensayo *De la ciencia política en Chile*[12], plantea la conveniencia de una formulación científica de los estudios en ciencia política, debido a que puede orientar al estadista en la orientación y el rumbo que puede darle al desarrollo del Estado.

Respecto a la Administración Pública destacan sus textos La ciencia del derecho administrativo y Teoría jeneral de la administración pública. En ellos plantea la conveniencia de desarrollar la teoría de la Administración Pública, buscando patrones regulares que trasciendan el mero empirismo. A su vez, explora las diferencias entre gobierno y administración pública, lo que es de importancia para delimitar el campo de estudio de la disciplina.

Es destacable, la antelación con que Letelier propone un estudio científico de la Administración Pública, que para su época resulta un verdadero aporte. Desde el positivismo, plantea la aplicación de leyes y formas de investigación tomadas de otras ciencias en el estudio de la disciplina.

* * * * *

Primera escuela de administración pública en Chile

En 1954 ve a la luz la Escuela de Ciencias Políticas y Administrativas y la carrera de administración pública en las aulas de la

______

12. Araya, Eduardo; Barría, Diego; compiladores, Valentín Letelier: *Estudios sobre política, gobierno y administración pública* (Santiago: Editorial Universitaria, 2011).

Universidad de Chile.

Es importante señalar que en siglo XIX, periodo al que pertenecen los autores chilenos citados previamente comienzan a delinearse importantes aspectos conceptuales, que perduran hasta el día de hoy, entre los que se pueden mencionar:

• La administración pública debe estar separada de la esfera política

• Diferenciar las funciones de gobierno de las administrativas.

• El administrador público debe tener conocimientos básicos para trabajar en los empleos administrativos. De estos la ley era primordial.

• Se concibe la administración pública como gestión de intereses sociales.

• Se considera la administración pública como un cuerpo de agentes encargados de administrar el Estado.

• Las contrataciones deben realizarse de acuerdo a criterios que permitan crear una carrera administrativa.

Corrientes principales de gestión pública

La administración moderna coincide en sus orígenes con el comienzo de la Revolución Industrial, y las primeras teorías sistemáticas son formuladas a fines del siglo XIX y comienzos del XX. Ellas descansan en los trabajos de los académicos que hemos examinado en la sección anterior.

El ciclo de las teorías modernas sobre este tema se inicia con los planteamientos de Max Weber, historiador y sociólogo alemán, el cual, formula una teoría de la administración pública que sienta los pilares de la disciplina y cuyos efectos perduran hasta el día de hoy. Su reflexión se fundamenta en el Estado, al que define como "...aquella comunidad humana que ejerce (con éxito) el monopolio de la violencia física legítima dentro de un determinado territorio"[13]. La corriente de pensamiento planteada por Weber se conoce como Teoría de la Burocracia.

Desde principios del siglo XX, el Estado de bienestar o Estado social se consolidó en muchos países durante este período. En respuesta a las crecientes demandas de igualdad social y justicia económica surgió una particular conformación del Estado. Esta modalidad de dicha institución está asociada a una forma particular de considerar la administración pública que se puede considerar legítimamente como una corriente.

El enfoque Estudio de políticas públicas se orienta como lo indica su nombre, a abordar el estudio de las políticas públicas como objeto de estudio. Se centra su interés en esta temática, dejando de lado la gestión interna.

A finales de la década de los ochenta del siglo XX el Estado de Bienestar entra en crisis y comienza a ser cuestionado desde posiciones de derecha en torno a su eficiencia. Esto da surgimiento a la corriente conocida como la Nueva Gestión Pública (NGP). Este es un enfoque que surgió en las décadas de 1980 y 1990, principalmente en países de habla inglesa, como una respuesta a

---

13. Weber, Max, *La política como vocaión*, 2017.

las críticas hacia la burocracia y la gestión tradicional del sector público. La NGP busca aplicar principios y prácticas de gestión empresarial al sector público, con el objetivo de mejorar la eficiencia, la efectividad y la rendición de cuentas en la prestación de servicios públicos.

Por su parte, en la década de los setenta surge la Nueva Administración Pública, la cual, incorpora un nuevo principio a los objetivos de la burocracia: aumentar la equidad social. Incorpora también, cuestiones de participación ciudadana, transparencia, ética y responsabilidad social en la administración del sector público.

Por otro lado, la Gobernanza privilegia la actuación de gobierno a través de socios o mediante redes en vez del gobierno. Propone el uso de organizaciones del sector privado para proveer servicios públicos. En este enfoque se asigna gran importancia a las Organizaciones No Gubernamentales en la red de colaboradores del gobierno.

Como respuesta a la crítica a la Teoría de la Burocracia surgen los Estados Neo-Weberianos. Este enfoque plantea que aunque la administración, debe ser modernizada, cumple un rol en las relaciones entre el Estado y la ciudadanía.

Otra respuesta a la NGP es la que plantea el Nuevo Servicio Público, este surge de la teoría democrática y asume que la gestión pública debe poner su atención en la ciudadanía y en la sociedad.

Teoría de la burocracia

La Teoría de la burocracia parte de reconocer tres tipos legítimos de autoridad, la que distingue del concepto de poder.

Tipos de autoridad legítima:

Poder supone obediencia por la fuerza o su amenaza lo que induce a las personas a obedecer las normas.

Autoridad conduce a que los individuos acepten que la autoridad sea ejercida sobre ellos.

◦ Autoridad tradicional: Es naturalmente consentida y en oportunidades, cuestionada por las personas, ya que se origina en las costumbres y tradiciones. La autoridad tradicional se encuentra en tribus y monarquías.

◦ Autoridad carismática: Es asociada a aquellas personas que han logrado el respeto y la confianza de sus partidarios. Este tipo de autoridad proviene de distintas fuentes y en la actualidad está presente en liderazgos deportivos, artísticos, políticos, etc.

◦ Autoridad racional legal: Se desprende de la organización de una institución y la posición que ocupa la persona en ella. La autoridad racional legal se ejerce dentro de las normas definidas en una organización. Weber asoció este tipo de autoridad con una organización burocrática. Este tipo de autoridad representó una innovación positiva para la burguesía, tras los procesos revolucionarios del siglo XVIII, ya que hasta esa época, la principal fuente de autoridad provenía del derecho de sangre.

• Principios de la Burocracia

De acuerdo a Max Weber una organización burocrática se debiera regir de acuerdo a los siguientes principios:

◦ Formalización.

La estructura jerárquica debe ser formal. Esto implica que debe existir una jerarquía de cargos y niveles de autoridad, lo que proporciona un sistema ordenado de subordinación, en la que los superiores supervisan las oficinas inferiores. Esta ordenación, proporciona una estructura organizacional regulada.

◦ División del trabajo.

Las personas en un departamento tienen una función específica, para impedir conflictos en el mando. Al realizar esta división del trabajo, sobre la base de la especialización, la organización en su conjunto se beneficia. Cada departamento tiene responsabilidades específicas, y cada persona sabe lo que se espera de ella y cuáles son sus responsabilidades dentro de la institución. Traspasar las responsabilidades no está permitido dentro de una burocracia.

◦ Impersonalidad.

A consecuencia de la división del trabajo, los trabajadores cumplen con sus tareas y pueden ser sustituidos por otros.

◦ Competencia técnica y meritocracia.

La elección de los empleados depende solo de sus méritos y capacidades y no de otros factores.

◦ Separación de la propiedad y la gestión.

Los burócratas administran los medios de producción que son del conjunto de la sociedad.

◦ Profesionalización de los empleados.

Los empleados son seleccionados basándose en su experiencia. Esto ayuda en el despliegue de personas adecuadas en las posiciones correctas.

El gran aporte que representó el modelo burocrático le ha permitido influir en la estructura de prácticamente todo tipo de organizaciones, públicas y privadas. Sin embargo, a pesar de sus virtudes presenta desventajas significativas, que se han agudizado en la sociedad actual, debido entre otras cosas a la velocidad de los cambios, las nuevas tecnologías de comunicación y al rol que ha comenzado a jugar la ciudadanía, tanto en sus demandas al Estado, como en la supervisión y control que ejercen sobre este. Las insuficiencias que presenta el modelo burocrático buscan ser superadas por nuevos enfoques de la administración del sector público.

Dentro de las principales debilidades del modelo burocrático se pueden mencionar las siguientes[14]:

• La primera es humana, principalmente psicológica, debido al mayor nivel de complejidad de las personas en la actualidad.

• Cambio rápido e inesperado;

• Crecimiento de tamaño, en que el volumen de las actividades tradicionales de la organización no basta ya para sostener el cre-

14. Shafritz J.; Hyde A., *Clásicos de la Administración Pública* (Fondo de Cultura Económica, 1999), 486.

cimiento, y

• La complejidad de la tecnología, por lo que se requiere integración de actividades y personal de capacidades muy diferentes.

Estas nuevas orientaciones cobran fuerza, desde finales de la década de los setenta, y se formulan nuevos enfoques orientados a mejorar la gestión del Estado. La mayor parte de ellos se encuentran impregnados de una crítica al rol del Estado proveniente de la crisis del Estado de bienestar experimentada en este periodo.

Del capitalismo keynesiano y la socialdemocracia

Durante la primera mitad del siglo XX, la conformación del Estado experimentó cambios significativos en diferentes partes del mundo, especialmente como resultado de eventos históricos y transformaciones políticas y sociales. Aunque la configuración específica varió según los países y las regiones, se pueden identificar algunas tendencias generales.

Por un lado, muchos países experimentaron procesos de descolonización y luchas por la independencia durante este período, lo que condujo a la creación de nuevos Estados nacionales. En África, Asia y otras partes del mundo, las antiguas colonias buscaron establecer su soberanía y autonomía política, formando nuevos Estados con sus propias instituciones gubernamentales y sistemas administrativos.

Por otra parte, el Estado de bienestar o Estado social se consolidó en muchos países durante este período. En respuesta a las crecientes demandas de igualdad social y justicia económica, los gobiernos implementaron políticas de protección social, como la seguridad social, la educación pública, la atención médica y la vivienda, con el objetivo de garantizar el bienestar de la población.

Además, la expansión del sufragio y la participación política de las mujeres, así como los movimientos de derechos civiles, también influyeron en la conformación del Estado al promover la igualdad de género, la igualdad racial y la inclusión social.

Es importante destacar que estos procesos de conformación del Estado estuvieron influenciados por las circunstancias históricas y contextos específicos de cada país. No obstante, en general, la primera mitad del siglo XX fue un período de transformación y redefinición del papel y la estructura del Estado en el escenario mundial.

Para afrontar la demanda por servicios públicos, el Estado requirió el desarrollo de la burocracia y un mayor tamaño de la administración pública. Esta forma particular de organización del Estado está asociada a principios y procesos mediante los cuales se lleva a cabo la gestión y el funcionamiento de las instituciones gubernamentales.

En este sentido puede decirse que la burocracia desempeña un papel fundamental en el Estado de Bienestar, ya que es responsable de la implementación y ejecución de las políticas sociales. Su función es garantizar que los servicios y beneficios lleguen a los ciudadanos de manera efectiva.

En este contexto, surge una filosofía política que legitima a nivel universal las formas del Estado social. Esto está asociado a la implementación de políticas socialdemocracias en el ámbito político y la adopción de economías mixtas en el ámbito económico, las cuales están relacionadas con los principios de la economía política keynesiana.

Este ambiente permite el surgimiento de una administración pública internacional, tal como, la conocemos hoy día. Su expresión más clara es la Organización de Naciones Unidad y los organismos internacionales asociados a ella[15].

El interés del Estado de Bienestar por maximizar la función de bienestar de la sociedad, por medio de la provisión de bienes y servicios públicos acerca a la administración pública hacia el que debiera ser uno de sus principales objetivos.

---

15. Cienfuegos, Ignacio; Penaglia, Francesco; editores, *Manual de Administración Pública* (Santiago: RIL Editores, 2016).

Estudio de políticas públicas

La orientación principal de esta corriente consiste en abordar el estudio de las políticas públicas como objeto de estudio. Sin embargo, se centra en el diseño de las políticas, descuidando otras etapas, como el de la puesta en marcha.

Busca examinar los procesos, actores, contextos y resultados de las decisiones gubernamentales en relación con temas de interés público. Este enfoque se basa en la idea de que las políticas públicas son instrumentos clave para abordar problemas y desafíos sociales, y busca mejorar la efectividad y la eficiencia de las políticas a través del análisis riguroso y la evaluación de su impacto.

Se pueden reconocer dos grandes orientaciones dentro de esta corriente:

∘ Sinópticos:

Se centran en el análisis de sistemas desde el punto de vista teórico, su opción metodológica preferente es el empirismo estadístico y la optimización de valores es su criterio de decisión.

∘ Antisinópticos,

Desde su perspectiva teórica privilegian el pluralismo, el análisis contextual y de casos es su opción metodológica y la racionalidad social, integración de intereses, es la opción utilizada como criterio de decisión[16].

Nueva Gestión Pública

La Nueva Gestión Pública (NGP) es un enfoque que surge en la década de 1980 como respuesta a las limitaciones y críticas de la gestión pública tradicional. Se caracteriza por adoptar técnicas y prácticas de gestión del sector privado en la administración pública, enfatizando la eficiencia, la orientación al cliente, el enfoque en resultados y la descentralización de la toma de decisiones.

La crisis del Estado de Bienestar de mediados de la década del setenta impulsó un cuestionamiento a la forma en que se estaba

16. Pardo, María del Carmen: compiladora, *De la Administración Pública a la Gobernaza* (México: El Colegio de México, 2004), 13.

administrando el Estado, promoviendo una fuerte reducción de esta institución en gran parte del mundo.

La respuesta de la NGP fue la introducción de mecanismos de mercado, la rendición de cuentas, la medición del desempeño y la participación ciudadana como elementos clave para mejorar la gestión y la entrega de servicios públicos.

Los principales puntos en los que descansa la NGP, son los siguientes:

- Incrementos de la productividad: buscar una mayor eficiencia en la utilización de los recursos públicos.

- Mercantilización: incorpora mecanismo de incentivos equivalentes a los del mercado en la producción de bienes y servicios públicos.

- Enfoque en el servicio: priorizar las necesidades de los ciudadanos como beneficiarios de los servicios públicos.

- Descentralización: entregar facultades a niveles inferiores de gobierno y al sector privado.

- Orientación de las políticas: optimizar la capacidad del gobierno para evaluar las políticas públicas.

- Rendición de cuentas: reemplazar sistemas jerárquicos y basados en reglas por sistemas participativos y orientados a resultados.

No obstante, el entusiasmo inicial hacia la NGP ha comenzado a disminuir a medida que los investigadores y los administradores recopilan, evalúan y comparan evidencias de las transformaciones implementadas en diferentes partes del mundo, y surge una nueva corriente de pensamiento basada en el realismo.

Entre las principales críticas a la NGP se pueden mencionar:

1. Enfoque excesivo en la eficiencia y la economía de mercado: La NGP tiende a enfocarse demasiado en la eficiencia, lo que puede llevar a una reducción en la calidad de los servicios públicos.

2. Pérdida de la perspectiva social y el bien común: Se critica que la NGP pone demasiado énfasis en la satisfacción de los usuarios y en los resultados cuantificables, descuidando aspectos

sociales más amplios y el bienestar general de la sociedad.

3. Desprofesionalización y falta de conocimiento especializado: Al enfocarse en la introducción de principios empresariales, la NGP puede dar lugar a una desvalorización de la experiencia y el conocimiento especializado de los funcionarios públicos.

4. Reducción de la participación ciudadana: La NGP no promueve la participación ciudadana en la toma de decisiones y en la gestión de los servicios públicos, priorizando los aspectos técnicos en este proceso.

5. Énfasis excesivo en la medición y los indicadores de desempeño: Se argumenta que la NGP puede generar una cultura de burocracia y centrarse excesivamente en la medición y los indicadores de desempeño, lo que puede llevar a una simplificación excesiva de los procesos.

Nueva Administración Pública

Se desarrolla a partir de una conferencia dictada en la Universidad de Syracuse en 1968, en la cual, predominó un descontento con con la gestión del Estado

La Nueva Administración Pública (NAP) es un enfoque que busca reformar y modernizar la gestión pública a través de la introducción de prácticas gerenciales orientadas al logro de resultados y a la mejora continua. La NAP pone énfasis en la profesionalización de los servidores públicos, la transparencia, la rendición de cuentas, la participación ciudadana y la colaboración interorganizacional. Busca promover una cultura de servicio al ciudadano, eficiencia, efectividad y adaptabilidad en la administración pública.

Esta corriente se distancia del enfoque tradicional de orientación weberiana y promueve una administración de corte más comercial y de mercado. Dentro de sus propósitos no explícitos está la búsqueda de la reducción del Estado.

Plantea la autonomía y autosuficiencia de las organizaciones públicas: estas ya no serían las responsables de la provisión de los servicios públicos; su participación resultaría indirecta[17].

Gobernanza

El enfoque de gobernanza se refiere al proceso de toma de decisiones y al ejercicio de autoridad en el ámbito público, involucrando a múltiples actores tanto estatales como no estatales. La gobernanza implica la colaboración y la participación de diversos actores en la formulación, implementación y evaluación de políticas públicas.

Destaca la importancia de la coordinación, la cooperación y la interacción entre los diferentes niveles y actores de gobierno, así como con la sociedad civil y el sector privado.

- Privilegia la actuación de gobierno por conducto de socios o mediante redes en desmedro del gobierno.

- El acto de gobernar consiste en "direccionar" la economía, hasta el extremo de que se gobierne sin gobierno.

- Recurre a organizaciones del sector privado para proporcionar bienes y servicios públicos.

Estados Neo-Weberianos

Esta corriente es una réplica europea, principalmente en Francia, Bélgica e Italia, al modelo burocrático tradicional. No rechaza los principios del Estado burocrático, sino que busca su superación. En este sentido, reconoce al Estado como proveedor de servicios.

Plantea que las normas administrativas deben ser modernizadas, pero continúan siendo importantes en regular las relaciones entre el Estado y la ciudadanía. Considera que la democracia representativa es la manera más adecuada de tener legitimidad democrática. Por esto los principios de igualdad ante la Ley, seguridad legal, escrutinio legal de la acción del Estado mantienen

17. Pardo, María del Carmen: compiladora, *De la Administración Pública a la Gobernaza* (México: El Colegio de México, 2004).

su vigencia.

Busca mantener las mejores cualidades de la burocracia (formalismo jurídico) e incorpora la agilidad institucional de la que esta carece. A su vez, procura evitar sus deficiencias como el entorpecimiento administrativo y las lógicas de mercado que podrían imponer la búsqueda de agilidad institucional. En este sentido el Estado neoweberiano representaría una mezcla ideal del modelo burocrático con la NAP.

El enfoque de los Estados Neo-Weberianos se basa en los principios de la teoría de la burocracia de Max Weber. Estos estados buscan fortalecer la capacidad institucional y administrativa del gobierno, centrándose en la profesionalización de los servidores públicos, la meritocracia, la reglamentación y la rendición de cuentas. Se caracterizan por tener estructuras burocráticas eficientes, procesos de toma de decisiones basados en la legalidad y la racionalidad, y una clara separación entre la política y la administración.

Nuevo Servicio Público

El Nuevo Servicio Público surge también como una respuesta a la Nueva Administración Pública y su propuesta central consiste en considerar que la teoría de la administración pública debería ser la teoría de la administración democrática.

El enfoque del Nuevo Servicio Público busca cambiar el paradigma de la administración pública, poniendo énfasis en la colaboración, la participación ciudadana, la orientación al servicio, la ética y la responsabilidad pública.

Promueve una gestión pública más inclusiva, transparente y orientada al bien común. Se basa en la idea de que los servidores públicos deben ser facilitadores y colaboradores, trabajando en conjunto con los ciudadanos y otros actores para abordar los desafíos sociales de manera efectiva.

Desde esta perspectiva plantea siete principios que orientan su teoría:

◦ Servir a ciudadanos no a clientes o consumidores.

◦ Búsqueda del interés público como objetivo.

◦ Defender los valores implícitos en el concepto de ciudadanía y servicio público por encima del espíritu empresarial. Entendiendo que los servidores públicos, son en el fondo ciudadanos comprometidos que deben hacer contribuciones a la sociedad.

◦ Pensar estratégicamente y actuar democráticamente.

◦ Reconocimiento de que la rendición de cuentas o accountability no es simple.

◦ Servir en lugar de dirigir.

◦ Poner en valor a las personas, no sólo a la productividad.

En esencia este paradigma plantea que el gobierno pertenece a los ciudadanos.

* * *

La administración pública chilena no ha estado ajena a estos nuevos enfoques de administración del estado y desde 1998 ha comenzado a implementar instrumentos de evaluación de desempeño ligados a incentivos económicos y en el año 2004 se estableció un nuevo procedimiento de selección de altos cargos públicos, para permitir que los puestos en los niveles directivos fueran ocupados por personas con las capacidades profesionales idóneas para esos cargos.

Aunque este es un proceso aún en desarrollo no ha estado exento de polémica, ya que el sistema de incentivos de la evaluación de desempeño, no ha logrado los frutos esperados de acuerdo a la teoría. Del mismo modo, el sistema de alta dirección pública no ha logrado un mejor resultado debido a la alta rotación en los cargos.

PREGUNTA: ¿Quién fue el primer chileno en proponer la necesidad de crear la carrera de Administración Pública?

El primer chileno que vio la necesidad de crear una carrera de

Administración Pública fue Valentín Letelier.

Administración pública como ciencia

En el contexto científico, las nuevas disciplinas siguen un camino de validación dentro de la comunidad académica para ser aceptadas como ciencia. La Administración Pública no ha estado exenta de este examen y cada vez más, se instala, por sus méritos, en el exigente grupos de ramas del conocimiento que tienen el estatus de ciencia.

El estudio de la administración pública ha sido abordado desde distintas perspectivas: ciencia, técnica y arte. Mientras que las dimensiones técnica y artística han sido ampliamente aceptadas, la consideración de la administración pública como ciencia ha sido más controvertida y ha adquirido reconocimiento de tal. En este sentido, resulta relevante explorar el carácter científico del conocimiento en administración pública y los requisitos necesarios para alcanzar dicho estatus.

Las definiciones de ciencia son múltiples y estas se encuentran influenciadas por la orientación filosófica de la corriente que las formula. El debate, entre filósofos de las ciencias, académicos y científicos tiene algunos siglos y se mantiene vivo en el presente, por lo que no se pretende entregar aquí una definición final sobre esta materia.

En términos simples, la ciencia se refiere al conjunto de conocimientos sistemáticos y verificables que se obtienen a través de la observación, la experimentación y el análisis. Es una manera de indagar y estudiar que busca comprender cómo funciona el mundo natural y social, así como explicar los fenómenos que ocurren en ellos.

En este sentido puede decirse que la ciencia es ni más ni menos que una forma de conocimiento basada en el método científico. Pero así como existe el conocimiento científico, existen otras modalidades de conocimiento igualmente válidas en su contexto.

De acuerdo al filósofo de las ciencias Mario Bunge, "La ciencia es un estilo de pensamiento y de acción: precisamente el más reciente, el más universal y el más provechoso de todos los estilos. Como ante toda creación humana, tenernos que distinguir en la ciencia entre el trabajo –investigación– y su producto final, el conocimiento. En este capítulo consideraremos tanto los esquemas generales de la investigación científica –el método científico– cuanto su objetivo."[18]

El biólogo Humberto Maturana, de orientación constructivista, que ha reflexionado en profundidad sobre el concepto de ciencia plantea que "Hacer ciencia es explicar. La tarea de la ciencia, la tarea del científico es explicar. La tarea del tecnòlogo es producir. Son tareas distintas que se diferencian en la intencionalidad y el criterio de validación. Al hablar de ciencia, por lo tanto, voy a hablar de un quehacer explicativo definido por el criterio de validación de las explicaciones científicas. "[19]

A continuación, cuando se refiere al modo en que son construidas estas explicaciones y al criterio de validación de estas, agrega: "...el criterio de validación de las explicaciones científicas es una sistematización rigurosa del modo de validar nuestra existencia en la vida cotidiana a través del mero vivir."[20]

Concepto de administración

Los autores Koontz y Weirich (1998, p. 4) plantean que "La administración es el proceso de diseñar y mantener un medio ambiente en el cual los individuos que colaboran en grupos, cumplen eficientemente objetivos seleccionados".

Por su parte Diez de Castro et al (2001, p. 4) proponen que "La administración es el conjunto de funciones o procesos básicos (planificar, organizar, dirigir, coordinar y controlar) que realizados convenientemente, repercuten de forma positiva en la eficacia y eficiencia de la actividad realizada en la organización".

La administración pública se refiere al conjunto de actividades y procesos que realizan las organizaciones e instituciones estatales para planificar, organizar, dirigir y controlar los recursos y ac-

---

18. Bunge, Mario, *La ciencia. Su método y su filosofía*. (Buenos Aires: Siglo XXI editores, 2004), 3.
19. Maturana, Humberto, "Fenomenología del conocer", en *Transformación en la convivencia* (Dolmen Ediciones, Santiago), 80.
20. Ibidem, 81

ciones necesarios para cumplir los objetivos del Estado y brindar servicios públicos a la sociedad.

Por su parte, la administración pública abarca una amplia gama de funciones, como la formulación de políticas, la gestión financiera, la planificación estratégica, la regulación, la prestación de servicios públicos, la contratación y la supervisión del personal gubernamental, entre otros.

El objetivo principal de la administración pública es promover el bienestar general de los ciudadanos y garantizar una gestión eficiente y transparente de los recursos públicos. También busca servir como intermediario entre el gobierno y la sociedad, facilitando la participación ciudadana y asegurando la rendición de cuentas.

Es relevante señalar que la administración pública puede variar en su estructura y funcionamiento según el sistema político y la cultura de cada país. Además, existen principios fundamentales como la legalidad, la eficiencia, la transparencia y la igualdad que deben guiar su actuación.

De estas definiciones podemos desprender que la administración es un fenómeno que ocurre entre personas que interactúan en conjunto para lograr objetivos y si lo hacen de manera permanente, constituyen organizaciones.

En la senda de lograr estos objetivos, los seres humanos ha recurrido tradicionalmente a la técnica y el arte y en tiempos más recientes a la ciencia. Las dos primeras están reconocidas en el mundo académico: En cambio, la ciencia tiene una dimensión distinta, debido a que el uso del conocimiento científico no convierte a dicha actividad en una ciencia en sí misma. Esto es equivalente a considerar la medicina como una ciencia (u otras profesiones), por cuanto hace uso de las ciencias en su actividad diaria. Por esto, resulta de interés esclarecer si la Administración Pública ha logrado adquirir estatus científico.

Examinemos las tres dimensiones desde las cuales es considerada la administración, antes de explorar la dimensión científica de la disciplina y los requisitos que debe cumplir para ello.

Técnica:

Dimensión práctica. La administración utiliza técnicas, modelos y prácticas basadas en teorías científicas que facilitan el trabajo del administrador. El uso de herramientas por los administradores se hace para llevar a cabo las tareas y actividades relacionadas con la gestión y dirección de una organización. Estas técnicas están diseñadas para optimizar los procesos, mejorar la eficiencia, aumentar la productividad y lograr los objetivos establecidos.

Arte:

La administración requiere que el administrador analice cada situación con una visión integral, intuición y un enfoque creativo e innovador, no sólo para resolver problemas, sino principalmente para crear, cambiar, innovar y transformar a las organizaciones.

Ciencia:

Esta dimensión dentro de la administración descansa en fundamentos científicos, metodologías y teorías sobre los hechos: Estos son analizados, experimentados y comprobados en la práctica. Como ciencia estudia relaciones causales.

Requisitos de una ciencia

En esta sección se explora el carácter científico del conocimiento en administración pública y los requisitos que se deben cumplir para alcanzar esta condición.

De acuerdo a las definiciones de ciencia de Mario Bunge y Humberto Maturana, el conocimiento científico tiene dos dimensiones: el contenido y la forma en que se desarrolla este contenido. De acuerdo a esto, las dos condiciones básicas que debe cumplir una disciplina para ser considerada una ciencia, son:

Ciencia

- **Método:** El método científico es una forma de obtener (generar) conocimientos nuevos, que contribuyen al acervo científico.
La ciencia consiste en la observación sistemática, medición, experimentación, en la formulación, análisis y modificación de hipótesis.

- **Objeto de estudio:** Es el objeto de conocimiento de una ciencia en particular. El objeto de estudio caracteriza una ciencia y la constituye como tal y no como sub disciplina de otra.

Método

El conocimiento desarrollado en cualquier disciplina que aspira a ser reconocida como una ciencia debe seguir un procedimiento riguroso, en que a partir de la observación de los hechos, se siguen los pasos del método científico.

Los siglos XVIII y XIX vieron la génesis del método científico como lo conocemos en la actualidad, sin embargo, es en el siglo XX que se consolida y se hace predominante para la generación de conocimiento sistemático.

Aunque, en la actualidad, existe un cierto grado de consenso en los aspectos esenciales del método científico, diferentes escuelas hacen énfasis en algunos aspectos más que en otros. Por esto conviene examinar algunas definiciones sobre este concepto.

De acuerdo a Mario Bunge de orientación epistemológica realista, el método científico consiste en:

> Un método es un procedimiento para tratar un conjunto de problemas. Cada clase de problemas requiere un conjunto de métodos o técnicas especiales. Los problemas del conocimiento, a diferencia de los del lenguaje o los de la acción, requieren la invención o la aplicación de procedimientos especiales adecuados para los varios estadios del tratamiento de los problemas, desde el mero enunciado de estos hasta el control de las soluciones propuestas.[21]

---

21. Bunge, Mario, *La ciencia. Su método y su filosofía*. (Buenos Aires: Siglo XXI editores, 2004), 7.

De acuerdo a este mismo filósofo de las ciencias los pasos mínimos que debe seguir el método científico, consisten en:

1. Enunciar preguntas bien formuladas y verosímilmente fecundas.

2. Arbitrar conjeturas, fundadas y contrastables con la experiencia, para contestar a las preguntas.

3. Derivar consecuencias lógicas de las conjeturas.

4. Arbitrar técnicas para someter las conjeturas a contrastación.

5. Someter a su vez a contrastación esas técnicas para comprobar su relevancia y la fe que merecen.

6. Llevar a cabo la contrastación e interpretar sus resultados.

7. Estimar la pretensión de verdad de las conjeturas y la fidelidad de las técnicas.

8. Determinar los dominios en los cuales valen las conjeturas y las técnicas, y formular los nuevos problemas originados por la investigación (2004, pág. 8).

Objeto

Es el objeto de conocimiento de una ciencia específica. La importancia de que una disciplina cuente con un objeto de estudio propio, es que este la caracteriza y la constituye como tal, y no como sub disciplina de otra.

La interacción de la Administración Pública con otras disciplinas y ciencias, como la ciencia política, la economía, la sociología o el derecho dificulta establecer si tiene objeto de estudio propio, o si este es compartido con alguna de ellas. En este último caso, no existiría una autonomía de la Administración Pública y correspondería estudiarla en conjunto con otras disciplinas. Por esto, resulta crucial determinar si cuenta con objeto de estudio propio.

Los candidatos a ser considerados como objeto de estudio de la ciencia de la administración pública son varios y a continuación

se examinan los candidatos considerando sus principales ventajas y desventajas:

○ **La administración Pública**

El objeto de estudio es la actividad diaria gubernamental; lo
constituyen las acciones de las instituciones gubernamentales
(González 2004, pág. 1).

Dentro de las ventajas que se pueden mencionar es que se trata
de un fenómeno concreto, susceptible de ser medido con datos,
fácilmente reconocible en la realidad y con un importante consenso académico.

Dentro de las desventajas es necesario destacar: que se enfatiza
el carácter administrativo; se privilegia el gobierno y el ejecutivo
y disciplina y objeto tienen el mismo nombre.

○ **El poder ejecutivo.**

En este caso, también se trata de un objeto claramente identi-
ficable y se puede asimilar fácilmente administración pública a
poder ejecutivo.

Como desventaja, tiene la limitación que limita el objeto de estudio al excluir otras instituciones del Estado.

○ **Las organizaciones e instituciones del sector público como objeto de estudio.**

En este caso se puede considerar a la organización gubernamental y a los grupos de poder como el objeto de estudio de la
administración pública.

Las principales ventajas de este objeto de estudio son:

La Administración Pública está constituida por varias organizaciones que son de utilidad del poder y que sirven para admi-
nistrarlo.

La administración se desarrolla siempre dentro de las organizaciones y al interior de estas existen relaciones de poder. Esta
elección hace coherente el estudio de la administración pública
con la administración privada.

Y las desventajas que presenta esta opción consisten en:

En palabras de González[22] "... esta postura resulta un poco acotada, principalmente porque se hace referencia a estructuras gubernamentales y a las personas que se encuentran dentro de ellas, pero que tienen la característica de no ser permanentes. Las estructuras u organizaciones pueden corresponder a realidades emergentes y modificarse de acuerdo con las exigencias de la sociedad, así como con las necesidades de la propia Administración Pública".

◦ **El Estado como objeto de estudio.**

Estado y administración pública comparten el mismo interés: el bienestar de los ciudadanos, lo que le da congruencia a este objeto con el nombre de la disciplina, sin ser el mismo.

Por otra parte, desde sus inicios la disciplina ha estudiado el Estado de manera preferente, por lo que este objeto tiene también pergaminos de antigüedad.

Como desventaja se puede señalar que no todo lo que realiza el Estado es administración pública, debido a que el Estado es un ente muy amplio. Otro inconveniente es que este es un tema compartido con la ciencia política, lo que restaría méritos como objeto propio de estudio.

◦ **El poder**

Al estar vinculada la administración pública de manera natural con el Estado, surge como materia de estudio el poder, ya que el Estado es la conjunción del fenómeno del poder en la sociedad.

Como ventaja se puede mencionar que la administración pública es la relación entre el Estado y la Sociedad; y su función radica en ejercer el poder estatal.

Como desventaja se puede señalar que, al igual que con el Estado como objeto de estudio, la administración pública pasa a ser un subcampo de la Ciencia Política y la Administración Pública no es solo Ciencia Política, sino que tiene especificidades y temas

22. González, J, "La Administración Pública como ciencia: una aproximación a su objeto de estudio", *Estudios Públicos*, 2004, 169.

que le son propios.

Como conclusión se puede desprender que no hay un solo candidato para ser objeto de estudio de la administración pública y esto aunque tiene el inconveniente de la ambigüedad y la falta de delimitación de la materia de estudio, confirma que la disciplina cuenta con temas que le son propios y que puede constituirse como una ciencia con autonomía.

De las opciones examinadas surgen como las mejores posibilidades el Estado y las organizaciones e instituciones del sector público. Esta última, cuenta con ventaja porque es materia exclusiva de estudio de la administración pública y además, es congruente con el objeto de estudio de la administración privada, lo que le permite compartir muchas de las herramientas y conocimientos desarrollados por esta.

Teoría de la Administración Pública

Una vez despejado el estatus científico de Administración Pública, corresponde abordar y desarrollar un cuerpo teórico, que sea de utilidad en la práctica de los administradores.

Como toda ciencia nueva, el desarrollo de su cuerpo teórico es aún incipiente y a pesar del impulso inicial que tuvo con autores como Bonnin o Letelier, se ha estancado y no ha tenido la velocidad de crecimiento de su equivalente, la administración privada.

Incluso Valentín Letelier, un notable teórico de esta materia, señaló en 1894, quejándose del insuficiente progreso en Francia y Alemania, los países más adelantados de su época, que no se superaba la constatación de hechos empíricos y que, por lo tanto, no se avanzaba en observar regularidades generales que aportaran a un cuerpo teórico[23].

A lo anterior, se agrega que el objeto de estudio de la Administración Pública pertenece al área del comportamiento humano, por lo tanto, la creación de un cuerpo teórico, tiene las dificultades propias de un tema complejo, como ocurre con todas las disciplinas del ámbito de las ciencias sociales.

Estado, gobierno y administración pública

Estos tres conceptos se suelen entender como sinónimos en el habla coloquial. Por lo general, se entiende que la administración pública forma parte del gobierno y este, a su vez, es un subconjunto del Estado.

Sin embargo, cuando se busca precisar puede advertirse que existen diferencias significativas. Para aclarar estaos conceptos, examinémoslos con mayor detalle:

---

23. Letelier, Valentín, "La ciencia del derecho administrativo", en Valentín Letelier: *Estudios sobre Política, Gobierno y administración pública* (Santiago: Editorial Universitaria, 2011), 84.

Estado

El Estado es un concepto complejo, sobre el cual no existe consenso generalizado en el área de las ciencias sociales. Existe desde los albores de la civilización humana y durante su historia ha tomado diversas formas. La modalidad a la cual nos referiremos en este texto, corresponde al Estado moderno, el cual, comienza a desarrollarse desde las grandes revoluciones de los siglos XVII y XVIII (francesa, inglesa y estadounidense).

El Estado es una entidad política soberana que tiene la capacidad de ejercer el poder político sobre un territorio y su población. Es la máxima autoridad dentro de un área geográfica y dispone de instituciones políticas y jurídicas que le permiten tomar decisiones y gobernar.

Los elementos constitutivos del Estado de mayor relevancia son:

Soberanía: facultad de ser reconocido como la institución de mayor prestigio y poder en un territorio determinado. Hoy en día también se habla de soberanía en el ámbito externo, es decir internacional, quedando esta limitada al Derecho Internacional, organismos internacionales y al reconocimiento de los Estados del mundo

- Territorio: se refiere a la extensión geográfica sobre la cual el Estado ejerce su soberanía y desarrolla sus actividades. El territorio no solo incluye a la tierra dentro de las fronteras, sino que además a los mares, ríos, lagos, espacios aéreos y subsuelo.

- Población: es el conjunto de personas que residen en un territorio determinado y que están sujetas a la autoridad y las instituciones del Estado. La población constituye la base social sobre la cual se ejerce el poder estatal y con la cual el Estado interactúa en diversos aspectos de la vida social, política y económica.

- Burocracia: son las instituciones cuyo fin es administrar los diferentes aspectos de la vida de la población.

- Gobierno: es la autoridad y las instituciones encargadas de tomar decisiones y ejercer el poder en nombre del Estado. Es la instancia responsable de administrar los asuntos públicos, así como de establecer y aplicar políticas, leyes y regulaciones que afectan a la sociedad en su conjunto.

El gobierno representa al Estado y actúa como su representante legítimo. A través de las instituciones gubernamentales, se ejerce el poder político y se toman decisiones trascendentales que afectan a la población y al territorio del Estado.

El gobierno está compuesto por líderes y funcionarios públicos que son designados o elegidos para desempeñar roles específicos en la administración del Estado. Estos líderes pueden cambiar a lo largo del tiempo, a través de procesos electorales o cambios en la estructura gubernamental, mientras que el Estado en sí mismo permanece como una entidad estable y continúa existiendo más allá de los cambios de gobierno.

Gobierno

El gobierno es un concepto fundamental en la teoría política y administrativa y se ha abordado desde diferentes perspectivas.

Conceptualmente, el gobierno es una parte del Estado y se refiere a las personas o grupos que ejercen el poder político durante un periodo. Es responsable de la toma de decisiones y la implementación de políticas públicas en nombre del Estado. En cierto modo es una administración transitoria del Estado.

Puede tener diversas formas: democracia parlamentaria, presidencialismo o semipresidencialismo. Estas formas de gobierno determinan de que manera los poderes ejecutivo y legislativo se involucran en el gobierno

En los sistemas presidenciales el gobierno es labor del ejecutivo, en cambio, en los parlamentarios el poder legislativo participa en mayor proporción en la tarea de gobierno. Por último, la forma de gobierno semipresidencial se ubica en un punto intermedio entre los anteriores.

El gobierno ejerce autoridad y control sobre la población y es responsable de mantener el orden, proteger los derechos y brindar servicios públicos. Como expresión del Estado tiene la facultad de hacer cumplir la ley mediante el uso de la fuerza o la amenaza de su uso.

Administración Pública

La Administración Pública es el conjunto de organismos y funcionarios encargados de implementar y ejecutar las políticas públicas establecidas por el gobierno. Se refiere a la estructura organizativa y a las personas que trabajan en el aparato burocrático del Estado, desempeñando labores administrativas y técnicas.

En términos organizativos, la Administración Pública se estructura en diferentes niveles jerárquicos y áreas de responsabilidad, con el fin de abordar de manera eficiente las necesidades y demandas de la sociedad. Los funcionarios públicos desempeñan roles clave en la toma de decisiones, la implementación de políticas y la prestación de servicios públicos.

La administración pública se expresa en todos los poderes del Estado y tanto a nivel central como en sus órganos descentralizados, como por ejemplo los municipios.

La Administración Pública también se rige por principios de transparencia, rendición de cuentas, eficiencia y equidad, con el objetivo de asegurar una gestión pública responsable y orientada al interés general.

Woodrow Wilson, plantea que la administración es a "la parte más obvia del gobierno; es este mismo en acción; es el aspecto más visible del gobierno, el ejecutivo, el operativo; y es, por supuesto, tan antigua como él mismo"[24].

El gobierno decide los grandes lineamientos políticos y la administración es la encargada de implementarlos a través de bienes, servicios y programas que hace llegar a los ciudadanos, manteniendo un contacto estrecho con estos.

---

24. Wilson, Woodrow, *"El estudio de la administración"*, en Clásicos de la Administración Pública (Fondo de Cultura Económica, 1999), 73.

De estas definiciones surgen algunos puntos interesantes:

Por ejemplo, el Estado es permanente o estable en el tiempo, en cambio, el gobierno es transitorio. El Estado tiene continuidad en el tiempo, mientras que el gobierno cambia de acuerdo a las condiciones políticas.

Respecto a la relación entre la administración pública y el gobierno, esta se encuentra subordinada al gobierno y juega un rol de intermediario entre la comunidad y el gobierno. También tiene un rol más estable en el Estado que el que tiene el gobierno.

Importancia de la Administración Pública

En la actualidad, la gestión de los asuntos públicos desempeña un papel esencial en el funcionamiento de cualquier sociedad. Desde la prestación de servicios gubernamentales hasta la formulación de políticas, en este sentido, la administración pública tiene un impacto directo en la vida de las personas. Resulta fundamental contar con recursos confiables y detallados para comprender y abordar los desafíos y oportunidades que enfrenta esta dimensión.

La administración pública abarca el conjunto de actividades, procesos y políticas llevados a cabo por los gobiernos en todos los niveles. Comprende la planificación, implementación y evaluación de políticas públicas, la gestión de recursos y servicios gubernamentales, así como la interacción con la sociedad y la toma de decisiones estratégicas. Estas funciones se extienden a diversas áreas como la salud, la educación, la seguridad, la economía y el medio ambiente, entre otras, con el objetivo principal de garantizar el bienestar de la sociedad y promover un desarrollo sostenible.

La administración pública desempeña un papel crucial en el correcto funcionamiento de una sociedad. Algunas de las razones por las que es de vital importancia incluyen:

Prestación de Servicios Públicos de Calidad

La administración pública se encarga de brindar servicios esenciales a la población, tales como educación, salud, transporte y seguridad. Estos servicios son fundamentales para el desarrollo y el bienestar de la sociedad. La eficiencia en la gestión puede garantizar la calidad y accesibilidad de dichos servicios.

Por ejemplo, en el ámbito de la educación, una buena gestión pública puede asegurar la disponibilidad de escuelas de calidad, docentes capacitados y recursos adecuados para el aprendizaje. Del mismo modo, en el sector de la salud, una administración eficiente puede garantizar la disponibilidad de servicios médicos, acceso a medicamentos y la implementación de políticas de prevención y promoción de la salud.

Transparencia y Responsabilidad

Un gobierno transparente y responsable resulta esencial para fortalecer la confianza de los ciudadanos en las instituciones públicas. La administración pública debe ser transparente en sus procesos, decisiones y el uso de recursos. Esto promueve la rendición de cuentas y la participación ciudadana en la toma de decisiones.

Una práctica destacada de transparencia es la publicación de información financiera y presupuestaria de manera accesible y comprensible para la ciudadanía. Esto permite a los ciudadanos conocer cómo se gestionan los recursos públicos, identificar posibles casos de corrupción y contribuir a la supervisión de la gestión gubernamental.

Desarrollo Económico y Social

La administración pública tiene un impacto directo en el desarrollo económico y social de un país. A través de políticas y programas, siguiendo las orientaciones de las autoridades políticas, puede fomentar la creación de empleo, impulsar la inversión, promover la igualdad de oportunidades y abordar desafíos sociales como la pobreza y la exclusión.

Un ejemplo de cómo la administración pública puede promover el desarrollo económico es mediante la implementación de políticas que fomenten la inversión en infraestructuras y el apoyo a las pequeñas y medianas empresas. Asimismo, a través de programas de inclusión social, se pueden reducir las desigualdades y garantizar que todos los ciudadanos tengan acceso a oportunidades educativas y laborales.

Estabilidad Política

Una administración pública sólida y estable contribuye a la estabilidad política de un país. La toma de decisiones basada en principios éticos y en el interés general promueve la gobernabilidad y el respeto por el Estado de derecho.

Un gobierno que promueva la participación ciudadana en la toma de decisiones y respete los derechos humanos fortalece la confianza de la población en las instituciones democráticas. Esto a su vez contribuye a la estabilidad política y al desarrollo de una sociedad justa y equitativa.

La perspectiva científica

El estudio de la Administración Pública como ciencia busca comprender y mejorar la gestión y el funcionamiento de las organizaciones del sector público. Su enfoque radica en analizar y comprender cómo se toman las decisiones, se planifican y ejecutan las políticas públicas, se gestionan los recursos y se promueve el bienestar social a través de la acción del Estado.

La Administración Pública como ciencia investiga los principios, las teorías y las metodologías que permiten analizar y comprender el comportamiento y desempeño de las organizaciones gubernamentales, así como los factores que influyen en su eficiencia, efectividad y transparencia. Esto implica el estudio de temas como la formulación y evaluación de políticas públicas, el diseño de estructuras organizativas, la gestión de recursos humanos, la planificación estratégica, la toma de decisiones, la rendición de cuentas y la participación ciudadana.

En síntesis, la administración pública desempeña un papel fundamental en el funcionamiento de una sociedad, asegurando la prestación de servicios públicos de calidad, promoviendo la transparencia y la responsabilidad, contribuyendo al desarrollo económico y social, y fomentando la estabilidad política. El estudio de la Administración Pública como ciencia proporciona los conocimientos necesarios para mejorar la gestión pública y garantizar un mejor funcionamiento de las instituciones gubernamentales.

Lugar que ocupa la administración pública

De la sección anterior se puede ver que la administración pública es parte de Estado y se desarrolla en él, por lo tanto, puede ser entendida "... como la actividad organizadora del Estado en la sociedad"[25].

El Estado moderno se funda en las revoluciones liberales de los siglos XVII y XVIII y desde entonces es un fenómeno social común para las sociedades occidentales, por lo cual, es susceptible de ser estudiado, a partir de puntos en común, a pesar de la diversidad presente en los países que se encuentran dentro de este modelo de ordenación de la sociedad.

En este tipo de países "La administración pública es supeditada íntegramente a la ley..."[26], y de aquí que, esté supeditada al Estado.

Desde este escenario surge la pregunta, desde un punto de vista conceptual, sobre el rol y el lugar que ocupa la administración pública en la sociedad y las relaciones que establece con otras instituciones de la sociedad y del Estado.

25. Guerrero, O, *Principios de Administración Pública* (México: Universidad Nacional Autónoma de México, 2007), 10.
26. Guerrero, O, 11.

En el cuadro previo podemos ver una representación preliminar que permite visualizar una respuesta a la pregunta anterior. Si se parte desde la sociedad civil para comprender el proceso político, se puede considerar que es en este espacio donde surgen los requerimientos que son recogidos por la política y transformados en políticas públicas.

De este modo, la administración pública actúa como un enlace entre el gobierno y la sociedad civil, facilitando la implementación de políticas públicas, la prestación de servicios y la regulación de actividades en beneficio de la comunidad.

En relación con el gobierno, la administración pública desempeña un papel clave en la ejecución de las decisiones políticas y en la implementación de las políticas públicas establecidas por los órganos gubernamentales. Es responsabilidad de la administración pública poner en práctica las directrices y objetivos del gobierno, asegurando la eficiencia y la transparencia en la gestión de los recursos y en la prestación de servicios públicos.

Los encargados de dirigir la implementación de estas políticas públicas son los representantes elegidos por el pueblo en una democracia. A su vez, quienes finalmente ejecutan estas políticas son los empleados de la administración pública, retornando a la sociedad civil el mandato formulado originalmente en la forma de bienes y servicios públicos.

En sus cometidos, la administración pública relaciona a la comunidad con los individuos, además de todo
aquello que tiene que ver con su vida, goces y actividades. A ella corresponde atender las necesidades públicas, tiene una índole propiamente pública. (Guerrero,
2007, pág. 14)

Pero el rol de la administración pública no termina aquí, tiene también un vínculo importante con la sociedad civil. Actúa como un canal de comunicación entre los ciudadanos y el gobierno, facilitando la participación ciudadana, recopilando información y opiniones de la sociedad y asegurando que los servicios públicos satisfagan las necesidades de la población. Además, la administración pública promueve la transparencia y la rendición de cuentas, fomentando la confianza y la colaboración entre el gobierno y la sociedad civil. Esta función le permite al gobierno recibir información clave para evaluar la efectividad de sus políticas.

Por lo tanto, la administración pública ocupa un lugar en el Estado realizando una función de intermediación entre la política y la sociedad civil.

Esta visión gráfica simplificada puede ser ampliada ahora con estos antecedentes adicionales y con la ayuda de la Teoría de sistemas aplicada al modelo de sistema político de David Easton[27].

En este caso, se reconoce la coexistencia de la política con la administración pública, la elipse azul representa la esfera de la política, tanto en su carácter abstracto, por ejemplo de políticas públicas, como en su manifestación concreta, expresada en los representantes políticos electos. Esta combinación genera intercambios entre ambas esferas donde hay una mutua influencia e interdependencia.

El cuadro se completa con las flechas segmentadas que representan la interacción entre las demandas de la ciudadanía que son insumos para el sistema político y las salidas expresadas en bienes y servicios públicos. Esta retroalimentación permite la ne-

27. Easton, David, *Un esquema para el análisis político* (Buenos Aires: Editorial Amorrortu, 1999), 156.

cesaria evaluación de las políticas públicas, las que permitirán ajustes en el sistema político.

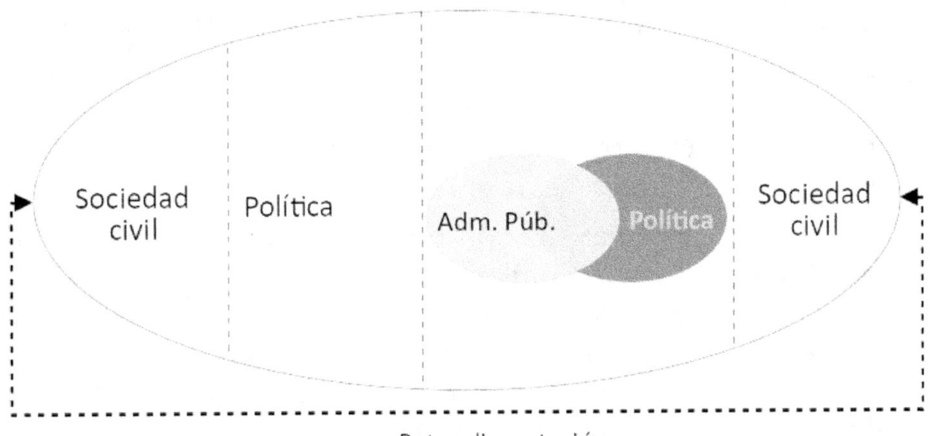

Retroalimentación

Políticas públicas

Desde la perspectiva de la teoría de la administración pública, las políticas públicas se refieren a las decisiones y acciones adoptadas por el gobierno y otras instituciones del Estado para abordar problemas y desafíos sociales, económicos o políticos. Son planes de acción diseñados para lograr objetivos específicos y responder a las necesidades de la sociedad.

Las políticas públicas involucran la identificación de problemas en el desarrollo del proceso político, la formulación de metas y objetivos, la selección de estrategias y medidas para abordar esos problemas, la asignación de recursos, la implementación de acciones concretas y la evaluación de los resultados y el impacto de dichas acciones.

Estas políticas pueden abarcar una amplia gama de áreas, como educación, salud, seguridad, medio ambiente, infraestructura, economía, entre otras. Pueden dirigirse a diferentes grupos de la sociedad, como individuos, comunidades, empresas u organizaciones, y pueden involucrar la regulación, la prestación de servicios, la promoción de programas o la toma de decisiones sobre asignación de recursos.

En la teoría de la administración pública, se considera que las políticas públicas son el resultado de un proceso político y administrativo complejo, que implica la interacción de múltiples actores e intereses. Se espera que estas políticas estén basadas en evidencia, sean transparentes, participativas y orientadas al bien común, buscando mejorar la calidad de vida de los ciudadanos y promover el desarrollo y el progreso social.

La teoría de la administración pública también se interesa en el estudio de cómo se formulan, implementan y evalúan las políticas públicas, analizando los diferentes enfoques, modelos y herramientas utilizados en este proceso. Además, se examina la influencia de factores políticos, económicos, sociales y culturales en la formulación de políticas, así como la interacción entre los actores involucrados, incluyendo funcionarios públicos, legisladores, grupos de interés y ciudadanos.

Tipos de políticas públicas

Existen diferentes tipos de políticas públicas, por lo que una manera de simplificar su comprensión es clasificarlas. Theodore J. Lowi28, propuso una tipología de políticas públicas, la cual, se basa en la interacción entre los actores y los procesos políticos involucrados en la formulación y aplicación de políticas públicas. A continuación se presentan las cuatro categorías principales de la tipología de Lowi:

1. Políticas Distributivas: Estas se centran en la distribución de beneficios o recursos a grupos específicos de la sociedad. El objetivo es brindar apoyo y favorecer a ciertos grupos o sectores, ya sea a través de subsidios, exenciones fiscales, programas de bienestar o inversión en infraestructura. Las políticas distributivas son altamente políticas y pueden generar disputas y competencia entre diferentes grupos por los recursos limitados del Estado.

2. Políticas Regulatorias: Estas políticas se centran en el estable-

---

28. Lowi, Theodore J., American Business, *Public Policy, Case-Studies and Political Theory*, 1964.

cimiento de reglas, regulaciones y restricciones para controlar o influir en la conducta de individuos, empresas u organizaciones. El objetivo principal es proteger el interés público, garantizar la equidad, la seguridad, la calidad y la competencia en diferentes sectores. Las políticas regulatorias abarcan áreas como la protección del medio ambiente, la regulación de los mercados financieros, la seguridad alimentaria, entre otros.

3. Políticas Redistributivas: Estas políticas buscan redistribuir los recursos y el poder en la sociedad, con el objetivo de corregir las desigualdades existentes. Se enfocan en la redistribución de ingresos, la igualdad de oportunidades y la mejora de la justicia social. Ejemplos de políticas redistributivas incluyen impuestos progresivos, programas de asistencia social, educación pública gratuita y acceso equitativo a servicios básicos como salud y vivienda.

4. Las políticas constitutivas se refieren a aquellas en las que la acción del gobierno establece las reglas y normas que rigen el poder y las instituciones del Estado. En otras palabras, estas políticas son responsables de crear o modificar las estructuras estatales. A diferencia de otras políticas, su nivel de coerción es más suave y no generan tanta atención pública directa.

Es importante destacar que estas categorías no son mutuamente excluyentes y que las políticas públicas a menudo pueden abarcar aspectos de más de una categoría.

Tipo de política	Definición	Regulación	Ejemplos
Distributivas	Distribución de recursos públicos.	No es intensa y se aplica sobre los involucrados.	Subsidios a la exportación, consultorios, escuelas.
Regulatorias	Estipulan reglas y pautas de comportamiento.	Alta y se aplica de manera directa en los involucrados.	Regulación de colusión, prácticas monopólicas.
Redistributivas	Cambia la distribución de recursos de los actores.	Alta y se aplica de manera directa en los involucrados.	Impuestos progresivos, educación pública gratuita.
Constituva	Reglas que rigen el Estado.	Indirecta y se aplica sobre el contexto de los involucrados.	Redacción de una nueva constitución, cambio en las leyes.

Implementación y ejecución de las políticas públicas

Es el proceso mediante el cual las decisiones y acciones políticas se llevan a cabo en la práctica. Es la fase en la que se materializan las políticas y se traducen en acciones concretas para lograr los objetivos establecidos.

Este proceso implica una serie de actividades y tareas que van desde la elaboración, asignación de recursos, la coordinación de diferentes actores y agencias involucradas, la elaboración de planes y programas, hasta la ejecución de proyectos y la evaluación de los resultados. La implementación efectiva de la política pública es fundamental para que esta tenga el impacto deseado en la sociedad y logre los resultados esperados.

La implementación de la política pública puede ser un desafío complejo debido a diversos factores, como la disponibilidad de recursos, la coordinación interinstitucional, la resistencia al cambio, los problemas de capacidad y los obstáculos políticos. También implica tomar decisiones operativas, establecer mecanismos de seguimiento y evaluación, y adaptarse a situaciones cambiantes.

Es importante destacar que la implementación exitosa de una política pública requiere una gestión eficiente y efectiva, así como la participación activa de los actores involucrados, incluyendo a los funcionarios públicos, la sociedad civil y el sector privado. Además, es crucial contar con mecanismos de rendición de cuentas y transparencia para asegurar que los recursos se utilicen adecuadamente y se logren los resultados esperados.

Formulación de políticas

La formulación de políticas está influida por el contexto y los actores que participan en este proceso.

El contexto se refiere al entorno en el que se desarrolla este proceso, incluyendo factores políticos, económicos, sociales y culturales que influyen en la toma de decisiones.

El contexto político es fundamental, ya que las políticas públicas son el resultado de decisiones políticas que reflejan las preferencias, intereses y valores de los actores políticos. Las dinámicas de poder, las coaliciones y los juegos políticos pueden influir en la agenda política y en las prioridades de las políticas.

El contexto económico también es relevante, ya que los recursos financieros y las limitaciones presupuestarias pueden condicionar las opciones disponibles en términos de políticas públicas. Las condiciones económicas, como el crecimiento económico, la inflación, el desempleo y la desigualdad, también pueden ser factores que influyan en la formulación de políticas.

Además, el contexto social y cultural desempeña un papel importante en la definición de los problemas públicos y en la demanda de políticas específicas. Las expectativas de la sociedad, las necesidades de diferentes grupos y las normas y valores culturales pueden influir en la agenda política y en las decisiones de políticas.

En cuanto a los actores, son aquellos individuos y grupos que participan en el proceso de formulación de políticas públicas. Estos actores pueden incluir funcionarios gubernamentales, legisladores, grupos de interés, organizaciones de la sociedad civil, expertos y ciudadanos en general. Cada actor tiene intereses, recursos y poder que pueden influir en la formulación de políticas.

Los actores gubernamentales, como los funcionarios de alto nivel y los legisladores, suelen tener un papel central en la formulación de políticas, ya que tienen la autoridad y los recursos para tomar decisiones. Los grupos de interés, por otro lado, representan los intereses de ciertos sectores de la sociedad y pueden abogar por políticas que beneficien a sus miembros.

En una sociedad democrática, la participación de la sociedad civil y de los ciudadanos es la base en la formulación de políticas. La transparencia, la participación y la rendición de cuentas son principios clave para garantizar la inclusión de estos actores en el proceso de formulación de políticas.

Actividades funcionales e institucionales

La administración pública realiza una infinidad de actividades, una parte importante de ellas son visibles y llegan directamente a los beneficiarios, otras quedan en segundo plano y a veces son casi invisibles para la opinión pública. Una clasificación de utilidad para distinguir entre ambas, consiste en separarlas en actividades funcionales e institucionales

Las actividades funcionales e institucionales de la administración pública se refieren a las tareas y responsabilidades que desempeñan los organismos y funcionarios públicos en el ejercicio de su labor.

Actividades funcionales

Son aquellas relacionadas con las funciones esenciales que debe cumplir la administración pública para lograr sus objetivos y brindar servicios a la sociedad. Algunas de las actividades funcionales más comunes incluyen:

El estado provee una amplia gama de servicios a la ciudadanía. Algunos de los principales servicios que el estado suele ofrecer son:

1. Educación: El estado se encarga de garantizar el acceso a la educación de calidad, desde la educación básica hasta la educación superior. Esto incluye la construcción y mantenimiento de escuelas, la contratación de personal docente, el desarrollo de planes de estudio y la implementación de políticas educativas.

2. Salud: El estado se ocupa de brindar servicios de atención médica y promover la salud de la población. Esto implica la creación y gestión de hospitales, clínicas y centros de salud, la contratación de profesionales de la salud, la implementación de programas de prevención y el acceso a medicamentos y tratamientos.

3. Seguridad y justicia: El estado tiene la responsabilidad de garantizar la seguridad de los ciudadanos y mantener el orden público. Esto implica el funcionamiento de las fuerzas de seguridad, como la policía, y el sistema de justicia, que incluye los tribunales, las fiscalías y las prisiones.

4. Infraestructura: El estado se encarga de desarrollar y mantener la infraestructura necesaria para el funcionamiento de la sociedad, como carreteras, puentes, transporte público, redes de agua potable y saneamiento, energía eléctrica.

5. Protección social: El estado implementa políticas de protección social para brindar apoyo a grupos vulnerables, como los desempleados, los ancianos, las personas con discapacidad y las familias de bajos ingresos. Esto puede incluir programas de asistencia económica, subsidios, pensiones y seguros sociales.

6. Cultura y deporte: El estado promueve el acceso a la cultura y el deporte, financiando y apoyando actividades como museos, bibliotecas, eventos culturales, programas de promoción cultural y apoyo a atletas y actividades deportivas.

7. Medio ambiente: El estado se encarga de proteger y preservar el medio ambiente, implementando políticas y regulaciones para la conservación de recursos naturales, la gestión de residuos, la protección de áreas protegidas y la lucha contra el cambio climá-

tico.

Estos son solo algunos ejemplos de los servicios que el estado suele proveer a la ciudadanía, ya sea que los administre directamente o los concesione a privados. La variedad y alcance de estos servicios pueden variar según el país y su sistema de gobierno.

Las actividades institucionales

En la administración pública se refieren al conjunto de acciones y responsabilidades relacionadas con el mantenimiento y operación de las instituciones gubernamentales. Estas actividades incluyen la gestión interna de la institución, la supervisión de procesos y procedimientos, la administración de recursos humanos, la gestión financiera y presupuestaria, y la implementación de políticas y programas establecidos.

Las actividades institucionales están orientadas a garantizar el funcionamiento eficiente y efectivo de la administración pública en el cumplimiento de sus funciones y objetivos. Esto implica establecer y mantener una estructura organizativa adecuada, asignar recursos de manera eficiente, establecer políticas de control y rendición de cuentas, y promover la calidad en la prestación de servicios públicos.

Algunas de las instituciones que realizan este tipo de servicios:

- Ministerio de Hacienda: se encarga de elaboración y ejecución del presupuesto del Estado. También se encarga de la ejecución del presupuesto, asegurando que los recursos se utilicen de manera eficiente y en cumplimiento de las políticas establecidas. Es el encargado de definir las políticas fiscal y tributaria. Control y gestión financiera.

- Contraloría General de la República: su principal función es ejercer el control externo de la legalidad, fiscalización y auditoría de los actos y resoluciones de la administración del Estado, así como de los organismos del Estado, empresas públicas, municipios y cualquier entidad que administre fondos públicos.

- Ministerio Secretaria General de la Presidencia: se encarga de coordinar y articular la labor de los ministerios y servicios públicos, asegurando la coherencia y eficiencia en la implementación de las políticas públicas. Asesoramiento al Presidente.

- CENABAST: la Central de Abastecimiento del Sistema Nacional de Servicios de Salud, es una institución pública de Chile encargada de la adquisición, almacenamiento y distribución de medicamentos, dispositivos médicos y otros insumos de salud para el sistema de salud público del país.

En resumen, mientras que las actividades funcionales se centran en la realización del trabajo y la formulación de planes y programas, las actividades institucionales se enfocan en el mantenimiento y la operación interna de la administración pública para asegurar su correcto funcionamiento y cumplimiento de sus responsabilidades.

Administración de bienes públicos

En la sección anterior se mencionó que en la provisión de bienes y servicios que el Estado proporciona a la comunidad, había algunos cuyo suministro era efectuado directamente por la administración pública y en otros casos era realizado por privados vía concesiones.

Hasta la década de los ochenta del siglo XX, el Estado era el principal proveedor de la mayor parte de los bienes y servicios de su elaboración, pero desde esa fecha en adelante, ha existido una fuerte tendencia a reducir el tamaño de Estado, debido a la crisis del Estado de Bienestar. Como consecuencia de esto irrumpieron corrientes29 que cuestionan la eficiencia del Estado y proponen la administración del sector privado en la provisión de una gran parte de los bienes y servicios.

La discusión sobre este punto ha sido controversial, ya que además de los argumentos técnicos, la visión ideológica y la visión

---

29. Como la Nueva Gestión Pública.

política de los participantes en el debate influye fuertemente en las opciones que plantea uno u otro sector.

Para dar un marco teórico a la evaluación de las distintas opciones que se presentan se recurrirá a la ciencia económica con el modelo de bienes públicos y se examinará la discusión sobre la administración de recursos de uso compartido, que surge desde una propuesta conocida como la tragedia de los comunes.

Bienes públicos

La teoría económica30 clasifica a los bienes de acuerdo a dos variables. La posibilidad que el productor tiene de excluir el consumo si alguien no paga, desde la perspectiva de los consumidores si existe o no rivalidad en el consumo. Las combinaciones de estas dos variables se puede observar en la siguiente tabla.

	Excluible	**No Excluible**
Rival en el consumo	Bienes privados	Bienes comunes
No rival en el consumo	Bienes de club	Bienes públicos

Fuente: elaboración propia

- **Bienes Privados:** Son bienes que son excluibles y rivales en el consumo. Esto significa que el proveedor puede impedir que alguien los consuma si no los paga y que el consumo de una persona reduce la disponibilidad del bien para otros. Ejemplos: Un automóvil, ropa, comida.

- **Bienes de Club:** Son bienes que son excluibles pero no rivales en el consumo. Esto significa que el proveedor puede impedir que alguien los consuma si no los paga, pero el consumo de una persona no reduce la disponibilidad del bien para otros.

- **Bienes Comunes:** Son bienes que no son excluibles, pero son rivales en el consumo. Esto significa que el proveedor no puede impedir que alguien los consuma sin pagar, pero

---

30. Krugman, Paul; Wells, Robin; Graddy, Kathryn, *Fundamentoo de economia* (Barcelona, España: Reverté, 2013), 261.

el consumo de una persona reduce la disponibilidad del bien para otros. Ejemplos: suscripción por cable, Internet.

- **Bienes Públicos:** Son bienes que no son excluibles ni rivales en el consumo. Esto significa que el proveedor no puede impedir que alguien los consuma sin pagar y el consumo de una persona no reduce la disponibilidad del bien para otros. Ejemplos: Parques y espacios públicos, plazas y playas públicas, seguridad y defensa nacional.

Esta clasificación en cuatro categorías facilita la asignación de la administración de dichos bienes al sector público o al sector privado. Los bienes privados corresponden al sector privado y los públicos preferentemente al sector público.

Usé la expresión "preferentemente", porque desde aparición de la Nueva Gestión Pública y el Neoliberalismo ha existido una fuerte presión sobre el Estado para que reduzca su tamaño y deje espacio al sector privado, muchas veces, sin considerar el tipo de bienes que se está concesionando y las regulaciones necesarias para una adecuada administración.

Es necesario agregar, que las características de los mercados de estos bienes ocasionan distorsiones respecto a la competencia perfecta, ya sea por el poder monopólico del oferente, por costos de transporte u otras situaciones.

Las circunstancias mencionadas requieren de un marco regulatorio que no deje desprotegidos a los usuarios de estos bienes y servicios.

Recursos de uso compartido

Un marco teórico complementario al anterior viene del estudio sobre el uso de recursos compartidos (RUC). El desarrollo de este tema proviene de Garrett Hardin[31] quien (1968) plantea una situación en la que varios individuos, incentivados por el interés personal y actuando de manera independiente, pero en forma racional, consumen totalmente un recurso compartido, a pesar de que no les convenga que tal destrucción ocurra.

---

31. Hardin, Garrett, "La tragedia de los bienes comunales", *Science*, 1968.

Hardin también afirma que los recursos manejados en de manera comunitaria son más frágiles a un explotación desmedida, por lo que es conveniente que sean regulados.

Las principales conclusiones, desde la perspectiva de Hardin, que se pueden extraer de esta reflexión son las siguientes:

La ausencia de regulación y control puede llevar a la sobreexplotación de los recursos comunes: Cuando los recursos son de acceso abierto y no existen restricciones o límites en su uso, es probable que los individuos los utilicen de manera irresponsable y sin considerar su conservación a largo plazo.

Los incentivos individuales pueden entrar en conflicto con el interés colectivo: En ausencia de regulaciones o incentivos adecuados, los individuos tienden a actuar en su propio beneficio a corto plazo, sin tener en cuenta las consecuencias negativas que sus acciones pueden tener para el grupo en su conjunto.

La cooperación y la gestión compartida son necesarias para evitar la tragedia de los comunes: Para evitar la sobreexplotación de los recursos comunes, es fundamental establecer sistemas de gestión adecuados, que promuevan la colaboración entre los usuarios y establezcan límites y reglas claras para su uso sostenible.

La propiedad y los derechos de acceso claros pueden ayudar a prevenir la tragedia de los comunes: Cuando los recursos son propiedad de alguien o existen derechos de acceso bien definidos, los individuos tienen un incentivo para gestionarlos de manera responsable, ya que su propio bienestar está directamente vinculado a la conservación de esos recursos.

El planteamiento anterior es clave para definir el rol del estado en la administración o regulación de bienes que no son exclusivamente privados. De acuerdo a Hardin para solucionar el dilema de los comunes se debe recurrir a un sistema empresarial privado o al Estado.

Las opciones de los comunes

Sin embargo, las opciones no se reducen a las planteadas por

Hardin. Elinor Ostrom[32], partiendo de los mismos supuestos que Hardin, la racionalidad de los agentes económicos arriba a resultados más amplios.

Ostrom incorpora a la ecuación un tercero excluido que no corresponde ni al, ni al mercado (como titula uno de sus trabajos) y que corresponde a la regulación que se dan los propios usuarios para administrar recursos comunes. La amplia investigación de Ostrom[33] la llevó a concluir que hay ciertas circunstancias en que el sector privado es el mejor administrador, en otras el Estado y en otras la comunidad en forma autogestionada.

La visión de Hardin se podría resumir gráficamente de la siguiente forma:

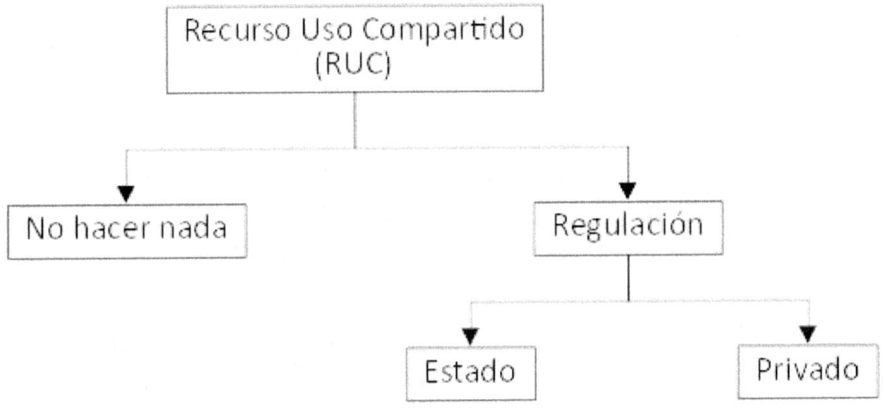

En cambio la visión de Ostrom al incluir la comunidad puede representarse en el siguiente cuadro:

<hr>

32. Ostrom fue la primera mujer en recibir el premio nobel de economía por su contundente trabajo sobre las soluciones autogestionadas en la administración de recursos de uso compartido.

33. Ostrom, Elinor, *El gobierno de los bienes comunes. La evolución de las instituciones de acción colectiva* (México: Fondo de Cultura Económica, s. f.).

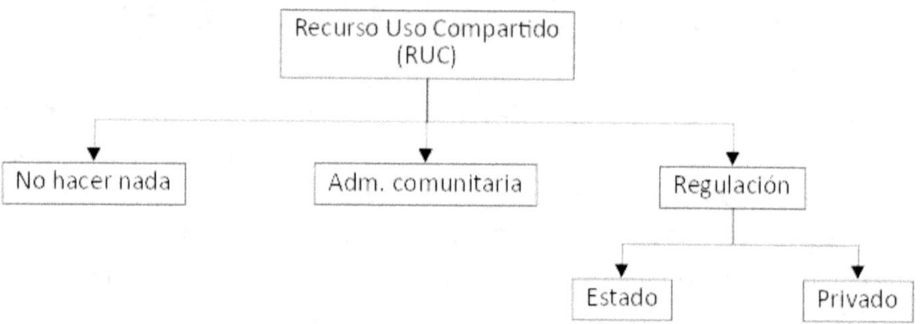

De acuerdo a Elinor Ostrom existen ocho "principios de diseño" fundamentales para lograr una gestión efectiva de los recursos comunes:

1. Establecimiento de límites claros: Es necesario definir de manera precisa quiénes pueden acceder y utilizar los recursos, excluyendo a terceros no involucrados en su gestión.

2. Reglas adaptadas a las condiciones locales: Las normas y regulaciones que rigen el uso y disfrute de los recursos deben ser diseñadas teniendo en cuenta las características específicas de cada contexto.

3. Participación en los procesos de decisión: Los usuarios de los recursos deben tener la oportunidad de participar en la toma de decisiones que afecten su gestión, a través de acuerdos colectivos y mecanismos de consulta.

4. Control efectivo y responsabilidad: Es fundamental que el control y la supervisión de la gestión de los recursos estén a cargo de personas o entidades que sean parte de la comunidad o que rindan cuentas ante ella.

5. Escala progresiva de sanciones: Se deben establecer consecuencias graduales y proporcionales para aquellos usuarios que infrinjan las reglas establecidas por la comunidad, con el fin de disuadir comportamientos no deseados.

6. Mecanismos accesibles de resolución de conflictos: Debe existir la posibilidad de resolver disputas de manera rápida, económica y justa, para evitar la escalada de conflictos y pro-

mover la armonía en la gestión de los recursos.

7. Autogestión reconocida por autoridades superiores: La capacidad de autogestión de la comunidad debe ser reconocida y respaldada por las autoridades superiores, brindando el apoyo necesario para su efectiva implementación.

8. Organización en múltiples niveles: En el caso de recursos comunes de gran envergadura, se recomienda establecer una estructura organizativa en varios niveles, con comunidades locales asumiendo la gestión en el nivel base.

Poderes del Estado

La administración pública se desenvuelve en el Estado en su conjunto y conviene considerar como se expresa en todos los órganos de este. Una forma comprensiva de conocer el Estado es utilizar aquella basada en la teoría de Montesquieu.

Este filósofo, apoyándose en las ideas planteadas por Aristóteles en La política, argumentó que para evitar el abuso de poder, era necesario separar las funciones del gobierno en tres poderes independientes: el poder ejecutivo, el poder legislativo y el poder judicial. Esta separación de poderes busca asegurar un sistema de control y equilibrio que evite la concentración excesiva de poder en una sola entidad y proteja los derechos y libertades de los ciudadanos.

La teoría de Montesquieu ha influido significativamente en la organización y estructura de los sistemas políticos en todo el mundo, al punto que esta formulación ha llegado a ser predominante en las sociedades occidentales y cuando los poderes están claramente delimitados es posible reconocer las funciones y quienes las desempeñan. De acuerdo a esta clasificación, los tres poderes del Estado son:

Ejecutivo

Este se encuentra formado por los órganos encargados de ejecutar la legislación en forma de políticas públicas. Es dirigido por un jefe de estado y/o de gobierno.

Su función principal es llevar a cabo y hacer cumplir las leyes del país. Es responsable de la administración diaria del Estado, la implementación de políticas públicas, la gestión de la economía, la seguridad nacional y las relaciones internacionales. También tiene la facultad de tomar decisiones y emitir decretos con fuerza de ley en situaciones de emergencia.

• *Legislativo*

Está constituido por los órganos encargados de elaborar las leyes en colaboración con el poder ejecutivo. Suele estar formado por una sola cámara (Unicameral) o por dos cámaras (Bicameral).

Su función principal es elaborar, discutir, modificar y aprobar leyes que regulen la vida en sociedad. Además, tiene la facultad de controlar y fiscalizar al poder ejecutivo, aprobar el presupuesto nacional y representar los intereses de la ciudadanía. En algunos sistemas, como el sistema parlamentario, el poder ejecutivo también surge del parlamento.

• *Judicial*

El poder judicial está compuesto por los tribunales y jueces, y su función principal es administrar justicia e interpretar y aplicar las leyes. Es responsable de garantizar el cumplimiento de los derechos y libertades individuales, resolver conflictos legales, juzgar delitos y asegurar la imparcialidad y equidad en el sistema judicial. Su independencia es fundamental para garantizar un sistema de justicia justo y equitativo.

Es habitual que también tenga como función el control del gobierno, y la teoría indica que debe actuar con independencia de los poderes ejecutivo y legislativo.

Organización del ejecutivo

A continuación se examina la estructura orgánica del poder ejecutivo, el cual se encuentra encabezado por el Presidente de la República, del cual dependen veinte y cuatro ministerios y tiene vinculados dos organismos autónomos como son la Contraloría General de la República y el Banco Central.

ORGANIGRAMA DE LA ADMINISTRACIÓN DEL ESTADO
Actualizado a diciembre de 2018

Los ministerios que tienen dependencia directa del Presidente de la República son:

- Ministerio del Interior y Seguridad Pública
- Ministerio de Relaciones Exteriores
- Ministerio de Defensa Nacional
- Ministerio de Hacienda
- Ministerio Secretaría General de la Presidencia
- Ministerio Secretaría General de Gobierno
- Ministerio de Economía, Fomento y Turismo
- Ministerio de Desarrollo Social y Familia
- Ministerio de Educación
- Ministerio de Justicia y Derechos Humanos
- Ministerio del Trabajo y Previsión Social
- Ministerio de Obras Públicas
- Ministerio de Salud
- Ministerio de Vivienda y Urbanismo
- Ministerio de Agricultura
- Ministerio de Minería
- Ministerio de Transportes y Telecomunicaciones
- Ministerio de Bienes Nacionales
- Ministerio de Energía
- Ministerio del Medio Ambiente
- Ministerio del Deporte
- Ministerio de la Mujer y la Equidad de Género
- Ministerio de las Culturas, las Artes y el Patrimonio
- Ministerio de Ciencia, Tecnología, Conocimiento e Innovación

Algunos de ellos tienen un rol funcional como el Ministerio Secretaría General de la Presidencia y no tienen un despliegue territorial, otros tienen un despliegue territorial mínimo a través de las Secretarías Regionales Ministeriales y otros ministerios tienen presencia a nivel regional y comunal como Educación, Salud o el Ministerio del Interior.

La división política-administrativa de Chile se compone de diferentes niveles de gobierno y subdivisiones territoriales. A nivel nacional, Chile se divide en 16 regiones, que son la máxima división administrativa del país. Cada región está encabezada por un Intendente, designado por el Presidente de la República, y cuenta con un Gobernador Regional electo por la ciudadanía, que administra los asuntos locales.

A su vez, cada región se divide en provincias, y estas se subdividen en comunas. En total, Chile tiene 56 provincias y 346 comunas. Cada provincia es liderada por el Delegado presidencial provincial designado por el Presidente, y cada comuna tiene un Alcalde y un Concejo Municipal elegidos democráticamente por los ciudadanos.

En la actualidad el gobierno regional ha pasado a manos del Gobernador Regional, en un proceso de transición, debido a que anteriormente esta función la realizaba el Intendente Regional, nombrado por el Presidente de la República. El Intendente ha sido reemplazado por el Delegado Presidencial, con menos funciones que la anterior autoridad.

Además de las regiones, provincias y comunas, existen subdivisiones administrativas más pequeñas, como las unidades vecinales. Estas divisiones tienen fines administrativos y pueden variar en cada región y comuna.

En líneas gruesas puede decirse que el ejecutivo tiene un despliegue importante hasta nivel regional y la administración comunal corresponde a los municipios.

Como ejemplo se muestra el detalle Ministerio del Interior que tiene un importante despliegue territorial:

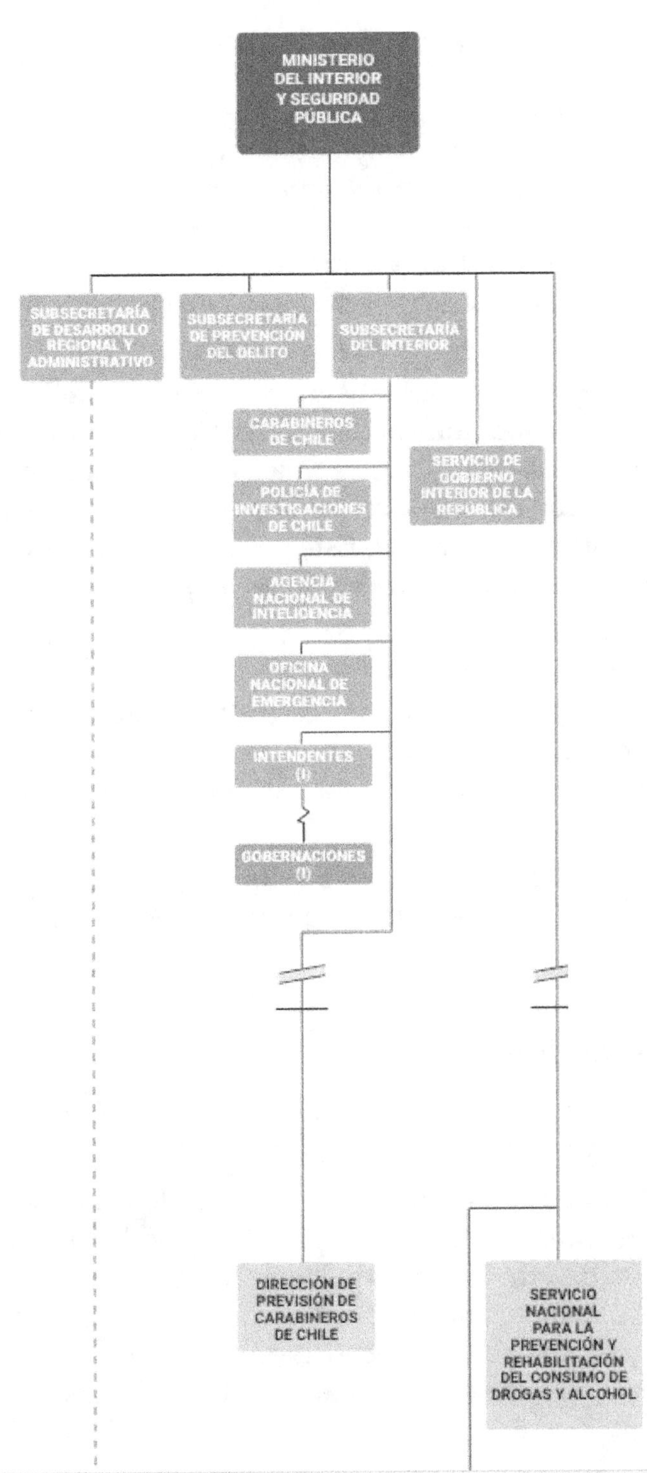

MINISTERIO DEL INTERIOR Y SEGURIDAD PÚBLICA
SUBSECRETARÍA DE DESARROLLO REGIONAL Y ADMINISTRATIVO
SUBSECRETARÍA DE PREVENCIÓN DEL DELITO
SUBSECRETARÍA DEL INTERIOR
CARABINEROS DE CHILE
POLICÍA DE INVESTIGACIONES DE CHILE
AGENCIA NACIONAL DE INTELIGENCIA
OFICINA NACIONAL DE EMERGENCIA
INTENDENTES (I)
GOBERNACIONES (I)
SERVICIO DE GOBIERNO INTERIOR DE LA REPÚBLICA
DIRECCIÓN DE PREVISIÓN DE CARABINEROS DE CHILE
SERVICIO NACIONAL PARA LA PREVENCIÓN Y REHABILITACIÓN DEL CONSUMO DE DROGAS Y ALCOHOL

Modelo de gestión para ciclos

Un modelo de gestión para ciclos de la gestión pública se refiere a un enfoque estructurado y sistemático para la administración y ejecución de las políticas y programas del gobierno a lo largo de diferentes etapas del ciclo de gestión. Este modelo se basa en la idea de que la gestión pública requiere de una planificación, implementación, seguimiento y evaluación efectivos para lograr resultados exitosos y satisfacer las necesidades de la sociedad.

En un modelo de mediano plazo que considere los ciclos de los diferentes gobiernos, a planificación estratégica es un instrumento de gestión esencial que guía la toma de decisiones en la formulación de políticas públicas, con el objetivo de adaptarse a los cambios y demandas del entorno. Este proceso implica establecer objetivos principales y definir estrategias para alcanzarlos.

A diferencia del sector privado, donde los consumidores están ofreciendo retroalimentación en forma permanente, para el sector público es la ciudadanía la que realiza la evaluación final de las políticas, por ello, es de vital importancia disponer de indicadores y herramientas para realizar esta evaluación de manera informada.

Por esto, en el contexto de las instituciones públicas, la planificación estratégica desempeña un papel fundamental en la toma de decisiones.

Modelo de largo plazo

Un modelo de gestión para ciclos de la gestión pública puede considerar las siguientes etapas:

1. Planificación: En esta etapa se establecen los objetivos, metas y estrategias para abordar los problemas y desafíos identificados. Se realiza un análisis de las necesidades y se definen las acciones y recursos necesarios para alcanzar los resultados deseados. Además, se establecen indicadores de desempeño para evaluar el progreso y el impacto de las políticas y programas.

2. Implementación: En esta etapa se ejecutan las acciones y se ponen en marcha los programas y proyectos planificados. Se asignan los recursos necesarios y se coordinan las actividades de los diferentes actores involucrados. Es fundamental contar con una estructura organizativa clara, así como con sistemas de seguimiento y control para garantizar la eficacia y eficiencia en la ejecución.

3. Seguimiento y evaluación: En esta etapa se monitorea el progreso y los resultados obtenidos en relación con los objetivos establecidos. Se recopila información relevante, se analizan los datos y se realizan evaluaciones periódicas para evaluar el desempeño y la eficacia de las acciones implementadas. Esto permite identificar posibles ajustes o mejoras necesarias para maximizar el impacto de las políticas y programas.

4. Aprendizaje y mejora continua: Esta etapa implica reflexionar sobre los resultados y lecciones aprendidas durante todo el ciclo de gestión. Se busca retroalimentación de los actores involucrados y se utilizan esos aprendizajes para mejorar la toma de decisiones futuras y optimizar la gestión pública en ciclos posteriores. El enfoque en la mejora continua implica adaptarse a los cambios del entorno y a las necesidades emergentes de la sociedad.

Un modelo ampliado de la gestión pública no debiera restringirse a un solo periodo anual, sino que debiera proyectarse en ciclos más amplios, como por ejemplo, un periodo de gobierno. En el caso chileno, cuatro años.

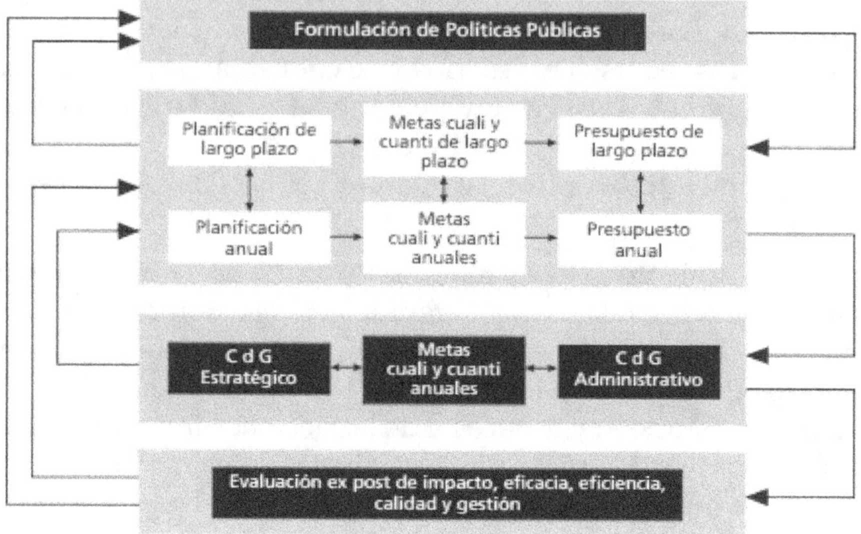

Fuente: Weissbluth y Larraín, 2016, 543

En este caso el proceso se inicia con la planificación de largo plazo, etapa en que se definen los objetivos y metas de largo plazo, las que a su vez se traducen en un presupuesto de largo plazo. Las fases Planificación, Metas y Presupuesto de largo plazo, tienen su contrapartida en la formulación anual: Planificación, Metas y Presupuesto anual.

La versión anualizada del plan de largo plazo, es la que es ejecutada, por medio de políticas públicas, las que requieren las funciones de organización y dirección del proceso administrativo.

Como en todo proceso sistémico la actividad no se detiene aquí, ya que se requiere la retroalimentación de las políticas implementadas y ello se realiza en la etapa de evaluación y control.

Finalmente, por tratarse de gestión en la administración pública, se concluye con una etapa de rendición de cuentas donde las autoridades son sometidas al escrutinio de la ciudadanía.

Evaluación y control de los resultados

Un aspecto de primera importancia en la administración de

recursos públicos son los resultados que consigue la Administración Pública. Por esto, la elaboración de políticas públicas se debe expresar en programas que contengan objetivos y metas claramente definidos. De este modo es posible evaluar eficacia, eficiencia y productividad en ella provisión de servicios.

De aquí que, la evaluación de los resultados juegue un rol fundamental para el cumplimiento de las metas definidas. Por ello, el control de gestión tiene prioridad en esta actividad y uno de sus instrumentos claves es el control presupuestario.

Asociado a esto, el uso de indicadores de gestión proporciona un apoyo significativo. A modo de ejemplo se pueden considerar los utilizados por el Programa de Mejoramiento de la Gestión del Gobierno de Chile.

Áreas	Sistemas
Recursos humanos	Capacitación
	Higiene y seguridad
	Evaluación del desempeño
Calidad de servicio	Sistema integral de información y atención ciudadana
	Sistema de acceso a la información pública
	Gobierno electrónico - tecnologías de la información
	Sistema de seguridad de la información
Planificación y control de gestión	Planificación y control de gestión
	Sistema de monitoreo del desempeño institucional
	Auditoría interna
	Gestión territorial
	Equidad de género
	Descentralización
Administración financiera	Sistema de compras y contrataciones públicas
	Financiero contable
Enfoque de género	Enfoque de género

Fuente: Cienfuegos, 201.

La implementación de este sistema de gestión requiere la implementación de indicadores de desempeño, evaluaciones permanentes, especificación de responsabilidades, que se traduzcan en informes respecto al cumplimiento de los objetivos y metas[34].

Rendición de cuentas

El paso siguiente, que se desprende en forma natural con un sistema de evaluación de los resultados, es la rendición de cuentas, ya que involucra la responsabilidad política, de administradores y políticos.

Con mecanismos de este tipo se evita que la administración pública quede al margen de los controles democráticos que requiere el ejercicio del poder[35].

En líneas generales, un modelo de gestión para ciclos de la gestión pública proporciona un marco conceptual y práctico para planificar, implementar, monitorear y evaluar las políticas y programas del gobierno. Ayuda a garantizar una gestión efectiva y eficiente, maximizando el impacto de las acciones gubernamentales y contribuyendo al logro de los objetivos de desarrollo y bienestar de la sociedad.

PREGUNTA:¿El proceso de planificación debería concentrarse en el corto plazo?

RESPUESTA: Por definición la planificación consiste en anticipar el futuro delineando tareas en el presente para que se cumplan las metas y objetivos en el futuro. De acuerdo a esto la Administración Pública debiera enfocarse no solo en el corto plazo, sino que también en el mediano y largo plazo.

34. Martínez, L., 120.

35. Martínez, L., *Antología sobre teoría de la administración pública.* (México: Instituto Nacional de Administración Pública, 2017), 120.

Diferencias entre la administración pública y la privada

Hay una pregunta vital[36] en todo aquel que se interna en las profundidades de la Administración Pública como disciplina y como profesión: ¿Deben existir los administradores públicos? O bien: ¿Cuál es la razón de que existan profesionales de administración pública?

Esta pregunta es pertinente en cuanto existe una gran cantidad de profesionales formados en universidades cuyo propósito es administrar organizaciones en general. ¿Pueden estos profesionales cuya enseñanza está orientada a administrar empresas privadas, desempeñarse en el sector público? ¿Las organizaciones del sector público tienen algunas características que las distingue de las del sector privado?

Por cierto hay una diferencia relevante entre ambos tipos de organizaciones y sin pretender quitarle mérito a los profesionales del sector privado, ni descartar que puedan desempeñarse exitosamente en el mundo público, examinemos las características más destacadas de ambos tipos de profesionales.

Administrador privado

Para el administrador de una empresa privada su principal objetivo es maximizar el valor para sus dueños, ya sean accionistas o propietarios de la empresa. Esto implica tomar decisiones estratégicas y operativas, a través de las cuales, se aumenten los ingresos, se minimizan los costos y por esta vía, se maximicen los beneficios de la organización.

El administrador de una empresa privada es responsable de gestionar los recursos de la empresa de manera eficiente y efectiva, buscando optimizar el rendimiento financiero y el crecimiento sostenible a largo plazo. Para lograr este objetivo, el adminis-

---

36. Ontológica o existencial se diría en el lenguaje de la filosofía.

trador debe desarrollar planes y estrategias, establecer metas y objetivos claros, asignar recursos adecuadamente, supervisar las operaciones diarias, tomar decisiones informadas y evaluar los resultados.

Para maximizar el valor de la empresa para los accionistas, el administrador privado debe tener en cuenta algunos aspectos importantes, como la satisfacción de los clientes, la calidad del producto o servicio, el bienestar de los empleados y el cumplimiento de las leyes y regulaciones vigentes. Considerar estos elementos contribuye a la construcción de una empresa exitosa y sostenible en el largo plazo.

En general, el principal objetivo de un administrador de una empresa privada es aumentar el valor de la empresa y generar rentabilidad para los accionistas a través de la toma de decisiones estratégicas y operativas que promuevan el crecimiento y el éxito de la organización.

Administrador público

La función pública tiene objetivos que en oportunidades difieren de la actividad empresarial. Reconocer estas diferencias, facilita y aclara la relación entre el sector público y el privado y sobre todo, orienta, tanto a quienes estudian estas materias, como a quienes se desempeñan como administradores.

Aclarado este punto se facilita comprender el interés principal de un administrador público, el cual, consiste en promover el bienestar y el interés público. Estos profesionales se centran en servir a la sociedad y gestionar los recursos y servicios públicos de manera eficiente y efectiva.

Un administrador público, a diferencia de un administrador en una empresa privada cuyo enfoque principal es maximizar los beneficios para los accionistas, tiene presente el interés general de la sociedad. Para ello, se dedica a planificar, organizar, dirigir y controlar las actividades de la administración pública para satisfacer las necesidades y demandas de la comunidad. Su objetivo es proporcionar servicios públicos de calidad, promover el desarrollo económico y social, garantizar la justicia y equidad, y salvaguardar el interés común.

Si se analizan las funciones atribuidas a un administrador público en los últimos párrafos se puede ver que hay un nivel de coincidencia importante con un área de la ciencia económica conocida como economía del bienestar.

Esta rama de la economía se ocupa de analizar cómo se puede alcanzar y maximizar el bienestar social. Se enfoca en evaluar y comparar los resultados económicos y sociales para determinar cómo afectan a la calidad de vida de las personas y a la distribución de recursos y oportunidades.

La economía del bienestar se basa en la idea de que el objetivo de la economía no solo debe ser el crecimiento económico, sino también la mejora del bienestar general. Para lograr esto, se utilizan herramientas y enfoques como la evaluación de costos y beneficios, la medición de la utilidad y la equidad, y la consideración de factores externos como el medio ambiente y la justicia social.

El objetivo final de la economía del bienestar es encontrar políticas y acciones que conduzcan a una mayor satisfacción y felicidad de las personas en una sociedad.

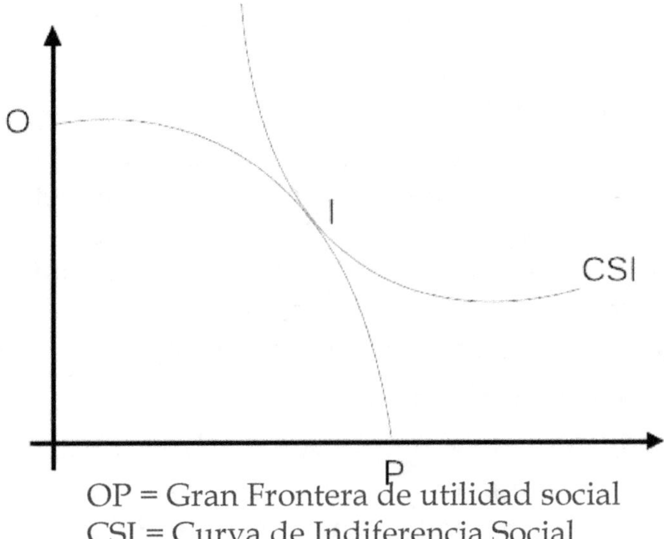

OP = Gran Frontera de utilidad social
CSI = Curva de Indiferencia Social

En la ilustración se muestra de manera gráfica el objetivo central estudiado por la economía del bienestar. La curva OP es la Gran frontera de Utilidad social que representa puntos equivalentes de utilidad global y la curva CSI muestra las preferencias de los individuos entre diferentes combinaciones, por ejemplo, de crecimiento económico, distribución del ingreso, etc. El punto óptimo para una economía se encuentra donde se intersectan ambas curvas, el punto I.

Este punto representa el óptimo de combinar las posibilidades una economía con las preferencias de las personas.

Además de los diferentes objetivos entre sector público y privado, existen situaciones en los que estos objetivos divergen y estos ocurre cuando se producen distorsiones económicas a lo que los economistas denominan competencia perfecta.

Dentro de las principales distorsiones que se pueden mencionar, se encuentran:

Asimetría de información:

Cuando existe una desigualdad en el acceso y la disponibilidad de información entre los participantes del mercado. Esto puede llevar a situaciones en las que una de las partes tenga ventaja sobre la otra, generando resultados subóptimos. Ejemplos de asimetría de información son el riesgo moral y la selección adversa en los seguros.

Poder de mercado:

Cuando una empresa o un grupo de empresas tiene la capacidad de influir en los precios o restringir la competencia en un mercado determinado. El poder de mercado puede conducir a la fijación de precios más altos, menor calidad de productos y servicios, y menos opciones para los consumidores. Entre los principales casos se encuentran los monopolios y los oligopolios.

Externalidades tecnológicas:

Son efectos indirectos que se generan a partir de los avances tecnológicos y que pueden afectar a terceros de manera positiva o negativa. Por ejemplo, cuando una empresa desarrolla una nueva tecnología, puede haber efectos positivos para otras empresas que utilizan esa tecnología, pero también puede generar efectos negativos en industrias que se vuelven obsoletas.

Barreras de entrada:

Son obstáculos que dificultan o impiden el ingreso de nuevas empresas a un mercado. Estas barreras pueden incluir altos costos de entrada, regulaciones restrictivas, patentes o derechos de propiedad intelectual. Las barreras de entrada limitan la competencia y pueden resultar en precios más altos y menor variedad para los consumidores.

Externalidades de red:

Ocurren cuando el valor de un producto o servicio aumenta a medida que más personas lo utilizan. Por ejemplo, en el caso de las redes sociales o las plataformas digitales, cuanto más usuarios tienen, más valiosas se vuelven. Esto puede crear barreras para que los competidores ingresen al mercado y limitar la competencia.

Estas distorsiones económicas pueden afectar la asignación eficiente de recursos y generar resultados subóptimos en los mercados. El análisis económico busca comprender estas distorsiones y desarrollar políticas y mecanismos para corregirlas y promover un funcionamiento más eficiente de los mercados.

El administrador público debe trabajar en estrecha colaboración con los ciudadanos, las organizaciones de la sociedad civil y otros actores involucrados para identificar estas situaciones y abordarlas desde una perspectiva pública. Debe tomar decisiones basadas en evidencia, proporcionar información que permitan regular estos casos, y asegurarse de que los recursos públicos se utilicen de manera eficiente y equitativa.

Además, el administrador público tiene la responsabilidad de implementar y hacer cumplir las políticas públicas establecidas por los órganos de gobierno y actuar como un facilitador de la información entre estos y la comunidad.

En resumen, el principal objetivo de un administrador público es servir al interés público y garantizar el bienestar de la comunidad a través de la gestión eficiente y efectiva de los recursos y servicios públicos.

Enfoque VICA en la administración pública

En el primer capítulo se analizó la importancia de entorno cambiantes y complejos para las organizaciones en general y para las empresas del sector privado en particular. En la actualidad hay múltiples factores que ponen en tensión a las empresas y realizan exigencias adicionales, a los que deben adaptarse con nuevos enfoques: Entre los aspectos más destacados pueden mencionarse:

Competencia global:

Los avances en la tecnología y las comunicaciones han llevado que las empresas compitan en un mercado globalizado. Esto significa que deben adaptarse rápidamente a cambios en la demanda, competencia y regulaciones tanto a nivel local como internacional.

Innovación constante:

Los avances tecnológicos y las cambiantes preferencias de los consumidores generan la necesidad de que las empresas se mantengan actualizadas y sean capaces de innovar constantemente. Aquellas que no logren adaptarse a los cambios del mercado corren el riesgo de volverse obsoletas.

Ciclos de vida de productos más cortos:

Los productos y servicios tienden a tener ciclos de vida más cortos debido a la obsolescencia programada, la rápida evolución de la tecnología y las demandas cambiantes de los consumidores. Las empresas deben ser ágiles y flexibles para lanzar nuevos productos y adaptarse a las necesidades del mercado en constante evolución.

Complejidad de las regulaciones y leyes:

Los entornos legales y regulatorios se vuelven cada vez más complejos, lo que significa que las empresas deben mantenerse actualizadas y cumplir con una serie de normativas en constante cambio. La falta de cumplimiento puede llevar a sanciones legales y dañar la reputación de la empresa.

Cambios demográficos y culturales:

Las empresas deben ser sensibles a los cambios demográficos y culturales en la sociedad, ya que esto puede tener un impacto en las preferencias de los consumidores y en las prácticas comerciales. Adaptarse a estas tendencias es esencial para mantener la relevancia y atraer a nuevos segmentos de mercado.

Así como, la empresa privada ha sido tensionada por este entorno en cambio constante, las instituciones del sector público no ha estado ajenas a estas exigencias. Los entornos cambiantes y complejos afecta las instituciones del sector público, por razones similares, aunque de distinta manera. A continuación, se detallan algunas de ellas:

Demandas ciudadanas en evolución:

Los ciudadanos y las comunidades tienen necesidades y expectativas en constante cambio y con niveles de exigencia más altos. Las instituciones del sector público deben ser capaces de adaptarse a estas demandas y ofrecer servicios y políticas que satisfagan las necesidades cambiantes de la sociedad. Esto implica estar al tanto de las nuevas tendencias, preocupaciones y prioridades de la ciudadanía.

Avances tecnológicos:

La tecnología está transformando rápidamente la forma en que se prestan los servicios públicos y se interactúa con los ciudadanos. Las instituciones del sector público deben mantenerse actualizadas con las últimas tecnologías y herramientas digitales para mejorar la eficiencia, la transparencia y la accesibilidad de los servicios públicos. Los eventos de principios de la década del veinte de este siglo, como las pandemias, ha impuesto un ritmo acelerado en los cambios que las organizaciones del sector público han tenido que incorporar en sus sistemas administrativos.

Globalización:

Los problemas y desafíos actuales, como el cambio climático, la migración y la seguridad, tienen un alcance global y requieren una cooperación internacional más estrecha. Las instituciones del sector público deben estar preparadas para colaborar con otras entidades nacionales e internacionales para abordar estos desafíos y encontrar soluciones conjuntas.

Marco regulatorio en constante evolución:

Las leyes y regulaciones que rigen las actividades del sector público están sujetas a cambios constantes. Las organizaciones del sector público deben estar al tanto de estas actualizaciones y cumplir con los requisitos legales y regulatorios en todo momento. Además, deben ser capaces de adaptarse rápidamente a nuevos marcos legales para garantizar la legalidad y la transparencia en su funcionamiento.

Presión financiera y recursos limitados:

Las instituciones del sector público a menudo enfrentan restricciones presupuestarias y recursos limitados. En un entorno en constante cambio, deben encontrar formas innovadoras de hacer más con menos y maximizar el uso eficiente de los recursos disponibles.

De acuerdo a lo anterior, los entornos cambiantes y complejos requieren que las instituciones del sector público sean ágiles, adaptativas y orientadas al servicio. Deben estar dispuestas a abordar nuevos desafíos, colaborar con otros actores y adoptar soluciones innovadoras para satisfacer las necesidades de la sociedad y lograr resultados positivos para los ciudadanos, para ello es imprescindible que incorpore nuevos enfoques en su modelos de gestión, como el conocido por el acrónimo VICA o VUCA (Volatility, Uncertainty, Complexity, Ambiguity.).

A pesar de lo que pueda parecer en forma preliminar, por la rigideces del sector público, el modelo VICA es ampliamente aplicable en este, debido a los entornos complejos y cambiantes que se presentan en la actualidad.

A continuación, se presenta cómo se pueden aplicar los componentes del modelo VICA en la administración pública:

* **Volatilidad:**

La volatilidad se refiere a la naturaleza impredecible y rápida de los cambios en el entorno. En la administración pública, es importante estar preparado para adaptarse y responder rápidamente a los cambios políticos, sociales, económicos y tecnológicos. Esto implica desarrollar la capacidad de anticiparse a los cambios, tener planes de contingencia y estar dispuesto a ajustar las políticas y programas en función de las circunstancias cambiantes.

Algunos ejemplos que se pueden mencionar:

- Cambios rápidos en la economía que requieren ajustes en las políticas fiscales y programas de estímulo.

- Emergencias sanitarias repentinas que demandan respuestas inmediatas, como la implementación de medidas de contención y atención médica.

- **Incertidumbre:**

La incertidumbre se refiere a la falta de predictibilidad y claridad en el entorno. En la administración pública, es esencial reconocer y gestionar la incertidumbre al tomar decisiones. Esto implica recopilar y analizar datos e información relevantes, involucrar a los actores relevantes, considerar diferentes escenarios y tener la flexibilidad para ajustar las estrategias en función de la evolución de la situación.

Situaciones aplicadas en que ocurre esto son:

- Cambios en el panorama político que pueden afectar las prioridades y enfoques de las políticas públicas.

- La incertidumbre sobre el impacto a largo plazo de nuevas tecnologías, como la inteligencia artificial, en la sociedad y la economía.

- **Complejidad:**

La complejidad se refiere a la interconexión y multiplicidad de factores en el entorno. En la administración pública, la complejidad se manifiesta en la diversidad de actores, intereses y problemas a los que se enfrenta el gobierno.

Para abordar la complejidad, es necesario fomentar la colaboración intersectorial e interinstitucional, promover el pensamiento sistémico, utilizar enfoques de resolución de problemas basados en evidencia y fomentar la participación ciudadana.

Situaciones concreta en que esto se produce son:

- Abordaje de problemas sociales complejos, como la pobreza, que requieren la colaboración de múltiples actores, incluyendo agencias gubernamentales, organizaciones no gubernamentales y el sector privado.

- Diseño de políticas públicas que aborden los desafíos ambientales y tengan en cuenta las interconexiones entre los sistemas naturales, económicos y sociales.

- **Ambigüedad:**

La ambigüedad se refiere a la falta de claridad y comprensión en el entorno. En la administración pública, es fundamental desarrollar la capacidad de manejar la ambigüedad y la falta de información completa al tomar decisiones. Esto implica fomentar la apertura a diferentes perspectivas, promover la transparencia y la comunicación efectiva, y desarrollar la capacidad de adaptarse y aprender de los desafíos y errores.

En este contexto, algunos ejemplos destacados son:

- Interpretar y aplicar leyes y regulaciones en situaciones nuevas y no previstas.

- Tomar decisiones en entornos políticos y sociales polarizados, donde las soluciones pueden ser ambiguas o controvertidas.

Principales efectos de la aplicación de VICA en la AP

En términos generales, la aplicación del modelo VICA en la administración pública implica reconocer y abordar la volatilidad, incertidumbre, complejidad y ambigüedad del entorno. Requiere desarrollar la capacidad de adaptarse rápidamente, tomar decisiones informadas, colaborar con diferentes actores y gestionar la ambigüedad de manera efectiva.

Al hacerlo, la administración pública estará mejor preparada para enfrentar los desafíos y aprovechar las oportunidades en un entorno en constante cambio.

Al contrario de lo que indica el sentido común, la incorporación de este enfoque u otro similar, puede ser clave para la administración pública, debido a que le permitiría comprender que el entorno en el que se desenvuelve no es el mismo que hace dos o tres décadas atrás y que no se puede quedarse al margen de los cambios que vive la sociedad.

Tarde o temprano la administración pública tendrá que modificar su estructura y organización para poder dar respuestas de acuerdo a la velocidad que estos cambios requieren. En consideración a esta exigencia que le impone la realidad el Estado deberá adaptar su organización y estilos de trabajo, cambiando la cultura organizacional, las instituciones y la legislación que lo regula.

En el siguiente cuadro se presentan las variables del enfoque VICA, los desafíos que estas representan y las posibilidades que la administración pública tiene de darles respuesta.

VICA	Desafío	Respuesta
Volátil	Cambios inestables, con algo de información.	La agilidad es la clave, este es un punto en que la Adm. Púb. puede estar limitada.
Incierto	Falta de conocimiento para saber si un evento tendrá consecuencias.	La información es esencial para reducir la incertidumbre. Aquí la Adm. Púb. puede realizar mejoras importantes
Complejo	Muchas partes conectadas formando una elaborada red de información.	La reestructuración interna para igualar la complejidad externa es lo más eficiente para afrontarla. En esta área la Adm. Púb. presenta rigideces.
Ambiguo	Falta de conocimiento con respecto a las reglas básicas del juego.	La experimentación es necesaria para reducir la ambigüedad. Atreverse a probar nuevas técnicas de gestión puede ser la clave.

Fuente: elaboración propia.

La gestión en el sector público, donde los marcos legales, estructura y organización de las instituciones fueron creados para ambientes distintos al actual, caracterizado por cambios poco frecuentes, hoy resulta mucho más arduo. Por esto, para enfrentar cambios impredecibles, situaciones de las que se conoce poco, con muchas partes relacionadas, y sin instrumentos para proyectar las nuevas reglas, exige una fórmula de cambio integral de la administración pública.

La resistencia al cambio existente en la administración pública puede dificultar la incorporación de enfoques como el VUCA. La resistencia al cambio es una reacción natural de las personas y organizaciones cuando se enfrentan a situaciones nuevas o desconocidas. En el caso de la administración pública, la resistencia puede surgir debido a la cultura organizacional arraigada, la burocracia, la falta de incentivos para el cambio, la aversión al riesgo y la falta de capacidad para adaptarse rápidamente.

El desafío de la incorporación del enfoque VICA para la AP

La incorporación de enfoques como el VICA implica reconocer la volatilidad, la incertidumbre, la complejidad y la ambigüedad como parte de la realidad en la toma de decisiones y la planificación estratégica. Sin embargo, la resistencia al cambio, natural en las organizaciones y con mayor presencia en las del sector público, puede manifestarse en diversas formas, como el temor al riesgo, la rigidez en las estructuras organizativas y la resistencia a abandonar prácticas establecidas.

Para superar la resistencia al cambio, es importante promover una cultura organizacional receptiva al cambio, fomentar la comunicación abierta y transparente, involucrar a los empleados en el proceso de cambio, proporcionar capacitación y apoyo, y demostrar los beneficios y la necesidad del enfoque VICA para enfrentar los desafíos actuales.

La resistencia al cambio puede obstaculizar la incorporación de enfoques como el VICA en la administración pública. Sin embargo, mediante estrategias adecuadas de gestión del cambio y promoción de una cultura favorable, es posible superar esta resistencia y adoptar enfoques más flexibles y adaptativos en el manejo de los desafíos del entorno.

Ética y administración pública

"La ética, los valores, la transparencia y la responsabilidad ciudadana son temas de gran actualidad y de los cuales es imprescindible hablar cuando se trata de la gestión pública"[37].

Los temas relacionados con la ética han tenido desde siempre una gran importancia en el Estado, debido a que se administran recursos públicos. La confianza depositada en la gestión por las personas, tiene una importancia crítica para cualquier sistema político, puesto que de ella depende en gran medida, la estabilidad y las posibilidades de desarrollo de dicho sistema.

La ética en la administración pública se refiere al conjunto de principios, valores y normas morales que guían el comportamiento de los funcionarios y servidores públicos en el ejercicio de sus funciones. Es un componente fundamental para asegurar la transparencia, la responsabilidad, la imparcialidad y la eficiencia en el desempeño de las labores gubernamentales.

La ética en la administración pública implica que los funcionarios deben actuar de acuerdo con los más altos estándares de integridad y honestidad. Esto implica evitar cualquier conflicto de intereses, rechazar la corrupción, y garantizar que los recursos y el poder del Estado se utilicen en beneficio de la sociedad en general.

La ética en la administración pública exige diferentes aspectos a los servidores públicos. Entre ellos se pueden mencionar:

Responsabilidad:

Los funcionarios públicos deben asumir la responsabilidad de sus acciones y decisiones, y rendir cuentas por ellas. Deben cumplir con las leyes, regulaciones y políticas establecidas, y actuar de manera transparente en el manejo de los recursos públicos.

Honestidad e integridad:

37. Tabares, L, *Administración pública. Conceptos y realidades* (La Habana: Centro de Estudios de la Administración Pública, 2016).

Los servidores públicos deben ser honestos en todas sus acciones y evitar cualquier forma de corrupción, soborno o aprovechamiento indebido de su posición. También deben mantener la confidencialidad de la información sensible y tratar a todos los ciudadanos con imparcialidad y respeto.

Servicio al público:

La administración pública tiene como objetivo principal servir a la sociedad y promover el bienestar general. Los funcionarios deben tomar decisiones basadas en el interés público y no en beneficio propio o de grupos de interés particulares.

Profesionalismo:

Los servidores públicos deben tener los conocimientos, habilidades y competencias necesarias para desempeñar sus funciones de manera eficiente y efectiva. Además, deben actualizar constantemente sus capacidades y promover la innovación en la administración pública.

Transparencia:

La ética en la administración pública implica la apertura y la transparencia en el manejo de la información y en la toma de decisiones. Los funcionarios deben proporcionar información adecuada y oportuna a los ciudadanos, y permitir su participación en los procesos de toma de decisiones cuando sea posible.

La ética en la administración pública es crucial para contrarrestar la corrupción y sentar bases sólidas para el desarrollo de la democracia representativa. En la actualidad este es un tema de importancia mundial, especialmente en los países europeos y americanos. En todos ellos se ha vuelto más urgente la necesidad de abordar la ética en la acción pública.

La orientación actual es la promoción de códigos de buen gobierno, códigos éticos, cartas de ciudadanía y otros instrumentos similares como forma de orientar la ética pública en la administración. En este sentido puede decirse que hay una actitud pasiva sobre el tema.

La opinión pública demanda cada vez más transparencia y responsabilidad en la gestión local, y la exposición de casos de corrupción genera desencanto y debilita el sistema democrático inclinando a los votantes hacia alternativas como el populismo. De aquí surge la importancia de fortalecer éticamente a los responsables políticos y gestores de las administraciones públicas para acercarlos a los ciudadanos.

La ética en la administración pública tiene al menos tres perspectivas[38]: una social, por cuanto se persigue el bien común; una organizativa, debido a que hay personas trabajando en conjunto para resolver problemas y una cultural, ya que involucra creencias que orientan las políticas y las acciones.

Las demandas de los ciudadanos hacia los altos responsables de la gestión pública, implican no solo cosas concretas sino que también responsabilidad, transparencia, información, presupuestos accesibles, eficiencia en las inversiones, rendición de cuentas sobre los fondos públicos, reducción del gasto corriente improductivo y ejercicio del poder en nombre de los ciudadanos.

Las consecuencias de la vulneración de la ética pública pueden llevar no solo a un debilitamiento del sistema democrático, sino que a un quiebre de este. De aquí la necesidad de que los ciudadanos validen el sistema democrático y sus dirigentes. Las altas tasas de abstención electoral y exclusión de ciertos grupos sociales son síntomas de problemas profundos que pueden llevar a situaciones no deseadas.

Las herramientas actuales para la toma de decisiones presentan limitaciones. En particular la tendencia a sobre dimensionar las encuestas de satisfacción, o las cartas de compromiso o servicio para abordar la brecha entre los ciudadanos y las decisiones políticas incumplidas.

En líneas generales, la ética en la administración pública, hace referencia a la demanda de transparencia y responsabilidad por parte de los ciudadanos. Plantea la necesidad de fortalecer los valores éticos en los responsables políticos y gestores públicos para acercarlos a la ciudadanía.

La promoción de la ética en la administración pública es fun-

38. Arenilla Sáez, Manuel compilador, *Crisis y reforma de la Administración Pública* (España: Netbiblo, 2011), 355.

damental para construir la confianza de los ciudadanos en las instituciones gubernamentales. Esto se logra a través de la implementación de códigos de ética, capacitación en valores, mecanismos de control y sanciones para aquellos que violen los principios éticos.

Además, es importante fomentar una cultura ética en la sociedad en general y promover la participación ciudadana en la supervisión y vigilancia de la administración pública, sobre todo si se desea fortalecer la democracia.

Ética pública en Chile

El marco normativo que orienta la ética pública parte en la Constitución Política de la República de Chile de 1980, la cual, en su artículo 1° señala que:

El Estado está al servicio de la persona humana y su finalidad es promover el bien común, para lo cual debe contribuir a crear las condiciones sociales que permitan a todos y a cada uno de los integrantes de la comunidad nacional su mayor realización espiritual y material posible, con pleno respeto a los derechos y garantías que esta Constitución establece.

Es deber del Estado resguardar la seguridad nacional, dar protección a la población y a la familia, propender al fortalecimiento de esta, promover la integración armónica de todos los sectores de la Nación y asegurar el derecho de las personas a participar con igualdad de oportunidades en la vida nacional. (Constitución Política de la República, 1980).

Es así que la ley que regula toda la estructura jurídica del país establece desde el comienzo orientaciones de comportamiento ético para todos los servidores públicos, así como objetivos y responsabilidades del Estado con la sociedad.

Un texto legal que trata de manera más específica las responsabilidades de los empleados públicos es el Estatuto Administrativo (Ley 18.834). Esta ley, entre otras cosas define las normas de actuación de trabajadores, gremios y entes públicos. Dicha ley dicta normas de comportamiento para empleados públicos en su

Artículo 61.- Serán obligaciones de cada funcionario:

a) Desempeñar personalmente las funciones del cargo en forma regular y continua, sin perjuicio de las normas sobre delegación;

b) Orientar el desarrollo de sus funciones al cumplimiento de los objetivos de la institución y a la mejor prestación de los servicios que a ésta correspondan;

c) Realizar sus labores con esmero, cortesía, dedicación y eficiencia, contribuyendo a materializar los objetivos de la institución;

d) Cumplir la jornada de trabajo y realizar los trabajos extraordinarios que ordene el superior jerárquico;

e) Cumplir las destinaciones y las comisiones de servicio que disponga la autoridad competente;

f) Obedecer las órdenes impartidas por el superior jerárquico;

g) Observar estrictamente el principio de probidad administrativa, que implica una conducta funcionaria moralmente intachable y una entrega honesta y leal al desempeño de su cargo, con preeminencia del interés público sobre el privado;

h) Guardar secreto en los asuntos que revistan el carácter de reservados en virtud de la ley, del reglamento, de su naturaleza o por instrucciones especiales;

i) Observar una vida social acorde con la dignidad del cargo;

j) Proporcionar con fidelidad y precisión los datos que la institución le requiera relativos a situaciones personales o de familia, cuando ello sea de interés para la Administración, debiendo ésta guardar debida reserva de los mismos;

k) Denunciar ante el Ministerio Público o ante la policía si no hubiere fiscalía en el lugar en que el funcionario presta servicios, con la debida prontitud, los crímenes o simples delitos y a la autoridad competente los hechos de carácter irregular, especialmente de aquéllos que contravienen el principio de probidad administrativa regulado por la ley Nº 18.575.

l) Rendir fianza cuando en razón de su cargo tenga la administración y custodia de fondos o bienes, de conformidad con **la** Ley

Orgánica Constitucional de la Contraloría General de la República, y

m) Justificarse ante el superior jerárquico de los cargos que se le formulen con publicidad, dentro del plazo que éste le fije, atendidas las circunstancias del caso.

Pero más allá de las indicaciones normativas que regulan los comportamientos de los servidores públicos, lo deseable es el desempeño de acuerdo a principios y valores de todas las personas empleadas en la administración pública.

PREGUNTA: ¿Desde la perspectiva ética, la Administración Pública se diferencia de la administración privada?

RESPUESTA: Se administra recursos públicos que pertenecen al conjunto de la sociedad, lo que implica estándares éticos más altos que en la administración privada.

Conclusión

Este capítulo trató sobre los aspectos específicos que distinguen la administración pública y le dan identidad y autonomía como un cuerpo de estudio autónomo. En este recorrido se identificaron los puntos compartidos con la administración privada, los legados que ha recibido de esta así como los aportes que le ha hecho.

La disciplina de la Administración Pública tiene una larga trayectoria que le ha permitido realizar formulaciones teóricas propias y lograr un objeto de estudio exclusivo, como son las organizaciones públicas (o el Estado), lo que en la actualidad le permite erguirse como ciencia y realizar aportes a la elaboración de conocimiento científico desde su óptica.

Aunque la administración pública comenzó a desarrollarse prácticamente con el inicio de la historia humana, el desarrollo de su teoría se inició en el siglo XIX en países como Estados Unidos, Francia y Alemania. Desde este comienzo la administración pública ha evolucionado y se ha adaptado a los cambios políticos, económicos y sociales, y se ha consolidado como una disciplina teórica y práctica

La teoría de la burocracia fue la escuela que sentó las bases para los desarrollos teóricos y desde entonce han surgido nuevos enfoques que buscan la eficacia y la eficiencia en la gestión estatal.

Las bases escuelas que han propuesto estas escuelas hoy permiten elaborar un marco teórico, que al menos debiera abordar algunos de los siguientes temas: Estado, gobierno y administración pública, perspectiva científica, lugar que ocupa la administración pública en la sociedad, estudio de las políticas públicas, administración de recursos de uso compartido, poderes del Estado, entre otros.

La principal diferencia de la AP con la administración privada, consiste en que la primera se enfoca en la gestión de recursos públicos. Esto que parece evidente a primera vista, acarrea consecuencias, que la conducen por su propio camino en la elaboración de conocimiento. Esta diferencia puesta en términos teóricos puede expresarse en términos de que el administrador privado tiene como función objetivo maximizar el valor de la empresa para sus dueños, en cambio, la función objetivo del administrador público es maximizar la función de bienestar del conjunto de la sociedad.

La disciplina ha estado muy influida por el modelo propuesto por Max Weber, conocido como burocracia y que ha permitido desarrollos muy exitosos en la administración del Estado. Sin embargo, la nueva realidad extremadamente cambiante de la sociedad actual, impone desafíos a los que este modelo de organización no puede dar respuesta. Ante esto, nuevos enfoques y teorías plantean formas organizativas distintas, de ellas, como el enfoque VICA, por ejemplo, el administrador público del siglo XXI debe estar atento para incorporar estas nuevas herramientas en su acervo profesional.

Por último, la ética es un aspecto que tiene una doble exigencia para los servidores públicos de todo tipo, ya que las funciones que realiza el Estado tienen una enorme repercusión en la vida de todas las personas y además estas son efectuadas con recursos de todos.

PREGUNTA: ¿Coinciden todos los autores en que el proceso administrativo tiene cuatro funciones?

La mayoría de los académicos coincide en que el proceso administrativo contempla cuatro funciones, pero autores como Koontz y Wiehrich consideran que la integración de personal es una quinta función de este proceso. El argumento para considerar esta quinta función descansa en la importancia de las personas en las organizaciones, ya que sin estas las organizaciones no existirían.

Ejercicios resueltos

Principios de la administración pública

201. ¿De las siguientes alternativas, qué institución es sin fines de lucro.

A. Banco Santander

B. Administradora de Fondos de Pensiones Habitat.

C. Junta de vecinos

D. Empresa de energía verde (solar).

202. En la actualidad, las organizaciones del sector público, que tienen una organización rígida, enfrentan escenarios cambiantes, con un alto dinamismo, complejidad y diversidad de la información. ¿Qué escuela, enfoque o teoría puede orientar al Estado en los cambios que se requieren en el siglo XXI?

A. Enfoque VICA

B. Escuela de administración científica

C. Escuela de administración humanista

D. Teoría de la burocracia.

203. ¿De los siguientes ejemplos qué organización es de interés solo para la administración pública?

A. Empresa Nacional del Petróleo

B. Isapre Consalud

C. Banco de Chile

D. Administradora de Fondos de Pensiones Planvital

204. ¿Cuál de las siguientes afirmaciones es correcta respecto a la gestión del Estado?

A. En la administración pública solo importa el logro de los objetivos.

B. En la administración pública el logro de los objetivos debe ser realizado con el menor uso posible de recursos.

C. En la administración pública solo importa el logro de resultados.

D. En la administración pública solo importa el logro de las metas.

205. ¿De acuerdo al ciclo de planificación de las políticas públicas cuáles son sus pasos centrales?

A. Formulación de políticas públicas, evaluación y control de los resultados y rendición de cuentas .

B. Planificación estratégica y misión.

C. Planificación estratégica y visión.

D. Definición de estrategia y presupuesto.

206. Desde la perspectiva de la democracia ¿Por qué es importante una buena administración del Estado en la sociedad moderna?

I. Contribuye a crear confianza entre las autoridades políticas y los electores.

II. Refuerza la democracia.

III. Porque la ciudadanía es cada vez más exigente y está mejor informada.

IV. Porque las autoridades solo deben ser buenos administradores y no estar sujetos al control ciudadano.

A.   I, II y IV

B.   II, III y IV

C.   I, III y IV

D.   I, II y III

207. ¿Cuáles son los tres poderes del Estado, de acuerdo a lo planteado por Montesquieu en El espíritu de las leyes?

I. Legislativo

II. Administración

III. Judicial

IV. Ejecutivo

A.   I, II y IV

B.   II, III y IV

C.   I, III y IV

D.   I, II y III

208. De acuerdo al enfoque planteado en la tragedia de los comunes para el uso compartido de recursos. ¿Cuáles de las siguientes afirmaciones son correctas?

I. El sector privado siempre administra mejor los recursos.

II. La opción de la regulación es siempre la mejor opción para administrar los recursos.

III. La administración comunitaria es siempre la mejor opción para administrar los recursos.

IV. Depende de la estructura y tipo de organización.

A.   II y III

B.   I, III

C.   I, II

D.   Solo IV

209. Mencione una experiencia en la que en la administración pública chilena se haya empezado a implementar instrumentos de evaluación consistentes con los nuevos enfoques de la administración pública.

210. El Estado en la actualidad, enfrenta escenarios cambiantes, con un alto dinamismo, complejidad y diversidad de la información. ¿Qué escuela, enfoque o teoría puede orientar al Estado en los cambios que se requieren en el siglo XXI?

A. Teoría de la burocracia

B. Escuela de administración científica

C. Escuela de administración humanista

D. Enfoque VICA.

211. ¿De los siguientes ejemplos qué organización es de interés

solo para la administración pública?

A. Empresa Nacional del Mineria (ENAMI)

B. Isapre Banmedica

C. Banco de Santander

D. Administradora de Fondos de Pensiones Habitat

212. La administración tiene tres dimensiones: ciencia, técnica y eficiencia.

• Verdadero

• Falso

213. Las actividades funcionales corresponden al mantenimiento y operación de la administración pública.

• Verdadero

• Falso

Rellenar espacio en blanco. Debe completar una oración con una palabra de manera exacta.

214. Las actividades _________ son aquellas en que el objeto es realizar las acciones que son el propósito de la administración pública. Políticas públicas, programas, etc.

215. Explique como se aplican las dimensiones: ciencia técnica y arte, en la administración pública.

216. De acuerdo al rol que juega la administración pública en la sociedad dónde se sitúa y como se relaciona con otros actores del sistema político. Se sugiere usar el enfoque de sistemas.

217. Respecto al Estado, explique en que consisten las actividades funcionales.

218. Respecto al Estado, explique en que consisten las actividades institucionales.

219. Explique en qué consiste la administración pública.

220. ¿Cuáles son las principales debilidades de la administración pública en la actualidad?

Teoría general de sistemas

221. En las organizaciones del sector público existe una tendencia natural al desorden y la desintegración. ¿Qué concepto de la teoría general de sistemas alude a esta tendencia?

A. Recursividad

B. Homeostasis

C. Circularidad

D. Entropía

Respuesta: La alternativa correcta es la D.

Retroalimentación: De acuerdo a la segunda ley de la termodinámica los sistemas tienden a estados de organización más probables, al desorden, es decir, entropía. Toda organización está determinada por esta propiedad. Las otras alternativas aluden a propiedades distintas de los sistemas.

222. En las organizaciones del sector público los recursos orientados a la planificación, organización dirección y evaluación, permiten integrarla y mantener su organización en el tiempo. ¿Qué concepto de la teoría general de sistemas alude a esta tendencia?

A. Circularidad

B. Emergencia

C. Recursividad

D. Negentropía

223. En las organizaciones del sector público existe una tendencia natural al equilibrio y la autorregulaciónn. ¿Qué concepto de la teoría general de sistemas alude a esta tendencia?

A. Recursividad

B. Homeostasis

C. Circularidad

D. Entropía

Historia de la administración pública.

224. ¿En qué país, a fines del siglo XIX, se inició la sistematización de la administración pública?

A.   España.

B.   Alemania.

C.   Estados Unidos de América.

D.   México.

225. ¿Qué académico chileno planteó que la administración pública era una práctica social que debía ser formulada de manera científica y propuso la creación de la carrera en la U. de Chile?

A.   Valentín Letelier.

B.   Andrés Bello.

C.   Diego Barros Arana.

D.   Manuel Colmeiro.

226. ¿Qué académico chileno propuso la creación de la carrera de administración pública en la U. de Chile?

A.   José Victorino Lastarria.

B.   Benjamín Vicuña Mackena.

C.   Valentín Letelier.

D.   Manuel Colmeiro.

227. ¿De acuerdo a lo visto en clases, autores como Quesada Acharán. Valentín Letelier, Amunátegui Rivera y otros plantearon lo siguiente respecto de la administración pública?

I. La administración pública debe impulsar el ascenso social de la naciente clase media.

II. Conveniencia de diferenciar las funciones de gobierno de las administrativas.

III. Considera la administración pública como un cuerpo de agentes encargados de administrar el Estado.

IV. La administración pública debe estar separada de la esfera política

A.   I, II y IV

B.   II, III y IV

C.   I, III y IV

D.   I, II y III

228. ¿De acuerdo a lo visto en la unidad autores como Quesada Acharán, Valentín Letelier, Amunátegui Rivera y otros plantearon lo siguiente respecto de la administración pública?

I. La administración pública debe estar separada de la esfera política

II. Conveniencia de diferenciar las funciones de gobierno de las administrativas.

III. Considera la administración pública como un cuerpo de agentes encargados de administrar el Estado.

IV. La administración pública debe impulsar el ascenso social de la naciente clase media.

A.   I, II y IV

B.   II, III y IV

C.   I, III y IV

D.   I, II y III

Escuelas de la administración pública

229. Explique los principales planteamiento de los Estados Neo-Weberianos.

230. Describa las principales principios de la teoría de la burocracia según Max Weber.

231. ¿Cuál de los siguientes enfoques o teorías sobre la organización del Estado busca superar el modelo weberiano?

A. Nueva administración pública.

B. Escuela del desarrollo de la organización.

C. Teoría de la conducta o del comportamiento.

D. Escuela de las relaciones humanas.

232. ¿Cuáles son los principios legítimos de autoridad según Max Weber?

I. Autoridad tradicional.

II. Autoridad carismática.

III. Autoridad racional legal.

IV. Autoridad militar.

A.   I, II y IV

B.   II, III y IV

C.   I, III y IV

D.   I, II y III

233. Mencione las principales características de la nueva administración pública (NAP)

Ética y administración pública

234. ¿Cuál de las siguientes normas legales plantea conductas que orientan el comportamiento ético de los funcionarios públicos?

A. Estatuto Administrativo.

B. Código civil.

C. Código del trabajo.

D. Ley de Isapres.

235. De acuerdo al Estatuto Administrativo ¿Cuáles de las siguientes normas describen conductas esperadas de los empleados del sector público?

I. Desempeñar personalmente las funciones del cargo en forma regular y continua, sin perjuicio de las normas sobre delegación;

II. Orientar el desarrollo de sus funciones al cumplimiento de los objetivos de la institución y a la mejor prestación de los servicios que a ésta correspondan;

III. Realizar sus labores con esmero, cortesía, dedicación y eficiencia, contribuyendo a materializar los objetivos de la institución;

IV. Corresponde al Estado amparar al trabajador en su derecho a elegir libremente su trabajo y velar por el cumplimiento de las normas que regulan la prestación de los servicios.

A. I, II y IV

B. II, III y IV

C. I, III y IV

D. I, II y III

236. De acuerdo al Estatuto Administrativo ¿Cuáles de las siguientes normas describen conductas esperadas de los empleados del sector público?

I. Obedecer las órdenes impartidas por el superior jerárquico;

II. Corresponde al Estado amparar al trabajador en su derecho a elegir libremente su trabajo y velar por el cumplimiento de las normas que regulan la prestación de los servicios.

III. Realizar sus labores con esmero, cortesía, dedicación y eficiencia, contribuyendo a materializar los objetivos de la institución;

IV. Cumplir la jornada de trabajo y realizar los trabajos extraordinarios que ordene el superior jerárquico;

A. I, II y IV

B. II, III y IV

C. I, III y IV

D. I, II y III

Organizaciones

237. ¿Cuáles de los siguientes enfoques plantean una organización del Estado que supere la rigidez del modelo burocrático?

I. Estados Neo-Weberianos

II. Nuevo Servicio Público

III. Estudio de políticas públicas

IV. Administración científica

A. I, II y IV

B. II, III y IV

C. I, III y IV

D.   I, II y III

238. La administración pública puede ser ciencia. Explique los dos requisitos que debe cumplir para ser reconocida como tal.

239. Mencione y explique alguno de los pasos del método científico, Puede usar como modelo, el planteado por Mario Bunge o Humberto Maturana u otro.

240. La administración para ser una ciencia debe seguir el método científico y tener objeto de estudio propio:las organizaciones públicas o el Estado.

• Verdadero

• Falso

Enfoque VICA

241. La administración moderna plantea que las organizaciones enfrentan escenarios cambiantes. Un enfoque que da cuenta de este fenómeno es el conocido a través del acrónimo VICA que significa: volátil, incierto, _______ y ambiguo.

Respuestas

Principios de la administración pública

201. Respuesta: La alternativa correcta es la C.

Retroalimentación: Solo una junta de vecinos no tiene fines de lucro, las otras tres si lo tienen, incluida la empresa de energía verde, ya que aunque tenga orientación ecológica tiene fines de lucros.

202. Respuesta: La alternativa correcta es la A.

Retroalimentación: El acrónimo V. I. C. A. alude a los conceptos Volatilidad, Incertidumbre, Complejidad y Ambigüedad, que da cuenta de un gran dinamismo en los cambios. Las otras opciones son escuelas de la administración y no enfatizan este punto.

203. Respuesta: La alternativa correcta es la C.

Retroalimentación: La Empresa Nacional del Petróleo es una empresa pública, las otras son empresas privadas.

204. Respuesta: La alternativa correcta es la B.

Retroalimentación: La eficiencia consiste lograr los objetivos considerando el uso de los recursos. Las demás alternativas responden a la definición de eficacia donde la utilización de los recursos no importa si se logra el objetivo.

205. Respuesta: La alternativa correcta es la A.

Retroalimentación: Formulación de políticas públicas, evaluación y control de los resultados y rendición de cuentas, son pasos específicos del ciclo de planificación de las políticas públicas. Los otros son conceptos genéricos de planificación.

206. Respuesta: D.

Retroalimentación: En la opción IV, las autoridades del sector público deben ser buenos administradores y además estar sujetos al control ciudadano para fortalecer la democracia. Las otras alternativas incentivan una buena gestión para fortalecer la democracia.

207. Respuesta: C.

Retroalimentación: De acuerdo a Montesquieu los tres poderes clásicos son ejecutivo legislativo y judicial.

208. Respuesta: D.

Retroalimentación: La opción IV es la correcta, ya que de acuerdo a Elinor Ostrom la utilización de los recursos comunes depende de: límites claramente definidos, reglas de uso adaptadas a las condiciones locales, acuerdos colectivos, control efectivo por parte de la comunidad, escala progresiva de sanciones, mecanismos de resolución de conflictos baratos y de fácil acceso, posibilidad de autogestión de la comunidad.

20p. Retroalimentación: La selección de altos cargos públicos y el Programa de Mejoramiento de la Gestión (PMG).

210. Respuesta: La alternativa correcta es la A.

Retroalimentación: El acrónimo V. I. C. A. alude a los conceptos Volatilidad, Incertidumbre, Complejidad y Ambigüedad, que da cuenta de un gran dinamismo en los cambios. Las otras opciones son escuelas de la administración y no enfatizan este punto.

211. Respuesta: La alternativa correcta es la A.

Retroalimentación: La Empresa Nacional de Minería es una empresa pública, las otras son empresas privadas.

212. Respuesta: Falso.

Retroalimentación: Ciencia: descansa en fundamentos científicos, metodologías y teorías sobre los hechos. Técnica: dimensión práctica. Falta Arte: la administración requiere que el administrador analice cada situación con una visión integral, intuición y un enfoque creativo e innovador.

213. Respuesta: Falso.

Retroalimentación: las actividades institucionales corresponden al mantenimiento y operación de la administración pública. Administración, finanzas, personal, adquisiciones, etc.

214. Respuesta: funcionales.

Retroalimentación: Las instituciones se organizan por departamentos. Algunos de ellos, los funcionales se dedican a realizar actividades que son el propósito de la organización.

215. Retroalimentación: Ciencia: descansa en fundamentos científicos, metodologías y teorías sobre los hechos. Técnica: dimensión práctica. Arte: la administración requiere que el administrador analice cada situación con una visión integral, intuición y un enfoque creativo e innovador.

216. Retroalimentación: La administración pública ocupa un lugar en el Estado, realizando una función de intermediación entre la política y la sociedad civil.

217. Retroalimentación: Las actividades funcionales son aquellas en que el objeto es hacer las acciones que son el propósito de la administración pública. Políticas públicas, programas, etc.

218. Retroalimentación: las actividades institucionales corresponden al mantenimiento y operación de la administración pública. Administración, finanzas, personal, adquisiciones, etc.

219. Retroalimentación: Conjunto de organismos de gobierno de una nación. Administración de recursos del Estado. Se le puede definir como la actividad consistente en servir o prestar ser-

vicios.

220. Retroalimentación: Humana, debido al mayor nivel de complejidad de las personas en la actualidad. Cambios rápidos e inesperados de la sociedad actual. Crecimiento de tamaño. La complejidad de la tecnología.

Teoría general de sistemas

221. Respuesta: La alternativa correcta es la D.

Retroalimentación: De acuerdo a la segunda ley de la termodinámica los sistemas tienden a estados de organización más probables, al desorden, es decir, entropía. Toda organización está determinada por esta propiedad. Las otras alternativas aluden a propiedades distintas de los sistemas.

222. Respuesta: La alternativa correcta es la D.

Retroalimentación: La negentropía alude a la capacidad de los sistemas abiertos de incorporar energía adicional para mantener sus estados de organización. Las otras alternativas aluden a propiedades distintas de los sistemas.

223. Respuesta: La alternativa correcta es la B.

Retroalimentación: La homeostasis tiene lugar ante modificaciones del medio que afectan a un ser vivo y, corresponde a los cambios internos del sistema con el propósito de mantener sin modificaciones su estructura.

Historia de la administración pública.

224. Respuesta: La alternativa correcta es la C.

Retroalimentación: Woodrow Wilson con su artículo The Study of Administration (1887), inicia la sistematización de la disciplina de la administración pública. En los otros países hubo desarrollo, pero no el grado de sistematización ni la influencia que logró Wilson.

225. Respuesta: La alternativa correcta es la A.

Retroalimentación: Valentín Letelier de la vertiente administrativa, estimaba que la administración pública era una práctica social que debía ser formulada de manera científica. Propuso, junto a Julio Bañados Espinosa, la formación de administradores públicos como programa de la Universidad de Chile.

226. Respuesta: La alternativa correcta es la C.

Retroalimentación: Valentín Letelier de la vertiente administrativa, estimaba que la administración pública era una práctica social que debía ser formulada de manera científica. Propuso, junto a Julio Bañados Espinosa, la formación de administradores públicos como programa de la Universidad de Chile.

227. Respuesta: A.

Retroalimentación: La opción I puede ser una idea de promoción social, pero no fue planteada por estos autores. Las alternativas II, III y IV si lo fueron.

228. Respuesta: D.

Retroalimentación: La opción IV puede ser una idea de promoción social, pero no fue planteada por estos autores. Las alternativas I, II y III si lo fueron.

Escuelas de la administración pública

229. Retroalimentación: No rechaza los principios del Estado burocrático, sino que busca su superación. Plantea que las normas administrativas deben ser modernizadas.

230. Retroalimentación: Formalización, división del trabajo, impersonalidad, competencia técnica y meritocracia, separación de la propiedad y la gestión, profesionalización de los empleados.

231. Respuesta: La alternativa correcta es la A.

Retroalimentación: Esta corriente se distancia del enfoque tradicional de orientación weberiana y promueve una administración de corte más comercial y de mercado. Las otras son escuelas de administración que no se plantean como objetivo directo la superación del modelo weberiano.

232. Respuesta: D.

Retroalimentación: Según Weber, a diferencia del poder, la autoridad conduce a que los individuos acepten que el mando sea ejercido sobre ellos.

233. Retroalimentación: Esta corriente se distancia del enfoque weberiano y promueve una administración de corte más comercial y de mercado.

Ética y administración pública

234. Respuesta: La alternativa correcta es la A.

Retroalimentación: La ley 18,834 (Estatuto Administrativo) define normas de actuación de trabajadores, gremios y entes públicos. Dicha ley dicta normas de comportamiento para empleados públicos en su Artículo 61. Los otros cuerpos legales aluden a temas diferentes.

235. Respuesta: D.

Retroalimentación: La opción IV alude a una responsabilidad del Estado y es una norma del Código de trabajo que regula las relaciones laborales del sector privado. Las otras tres son normas del Estatuto Administrativo.

236. Respuesta: C.

Retroalimentación: La opción II alude a una responsabilidad del Estado y es una norma del Código de trabajo que regula las relaciones laborales del sector privado. Las otras tres son normas del Estatuto Administrativo.

Organizaciones

237. Respuesta: D.

Retroalimentación: Las alternativas I, II y III tiene el propósito de superar las limitaciones del sistema burocrático. La opción IV es una escuela contemporánea de la escuela weberiana.

Administración pública y ciencia

238. Retroalimentación: La administración para ser una ciencia debe seguir el método científico y tener objeto de estudio propio:las organizaciones públicas o el Estado.

239. Retroalimentación: Enunciar preguntas bien. Arbitrar conjeturas, fundadas y contrastables. Derivar consecuencias lógicas de las conjeturas. Arbitrar técnicas para contrastar las conjeturas. Llevar a cabo la comparación e interpretar sus resultados.

240. Respuesta: Verdadero.

Retroalimentación: Los dos principales requisitos que tiene una disciplina para ser ciencia son: tener objeto de estudio propio y seguir las reglas del método científico.

Enfoque VICA

241. Respuesta: complejo.

Retroalimentación: En los sistemas complejos la relación causa-efecto sólo puede ser conocida en retrospectiva, lo que es una de las propiedades del escenario que enfrentan las organizaciones, según este enfoque.

Funciones de la administración

Introducción

Un componente compartido del cuerpo teórico de la administración privada, en la Administración Pública es la comprensión del proceso administrativo en ciclos.

En esta capítulo se abordará las fases del proceso administrativo, de acuerdo a la definición clásica y que perdura hasta nuestros días, el ciclo de la administración considera las siguientes cuatro etapas: planificación, organización dirección y control.

Esta modalidad de analizar el proceso administrativo corresponde a una mirada secuencial. Una posibilidad alternativa es abordarlo de una manera continua, es decir, aquellas actividades que se realizan de manera permanente. De acuerdo a este criterio, estas fases son análisis de problemas, toma de decisiones y comunicación.

En forma somera, se presentará esta forma de comprender el proceso administrativo,funciones secuenciales y funciones continuas.

Funciones de la administración

El desarrollo moderno de la administración comienza con los trabajos de Frederick Taylor y Henry Fayol. Ambos realizaron estudios meticulosos acerca de las condiciones del trabajo y la forma de incrementar la productividad. Con ello establecieron las bases de la administración científica y conceptos que mantienen su vigencia hasta el presente.

Lo que define a las cuatro funciones clásicas es que se realizan en momentos determinados y siguiendo un orden (secuencia).

Por el contrario, las funciones continuas se efectúan de manera permanente y no pueden ser referidas a un momento en particular. Es decir, están presentes durante toda la actividad del administrador. Estas funciones consisten en:

Análisis de problemas, en su gestión el administrador reúne datos e información para proponer soluciones a los problemas que surgen en su actividad diaria.

Toma de decisiones, consiste en la elección de alternativas, luego de haber realizado los análisis correspondientes

Comunicación, a través de esta función, el administrador busca asegurar el compromiso de todos los colaboradores para la realización de la opción escogida.

Las cuatro funciones secuenciales de la administración corresponden a las siguientes necesidades del proceso administrativo, que expresadas en forma de pregunta, pueden plantearse de la siguiente forma:

Planificación:

Definiendo objetivos. ¿Cómo los logro?

Organización:

Con el plan en mano. ¿De qué forma organizo los recursos?

Dirección:

Una vez dispuesto todo se inicia la faena. ¿Cómo debe dirigir el líder?

Control:

Se han obtenido los primeros resultados. ¿Cómo evalúo cual ha sido el desempeño?

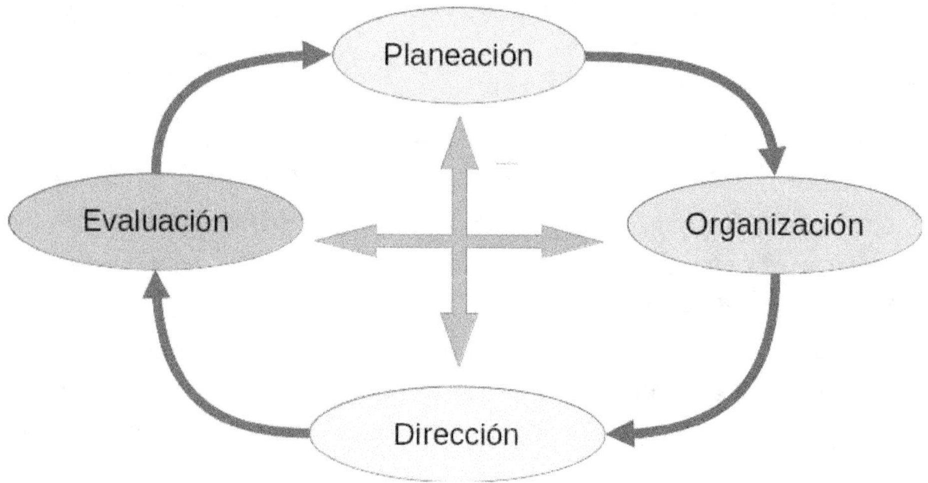

De manera gráfica se puede representar estas cuatro funciones secuenciales como en la lámina anterior, en la cual, a la planeación le sigue la dirección, a esta la dirección, luego viene el control o evaluación, que por último sirven de retroalimentación para realizar correcciones a lo que se había planificado previamente. Sin embargo, en una mirada sistémica se debe tener presente no solo que el ciclo se retroalimenta como se describió, sino que además, las funciones se conectan entre sí en todo momento del ciclo, como lo muestran las flechas horizontal y vertical, que ligan la evaluación con la organización y la planificación con la dirección.

En las siguientes líneas se intentará explicar estas relaciones, teniendo siempre presente, criterios como el mejor uso de los recursos, es decir, buscando la optimización y la eficiencia.

PREGUNTA: ¿Coinciden todos los autores en que el proceso administrativo tiene cuatro funciones?

La mayoría de los académicos coincide en que el proceso administrativo contempla cuatro funciones, pero autores como Koontz y Wiehrich consideran que la integración de personal es una quinta función de este proceso. El argumento para considerar esta quinta función descansa en la importancia de las personas en las organizaciones, ya que sin estas las organizaciones no existirían.

Funciones continuas

Las funciones que son consideradas como continuas o permanentes en el proceso de administración se llevan a cabo de manera constante en el desarrollo de las actividades organizativas. Estas funciones continuas son el análisis de problemas, la toma de decisiones y la comunicación.

Análisis de problemas

El análisis de problemas implica identificar y comprender las situaciones que requieren atención o mejoras en la organización. A través del análisis, se recopila información, se examinan las causas y se evalúan las posibles soluciones.

El análisis de problemas en la teoría de la administración se refiere al proceso de identificar, comprender y abordar los desafíos y obstáculos que afectan el funcionamiento y los resultados de una organización. Consiste en examinar cuidadosamente la situación actual, identificar las áreas problemáticas y determinar las posibles causas subyacentes.

Esta función implica recopilar y analizar información relevante, como datos, informes, opiniones de expertos y retroalimentación de los miembros de la organización. Se busca comprender la naturaleza y el alcance del problema, así como sus implicaciones en el logro de los objetivos organizacionales.

Una vez que se han identificado los problemas, se aplican herramientas y técnicas de análisis para examinar las causas raíz y determinar las posibles soluciones. Esto puede incluir el uso de métodos de resolución de problemas, como el diagrama de causa-efecto (también conocido como diagrama de espina de pescado o diagrama de Ishikawa) o el análisis FODA (Fortalezas, Oportunidades, Debilidades y Amenazas).

El análisis de problemas no se limita a la identificación y comprensión de los desafíos, sino que también implica evaluar las diferentes opciones y soluciones posibles. Se consideran factores como la viabilidad, el impacto esperado, los recursos necesarios y las implicaciones a largo plazo.

Una vez que se ha realizado el análisis de problemas y se han evaluado las opciones, se puede tomar una decisión informada sobre la mejor manera de abordar el problema. Esto puede implicar implementar cambios en los procesos, asignar recursos adicionales, redefinir los objetivos o buscar colaboraciones externas.

En el análisis de problemas en la teoría de la administración, se utilizan varias herramientas y técnicas para identificar, comprender y resolver problemas de manera efectiva. Algunas de las más usadas son:

Diagrama de causa y efecto (Ishikawa o espina de pescado):

Esta herramienta visual permite identificar las causas raíz de un problema al organizarlas en categorías principales, como personas, procesos, materiales y entorno. Ayuda a visualizar las relaciones entre las causas y los efectos, lo que facilita la identificación de soluciones.

Análisis FODA:

El análisis FODA es una técnica que permite evaluar las fortalezas y debilidades internas de una organización, así como las oportunidades y amenazas externas. Ayuda a identificar los factores que influyen en un problema y a desarrollar estrategias para abordarlo.

Diagrama de flujo:

El diagrama de flujo es una representación gráfica de los pasos o actividades en un proceso. Se utiliza para visualizar el flujo de trabajo, identificar posibles puntos problemáticos y mejorar la eficiencia del proceso. Permite identificar cuellos de botella, redundancias o pasos innecesarios en un proceso, lo que ayuda a identificar áreas de mejora.

Análisis de costo-beneficio:

Esta herramienta se usa para evaluar los costos y beneficios asociados con diferentes opciones o soluciones a un problema.

Permite cuantificar y comparar los costos y beneficios esperados, lo que ayuda a tomar decisiones informadas sobre la mejor opción para abordar el problema.

Análisis de riesgos:

El análisis de riesgos implica identificar y evaluar los posibles riesgos o eventos adversos que podrían surgir al abordar un problema. Ayuda a comprender las posibles consecuencias negativas y a desarrollar estrategias para mitigar o gestionar los riesgos de manera efectiva.

Técnicas de lluvia de ideas:

La lluvia de ideas es una técnica que fomenta la generación de ideas creativas y soluciones innovadoras. Permite que los miembros del equipo expresen libremente sus pensamientos y sugerencias, sin juicio ni crítica. Esto ayuda a generar múltiples opciones y enfoques para resolver un problema.

Estas son solo algunas de las herramientas y técnicas usadas en el análisis de problemas en la teoría de la administración. Es importante seleccionar la herramienta adecuada según la naturaleza y la complejidad del problema, así como la disponibilidad de recursos y la dinámica del equipo de trabajo.

En síntesis, el análisis de problemas en la teoría de la administración implica la identificación y comprensión de los desafíos que enfrenta una organización, así como la aplicación de herramientas y técnicas de análisis para determinar las causas subyacentes y las posibles soluciones. Es un proceso fundamental para abordar los problemas y mejorar el desempeño y los resultados de la organización.

La toma de decisiones

La toma de decisiones implica evaluar diferentes opciones y seleccionar la mejor acción a seguir. Los administradores deben tomar decisiones basadas en la información disponible, considerando factores como los objetivos organizacionales, los recursos disponibles y las posibles consecuencias.

Esta función en la teoría de la administración se refiere al proceso mediante el cual los administradores eligen entre diferentes alternativas para resolver problemas, aprovechar oportunidades o alcanzar objetivos organizacionales. Es un proceso clave que implica evaluar información, generar opciones, analizar sus ventajas y desventajas, y seleccionar la mejor opción.

La toma de decisiones implica una serie de pasos. En primer lugar, se identifica el problema o la situación que requiere una decisión. Luego, se recopila y se analiza información relevante para comprender mejor el contexto y las posibles implicaciones de cada opción.

A continuación, se generan diferentes alternativas o cursos de acción posibles. Esto implica ser creativo y considerar diferentes enfoques para abordar el problema. Las alternativas se evalúan en función de sus ventajas y desventajas, y se analizan los posibles resultados y consecuencias de cada opción.

Una vez que se han evaluado las alternativas, se selecciona la mejor opción. Esto implica considerar factores como la viabilidad, el impacto esperado, los recursos necesarios y las implicaciones a largo plazo. Es importante tener en cuenta los objetivos organizacionales y tomar decisiones que estén alineadas con ellos.

Después de tomar la decisión, se implementa y se monitorea su ejecución. Esto implica asignar recursos, comunicar la decisión a los miembros de la organización y asegurarse de que se lleve a cabo de manera efectiva. También se evalúa el resultado de la decisión para aprender de la experiencia y realizar ajustes si es necesario.

La toma de decisiones en la teoría de la administración implica un enfoque racional y basado en información. Se busca maximizar los resultados y minimizar los riesgos, teniendo en cuenta tanto los aspectos cuantitativos como los cualitativos. Sin embargo, también se reconoce que la toma de decisiones puede verse influenciada por factores emocionales, políticos y culturales.

En la teoría de la administración, se utilizan diferentes herramientas y técnicas para facilitar la toma de decisiones. Algunas de las herramientas más comunes incluyen:

Análisis de costo-beneficio:

Esta herramienta ayuda a evaluar los costos y beneficios asociados con diferentes alternativas de decisión. Permite comparar las ventajas y desventajas económicas de cada opción y determinar cuál ofrece la mejor relación costo-beneficio.

Análisis FODA

El análisis FODA es una técnica que aquí también ayuda a evaluar el entorno interno y externo de una organización. Permite identificar las fortalezas y debilidades internas de la organización, así como las oportunidades y amenazas externas. Esta información es útil para tomar decisiones estratégicas que aprovechen las fortalezas y oportunidades, y aborden las debilidades y amenazas.

Análisis de escenarios:

Esta herramienta implica desarrollar diferentes escenarios posibles para el futuro, considerando diferentes variables y condiciones. Permite evaluar cómo diferentes decisiones pueden afectar los resultados en diferentes escenarios, lo que ayuda a tomar decisiones más informadas y prepararse para diferentes situaciones.

Análisis de riesgos:

El análisis de riesgos es útil cuando las decisiones implican incertidumbre y posibles riesgos. Ayuda a identificar y evaluar los riesgos asociados con cada opción y a desarrollar estrategias para mitigar esos riesgos.

Técnicas de resolución de problemas:

Existen diversas técnicas para abordar problemas y tomar decisiones de manera estructurada, como el método de los seis sombreros para pensar, el pensamiento lateral, el pensamiento crítico y el enfoque de diseño centrado en el usuario. Estas técnicas ayudan a generar ideas, evaluar diferentes perspectivas y llegar a soluciones innovadoras.

Modelos de toma de decisiones:

También se utilizan modelos formales de toma de decisiones, como el modelo racional, el modelo incremental y el modelo de toma de decisiones basado en evidencia. Estos modelos proporcionan un marco estructurado para evaluar alternativas y seleccionar la mejor opción.

En resumen, la toma de decisiones en la teoría de la administración es un proceso clave en el cual los administradores eligen entre diferentes alternativas para resolver problemas y alcanzar objetivos. Implica evaluar información, generar opciones, analizar sus ventajas y desventajas, y seleccionar la mejor opción en función de los objetivos organizacionales.

La comunicación

La comunicación es esencial en la administración, ya que implica el intercambio de información entre diferentes niveles y áreas de la organización, así como con partes externas. La comunicación efectiva facilita la coordinación, la colaboración y el logro de los objetivos organizacionales.

En la teoría de la administración, la comunicación se refiere al proceso de transmitir y recibir información entre los diferentes miembros de una organización. Consiste en el intercambio de mensajes, ideas, opiniones y datos que permiten compartir conocimientos, coordinar acciones y tomar decisiones de manera efectiva.

La comunicación desempeña un papel fundamental en la administración, ya que es un elemento clave para el logro de los objetivos organizacionales. Algunos aspectos importantes de la comunicación en la teoría de la administración incluyen:

Transmisión de información:

La comunicación permite la transmisión de información relevante dentro de la organización. Esto incluye la difusión de políticas, objetivos, procedimientos, instrucciones de trabajo, retroalimentación, informes, entre otros. La información precisa y oportuna es esencial para que los miembros de la organización comprendan su rol, tomen decisiones informadas y realicen sus tareas de manera efectiva.

Coordinación de actividades:

La comunicación facilita la coordinación de actividades entre diferentes departamentos, equipos y niveles jerárquicos. Permite compartir planes, asignar responsabilidades, sincronizar acciones y asegurar que todos los miembros estén alineados hacia los mismos objetivos. Una comunicación clara y efectiva evita la duplicación de esfuerzos, minimiza los conflictos y mejora la eficiencia en el trabajo en equipo.

Construcción de relaciones y cultura organizacional:

La comunicación también juega un papel importante en la construcción de relaciones y la creación de una cultura organizacional sólida. Permite establecer canales de diálogo abiertos y transparentes, promover la confianza, fomentar la participación y el compromiso de los empleados, y crear un ambiente propicio para la colaboración y la innovación.

Resolución de conflictos:

La comunicación efectiva es clave para la resolución de conflictos en la organización. Permite abordar diferencias de opinión, malentendidos y disputas de manera constructiva. Una comunicación abierta y honesta facilita la expresión de puntos de vista, la escucha activa, la negociación y la búsqueda de soluciones consensuadas.

Es importante destacar que la comunicación en la teoría de la administración no se limita únicamente a la comunicación verbal. También incluye la comunicación escrita, el uso de tecnologías de la información y la comunicación, la comunicación no verbal (gestos, expresiones faciales, lenguaje corporal) y la escucha activa.

En la teoría de la administración, se utilizan diversas herramientas y técnicas para facilitar la comunicación efectiva en una organización. Algunas de las herramientas más usadas son:

Reuniones:

Las reuniones son una herramienta clave para la comunicación en la administración. Permiten a los miembros del equipo discutir temas relevantes, intercambiar información, tomar decisiones y coordinar actividades. Es importante que las reuniones sean bien planificadas, tengan una agenda clara y se realicen de manera regular para mantener a todos los miembros informados y comprometidos.

Memos y correos electrónicos:

Los memos y correos electrónicos son herramientas escritas que se utilizan para transmitir información formal dentro de una organización. Estos mensajes pueden incluir instrucciones, actualizaciones, informes o solicitudes de acción. Es importante que los memos y correos electrónicos sean claros, concisos y estén dirigidos a los destinatarios adecuados.

Comunicación cara a cara:

La comunicación cara a cara es una forma directa y personal de comunicación que puede ser muy efectiva. Permite una interacción directa entre los participantes, lo que facilita la comprensión mutua y la resolución de problemas en tiempo real. Las conversaciones cara a cara pueden tener lugar en reuniones individuales, conversaciones informales en el lugar de trabajo o presentaciones en grupo.

Herramientas tecnológicas:

En la actualidad, las tecnologías de la información y la comunicación desempeñan un papel significativo en la comunicación en la administración. Estas herramientas incluyen sistemas de correo electrónico, mensajería instantánea, videoconferencias, intranets y redes sociales internas. Estas tecnologías permiten una comunicación rápida y eficiente, especialmente en entornos donde los miembros del equipo están dispersos geográficamente.

Canales de retroalimentación:

La retroalimentación es una parte esencial de la comunicación efectiva. Los canales de retroalimentación, como las encuestas, las evaluaciones de desempeño y las sesiones de retroalimentación, permiten a los empleados expresar sus opiniones, recibir comentarios sobre su trabajo y contribuir a la mejora continua de la comunicación y el desempeño organizacional.

Comunicación visual:

La comunicación visual utiliza elementos visuales, como gráficos, diagramas, tablas y presentaciones, para transmitir información de manera clara y concisa. Estas herramientas son útiles para simplificar conceptos complejos, resumir datos y captar la atención de los receptores. La comunicación visual puede ser especialmente efectiva cuando se presentan informes o se realizan presentaciones a audiencias grandes o diversas.

Es importante seleccionar las herramientas y técnicas de comunicación adecuadas según el contexto y los objetivos de la organización. También se debe considerar la diversidad cultural y las preferencias individuales de los miembros del equipo para garantizar una comunicación efectiva y comprensible para todos.

En resumen, la comunicación en la teoría de la administración es un proceso fundamental para la coordinación de actividades, la transmisión de información, la construcción de relaciones y la resolución de conflictos dentro de una organización. Una comunicación efectiva promueve un entorno de trabajo colaborativo, mejora la toma de decisiones y contribuye al logro de los objetivos organizacionales.

Estas funciones continuas son fundamentales para el buen funcionamiento de cualquier organización. A través del análisis de problemas, la toma de decisiones y la comunicación constante, los administradores pueden enfrentar desafíos, aprovechar oportunidades y asegurar que la organización se adapte y responda de manera efectiva a los cambios del entorno.

Al analizar las funciones secuenciales se volverá a examinar estas funciones, en particular en la función dirección con un enfoque práctico.

Planificación

En la teoría de la administración, la planificación es la primera de las funciones secuenciales e implica establecer objetivos y determinar los cursos de acción necesarios para alcanzar esos objetivos. Consiste en definir qué se debe hacer, cómo se debe hacer, cuándo se debe hacer y quién será responsable de hacerlo.

La planificación tiene un aspecto controversial, ya que implica intentar anticiparse al futuro, con la imposibilidad que esto representa. Sin embargo, esta fase del ciclo por medio de diferentes herramientas intenta conocer los escenarios probables y por medio de los cursos de acción definidos, moldear lo que va a ocurrir.

Por otro lado, se intenta anticipar las posibles decisiones sobre las acciones que se deberán emprender para lograr resultados deseados. En este sentido, requiere identificar los objetivos y metas a alcanzar, analizar los recursos disponibles, evaluar las posibles alternativas y seleccionar la mejor opción. También implica establecer los pasos y las secuencias de actividades necesarias para alcanzar los objetivos establecidos.

Durante el proceso de planificación, se deben tener en cuenta diversos factores, como las metas organizacionales, los recursos disponibles, las limitaciones y restricciones, las condiciones del entorno, las necesidades de los usuarios y las tendencias futuras. Además, la planificación debe ser flexible y adaptable, ya que los escenarios y las circunstancias pueden cambiar con el tiempo.

La planificación abarca diferentes niveles en una organización, desde la planificación estratégica a largo plazo, que establece la dirección general de la organización, hasta la planificación operativa a corto plazo, que se enfoca en la implementación de actividades específicas.

En este sentido, la planificación en la teoría de la administración es un proceso sistemático y estructurado que implica establecer objetivos, determinar acciones y recursos necesarios, y establecer un plan de acción para lograr resultados deseados. Es una función clave que proporciona dirección y guía a las organizaciones, permitiéndoles anticiparse a los cambios y tomar decisiones informadas para lograr el éxito.

Misión, Visión, Estrategia

Misión

Desde sus orígenes toda organización se plantea una misión, que en un sentido amplio define la razón de ser, motivo por el cual existe esa institución. La misión responde a la pregunta ¿cuál es el propósito de la institución, o cuál es el negocio si se trata de una entidad privada.

En el contexto de la planificación se refiere a la declaración de propósito o razón de ser de una organización. Es una descripción concisa y clara de la identidad, valores y objetivos fundamentales de la organización. La misión establece la dirección estratégica y define el alcance de las actividades de la organización.

La misión proporciona una base para la toma de decisiones y orienta todas las acciones y esfuerzos de la organización. Ayuda a definir el enfoque y los valores fundamentales que guiarán las actividades y decisiones en todos los niveles de la organización.

Una misión bien definida ayuda a alinear a todos los miembros de la organización hacia un objetivo común y proporciona un marco de referencia para evaluar el éxito y la efectividad de las acciones y resultados.

La misión en la planificación es una declaración que define la esencia y el propósito de una organización, establece la dirección estratégica y sirve como guía para la toma de decisiones y acciones.

Veamos esto a través de un ejemplo. La Biblioteca del Congreso Nacional de Chile es una institución dependiente del Congreso Nacional y creada para su apoyo. De acuerdo a su sitio web:

Visión: Ser el principal referente de información especializada y confiable para la Comunidad Parlamentaria, y una institución reconocida y valorada por la Ciudadanía.

Misión Apoyar a la Comunidad Parlamentaria en el ejercicio de sus funciones, generando información, conocimiento y asesoría especializada, así como promover instancias de vinculación entre el Congreso Nacional y la ciudadanía, poniendo a su disposición el acervo bibliográfico, documental, jurídico y de la historia política legislativa del país39.

En esta ocasión se agrega la visión institucional, la que es un complemento de la misión, ya que ambas se encuentran estrechamente entrelazadas.

Visión

La visión es una declaración aspiracional que describe el estado deseado o la imagen futura de una organización. Representa la meta o el logro que la organización busca alcanzar a largo plazo. La visión es una descripción clara y convincente de lo que la organización aspira a ser en el futuro.

La visión va más allá de la situación actual y se enfoca en el potencial y la posibilidad de la organización. Proporciona una dirección clara y un sentido de propósito para guiar la toma de decisiones estratégicas y establecer metas y objetivos a largo plazo.

La visión es inspiradora y motivadora, y debe ser compartida y comprendida por todos los miembros de la organización. Sirve como una fuente de inspiración y guía para impulsar el cambio y la mejora continua.

La visión en la planificación es una declaración que describe el estado futuro deseado de una organización, proporciona una dirección estratégica y sirve como fuente de inspiración y guía para impulsar el cambio y la mejora continua.

Estrategia

La estrategia en el contexto de la planificación se refiere a la

---

39. Biblioteca del Congreso Nacional, "*Visión y misión*", s. f., https://www.bcn.cl/portal/pagina/vision_mision.

planificación y selección de cursos de acción específicos para alcanzar los objetivos establecidos. Es el enfoque o camino elegido para aprovechar los recursos de la organización de manera efectiva y lograr los resultados deseados.

La estrategia implica la identificación de las acciones y tácticas necesarias para enfrentar los desafíos y aprovechar las oportunidades presentes en el entorno. Se basa en el análisis de la situación actual, la comprensión de los recursos disponibles y la evaluación de las capacidades internas y externas de la organización.

La estrategia implica tomar decisiones clave sobre qué hacer y qué no hacer. Incluye la asignación de recursos, la definición de metas y objetivos específicos, la identificación de los pasos necesarios para lograrlos y la implementación de acciones concretas para avanzar hacia ellos.

La estrategia debe ser coherente con la misión y visión de la organización, y tener en cuenta el entorno en el que opera, incluyendo factores políticos, económicos, sociales y tecnológicos. Debe ser flexible y adaptable para hacer frente a los cambios y desafíos que puedan surgir durante la implementación.

La estrategia se refiere a la selección de cursos de acción específicos para alcanzar los objetivos establecidos. Implica tomar decisiones clave, asignar recursos y definir pasos concretos para avanzar hacia los resultados deseados.

Como señalan Koontz y Weihrich:

> El término estrategia (que proviene de la palabra griega strategos, que significa "general") se ha usado de diferentes maneras. Los autores difieren en por lo menos un aspecto importante sobre las estrategias. Algunos se enfocan tanto en los fines (el propósito, misión, metas y objetivos) como en los medios para lograrlos (las políticas y planes). Otros subrayan los medios para conseguir los fines del proceso estratégico, en lugar de los fines por sí mismos[40] (2013, pág. 104).

Como puede verse, la misión plantea un estado futuro de la or-

---

40. *Elementos de administración.* (México: Editorial Mc Graw Hill., 2013), 104.

ganización, el cual, al ser alcanzado permitirá la realización de lo planteado en la misión. Para alcanzar este estado deseado, la institución se plantea una estrategia o camino a seguir para lograrlo.

Las estrategias pueden tener distintas modalidades, las más frecuentes son:

Estrategia deliberada

Consiste en una planificación intencional y consciente de acciones y decisiones para lograr objetivos específicos. Es una estrategia que se formula de manera proactiva y se implementa de manera consciente, siguiendo un plan preestablecido.

En una estrategia deliberada, se realizan análisis detallados y se toman decisiones conscientes y calculadas en función de los objetivos deseados. Se consideran múltiples factores, como el entorno externo, los recursos disponibles y las capacidades internas de la organización.

Este enfoque implica una planificación estratégica cuidadosa, con la identificación de los pasos necesarios para lograr los objetivos establecidos. Se consideran diversas alternativas y se selecciona la estrategia más adecuada y efectiva para alcanzar los resultados deseados.

La estrategia deliberada se basa en el análisis y la toma de decisiones informadas, considerando tanto los aspectos internos como los externos de la organización. Se diferencia de una estrategia emergente, que surge de manera más flexible y adaptativa a medida que se desarrolla la situación y se obtienen nuevos conocimientos y aprendizajes.

Una estrategia deliberada implica una planificación estratégica intencional y consciente, con la toma de decisiones basada en análisis y la implementación de acciones preestablecidas para lograr objetivos específicos.

Estrategia emergente

En algunos casos esta se desarrolla en la práctica y no necesariamente es elaborada de manera racional. Sin embargo, también se puede adoptar como un enfoque de planificación y toma de decisiones que se desarrolla a medida que se enfrentan situaciones nuevas y se obtienen aprendizajes y conocimientos adicionales. En contraste con una estrategia deliberada, que se planifica de antemano de manera consciente, una estrategia emergente se adapta y evoluciona a medida que se desarrolla la situación.

En una estrategia emergente, se reconocen las limitaciones de la planificación previa y se adopta un enfoque más flexible y adaptativo. Se enfatiza la capacidad de respuesta y la capacidad de aprender sobre la marcha. En lugar de seguir un plan rígido, se permiten ajustes y modificaciones en función de las circunstancias cambiantes.

La estrategia emergente se basa en la capacidad de la organización para adaptarse y aprovechar las oportunidades que surgen, así como para enfrentar los desafíos inesperados. Se valora la capacidad de aprendizaje, la creatividad y la capacidad de improvisar en función de la situación actual.

Este enfoque reconoce que el entorno empresarial y las condiciones internas pueden cambiar rápidamente, y que es necesario ser ágil y receptivo para aprovechar las oportunidades y superar los desafíos. La estrategia emergente se nutre de la experimentación y el aprendizaje continuo, permitiendo que las decisiones y acciones se ajusten en función de los resultados y las nuevas circunstancias.

Una estrategia emergente se refiere a un enfoque flexible y adaptativo de planificación y toma de decisiones, que se desarrolla a medida que se enfrentan nuevas situaciones y se obtienen aprendizajes y conocimientos adicionales. Se basa en la capacidad de adaptación, la capacidad de respuesta y el aprendizaje continuo para aprovechar oportunidades y enfrentar desafíos en un entorno empresarial cambiante. En este sentido, una estrategia emergente puede ser más consistente con el uso del enfoque VICA.

La estrategia es un instrumento clave de la función planificación, debido a que tiene la capacidad de orientar a la organización hacia el futuro. En este sentido define cursos de acción en el presente para hacer posible el futuro.

Los principales aspectos que se debe tener presente para el desarrollo de una estrategia son:

• Qué bienes o servicios la organización pondrá a disposición de sus usuarios.

• En esta elaboración con qué tipo de recursos y tecnología lo hará.

• Qué tipos de sinergia se buscará. De qué manera se combinarán los recursos para optimizar los procesos.

• En qué orden se deben realizar las acciones.

• Qué objetivos se deben lograr y con qué criterio se medirá este logro.

Un aspecto relevante a considerar es que la organización está estrechamente relacionada con la estrategia que defina la institución y desde una perspectiva sistémica es natural que sea así, ya que los sistemas deben su existencia en el largo plazo al acoplamiento con su medio ambiente.

Adicionalmente, cuando se contrasta la estrategia definida o no definida previamente, se puede constatar que la organización siempre sigue una estrategia, ya sea esta implícita o explícita. En aquellas situaciones en que la estrategia ha sido formulada de manera explícita, al compararla posteriormente con el resultado efectivo de la estrategia seguida, se puede observar que la mayor parte de las veces, la organización sigue una conducta adaptativa que no coincide con la estrategia inicial.

Planificación estratégica

La planificación estratégica en la teoría de la administración es un enfoque de planificación a largo plazo que se centra en establecer la dirección general y los objetivos de una organización. Consiste en el proceso de identificar y analizar los factores internos y externos que pueden afectar el logro de los objetivos de la organización, y luego desarrollar estrategias y planes de acción para alcanzar esos objetivos.

La planificación estratégica implica tomar decisiones importantes sobre la misión y visión de la organización, definir los objetivos estratégicos a largo plazo y desarrollar planes de acción para lograrlos. También implica evaluar los recursos disponibles, identificar las fortalezas y debilidades internas de la organización, y analizar las oportunidades y amenazas del entorno externo.

Durante el proceso de planificación estratégica, se suelen utilizar herramientas y técnicas como el análisis FODA (Fortalezas, Oportunidades, Debilidades, Amenazas), el análisis PESTEL (Político, Económico, Social, Tecnológico, Ambiental y Legal), el análisis de competidores, entre otros. Estas herramientas ayudan a comprender el panorama completo y a tomar decisiones informadas sobre los cursos de acción más adecuados para la organización.

La planificación estratégica busca alinear los recursos y las capacidades de la organización con las oportunidades y desafíos del entorno, con el objetivo de lograr una ventaja competitiva y el éxito a largo plazo. Proporciona una dirección clara, establece prioridades y guía la toma de decisiones en todos los niveles de la organización.

La planificación estratégica en la teoría de la administración se centra en establecer la dirección y los objetivos a largo plazo de una organización, identificando los factores internos y externos relevantes, y desarrollando estrategias y planes de acción para lograr esos objetivos. Es un proceso clave para el éxito y la sostenibilidad de la organización en un entorno competitivo y en constante cambio.

Etapas del proceso de planificación estratégica

Esta función sigue un proceso sistemático y se puede ordenar en etapas, dentro de las cuales se pueden mencionar las siguientes:

- **Identificación de oportunidades**

Esta etapa consiste en el estudio del medio para reconocer situaciones que ofrezcan oportunidades para la organización.

- **Definición de objetivos**

El siguiente paso consiste en definir los objetivos de la organización ya sea para el conjunto o para unidades específicas. También en esta etapa se debe tener presente los objetivos de largo y corto plazo.

- **Determinación de las premisas**

Estas son los supuestos sobre el medio sobre los que se basa el desarrollo de los planes.

- **Identificar cursos de acción**

Esta fase consiste en buscar y estudiar opciones alternativas a los planes desarrollados, ya que la mayoría de los casos existen mejores alternativas para estos.

- **Valoración de cursos alternativos**

Acá se evalúa cada una de los cursos de acción alternativos, identificados en la etapa anterior.

- **Selección de cursos de acción**

En esta fase la función clave consiste en tomar la decisión sobre cual es la alternativa que se va a ejecutar.

- **Planes alternativos**

Consiste en considerar escenarios alternativos al principal en que se basa el plan y en elaborar un plan alternativo consistente. Es lo que en el lenguaje popular se conoce como "el plan B".

Planes

Una vez definida la estrategia es posible aterrizarla mediante la elaboración de planes, en los que a través de una proyección del uso concreto de recursos se definen pasos por medio de los se busca alcanzar los objetivos definidos.

Por medio de planificación se pretende moldear el futuro de una determinada manera. En otras palabras por medio de los planes se busca delinear una situación presente para que en el futuro sea de otra forma.

Para una organización, como para cualquiera en general, el futuro es una situación desconocida, por lo que plantea riesgo, incertidumbre, ausencia de información y un entorno lleno de variables no controlables.

Los planes representan para la organización un medio a través del cual, se reduzca el riesgo, se aumente la información y se hagan controlables las variables, tanto como sea posible.

En términos generales los planes tienen las siguientes características y responden a preguntas instrumentales:

- Define objetivos

¿Qué voy a hacer?

- Define procedimientos y actividades

¿Cómo lo voy a hacer?

- Asigna recursos

¿Con qué lo voy a hacer?

Los planes en su ejecución tienen efectos sobre las personas, los que deben ser considerados desde su formulación.

En este sentido puede decirse que los planes son formas de normar o indicar el comportamiento futuro de las personas involucradas. Los planes son reglas de conducta según las cuales el administrador o dirigente desea coordinar la acción del grupo.

Definen cursos concretos de acción, la secuencia de las operaciones y la determinación de tiempos y números para cumplir las metas.

Instrumentos de planificación

Los instrumentos de planificación tienen una larga existencia y en la actualidad tienen un fuerte apoyo de herramientas informáticas que permiten resultados insospechados a como se pensaron algunas décadas atrás. Dentro de las herramientas clásicas se pueden mencionar

- **Políticas**

Estas son pautas generales para que las decisiones estén de acuerdo con los objetivos y los planes generales.

• Procedimientos

Corresponde a guías para la acción que detallan como debe ser realizada una acción futura, por lo tanto, definen secuencias cronológicas.

• Presupuestos

Es la proyección de resultados esperados valorados en términos financieros. Es una de las más poderosa y más utilizada herramienta de planificación por su posibilidad de cuantificar los objetivos.

• Proyectos

Es un tipo de planificación que consiste en un conjunto de actividades que se encuentran interrelacionadas y coordinadas.

• Programas

Es el anticipo de lo que se planea realizar (discurso, materias de curso o acto) en torno a una unidad temática.

• Carta Gantt

Es la representación gráfica de la gestión de proyectos, que define cuáles son las actividades, cuándo inician y terminan, el tiempo previsto y si se solapan entre ellas.

Ejemplo básico de una carta Gantt:

Actividad	Semana 1	Semana 2	Semana 3	Semana 4
Investigación	X	X		
Planificación	X	X		
Diseño		X	X	X
Desarrollo			X	X
Pruebas				X
Implementación				X
Evaluación				X

En este ejemplo, se muestra una carta Gantt que organiza las actividades de un proyecto en función de las semanas. Cada columna representa una semana y cada fila representa una actividad específica. Las "X" indican las semanas en las que se llevará a cabo cada actividad.

La carta Gantt permite visualizar de manera clara la secuencia y duración de las actividades del proyecto, facilitando la planificación y el seguimiento del progreso. A medida que avanza el proyecto, se pueden actualizar las fechas y marcar las actividades completadas para mantener un control efectivo sobre el cronograma.

- **Análisis DAFO**

Una herramienta frecuentemente utilizada es el análisis DAFO (FODA en inglés) que corresponde al acrónimo Debilidades, Amenazas, Fortalezas, Oportunidades.

A pesar de su simplicidad es un instrumento poderoso, por lo que, es ampliamente usado en la definición de la estrategia así como en la definición de los planes de organizaciones y empresas.

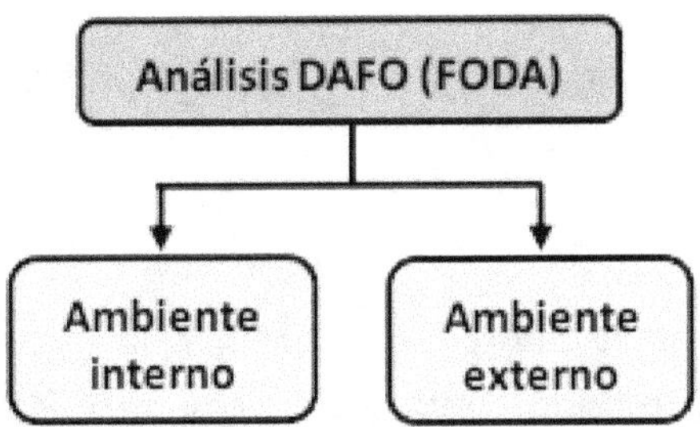

El análisis DAFO considera dos escenarios: el ambiente interno y el externo.

El externo se refiere a las amenazas y a las oportunidades y el escenario interno a las debilidades y fortalezas.

La manera usual de desplegar este instrumento es en una matriz de doble entrada donde en un eje se despliega el escenario interno y en el otro el externo:

Oportunidades externas	Amenazas externas
• Entrar en nuevas funciones. • Incorporar grupos de usuarios. • Ampliación de la cartera de servicios. • Más diversidad de productos. • Integración vertical. • Supresión de barreras en mercados exteriores. • Complacencia entre las empresas rivales.	• Ingreso de nuevos competidores. • Incremento de productos sustitutos. • Bajo crecimiento de mercado. • Cambios en los usuarios. • Mayor capacidad de demandas de la ciudadanía. • Cambios desfavorables en el tipo de cambio. • Cambios demográficos negativos.
Fortalezas internas	Debilidades internas
• Habilidades en actividades clave. • Existencia de recursos financieros. • Recursos tecnológicos superiores. • Adecuada capacidad de producción. • Bajos costos. • Capacidad de innovar. • Buena imagen institucional. • Programas diferenciados y valorados. • Adecuadas habilidades de difusión. • Capacidad de gestión. • Flexibilidad organizativa.	• No existe dirección estratégica clara. • Imposibilidad de financiar los cambios. • Retraso en investigación y desarrollo • Costos unitarios elevados. • Rentabilidad bajo la media. • Debilidad de la red de distribución. • Débil imagen Institucional. • Pocas habilidades de difusión. • Abundancia de problemas operativos. • Instalaciones caducas. • Falta de experiencia y talento de gestión. • Sindicatos.

Esta visión sinóptica de los aspectos internos y externos de una organización brinda la oportunidad de desarrollar la planificación estratégica con una reducción de la incertidumbre al proyectar los escenarios donde se desenvuelve la institución y su propia realidad interna.

Planificación en contextos VICA

Como se mencionó en los capítulos anteriores el enfoque VICA puede ser clave para la reducción de la incertidumbre en el entorno de la administración pública. Esto adquiere mayor importancia al momento de la planificación estratégica, ya que en esta etapa del proceso administrativo prever situaciones como la volatilidad, la incertidumbre, la complejidad y la ambigüedad proporciona una visión adicional, que permitirá afrontarlas con mayores posibilidades de éxito.

El enfoque VICA (Volatilidad, Incertidumbre, Complejidad y Ambigüedad) se utiliza cada vez más en la planificación estratégica para abordar los desafíos y cambios constantes en el entorno empresarial y social. Este enfoque reconoce que vivimos en un mundo dinámico y en constante evolución, donde la planificación tradicional basada en supuestos estables puede resultar inadecuada.

Al aplicar el enfoque VICA en la planificación, se busca desarrollar una mayor capacidad de adaptación y agilidad frente a las condiciones inciertas y complejas. Algunos aspectos clave del uso del enfoque VICA en la planificación incluyen:

Enfoque VUCA en la Planificación
Volatilidad: Reconocer los cambios y las interrupciones rápidas en el entorno y ser flexible y ágil en la planificación.
Incertidumbre: Aceptar múltiples escenarios posibles y utilizar análisis de riesgos y consideración de escenarios alternativos en la planificación.
Complejidad: Abordar la complejidad mediante el análisis de múltiples factores y la identificación de relaciones y conexiones en la planificación.
Ambigüedad: Afrontar la falta de claridad y la interpretación ambigua de la información, tomando decisiones informadas en la planificación.

Al utilizar el enfoque VICA en la planificación, las organizaciones pueden desarrollar una mentalidad más receptiva al cambio y estar preparadas para ajustar sus planes en función de las circunstancias cambiantes. Esto implica la adopción de enfoques más ágiles y flexibles, el fomento de la colaboración y el aprendizaje continuo, y la capacidad de adaptarse y aprovechar las oportunidades emergentes.

El enfoque VICA desde la planificación permite a las organizaciones enfrentar los desafíos de un entorno volátil, incierto, complejo y ambiguo, adoptando un enfoque más adaptable y ágil para lograr sus objetivos en un entorno cambiante.

* * * * *

Recapitulación

En términos generales puede decirse que la planificación ofrece innumerables ventajas entre la principal que se puede mencionar es que mediante el estudio y análisis del futuro se facilita la dirección y el control.

PREGUNTA: ¿Cuál es la importancia del proceso de planificación?

RESPUESTA: La planificación en definir metas futuras y acciones en el presente y en mediano plazo para lograr estas metas. Consiste en moldear el presente y el mediano plazo para que el futuro sea de acuerdo con lo deseado.

Organización

Concepto de organización.

La organización de una institución se desprende secuencialmente de la planificación. Una vez definidos los objetivos, surge la necesidad por los recursos necesarios para alcanzarlos y la forma en que estos se organizarán.

Para alcanzar los objetivos propuestos todo grupo humano requiere estructurarse lo que implica definir tareas que los participantes realizan.

De acuerdo a Koontz y Weihrich organización es:

> ... la parte de la administración que consiste en establecer una estructura intencional de papeles o roles para la integración de una corporación. Es deliberada, pues se asegura de que se asignen todos los trabajos necesarios para alcanzar los objetivos y de que, se espera, se asignen a quienes pueden ejecutarlos mejor[41].

El propósito de una organización es generar un entorno adecuado para que las personas desarrollen actividades, luego, es una herramienta de administración y no un fin en sí misma.[42]

La fase de organización en el proceso administrativo es fundamental para el funcionamiento de una institución. En esta etapa, se establecen las bases estructurales y se definen las relaciones y responsabilidades de los miembros de la organización. Los procesos más importantes en esta fase corresponden a: el diseño de la estructura organizativa, a definición de roles y responsabilidades, asignación y gestión de recursos, gestión del personal, sistemas de gestión financiera, coordinación de actividades, establecer sistemas de evaluación y control, entre otros.

Uno de los aspectos centrales de la fase de organización es el

41. 103.
42. Koontz H. y Weirich H., *Elementos de administración*.

diseño de la estructura. Esto implica determinar la jerarquía de autoridad y establecer los diferentes niveles de gestión. Se definen los departamentos, las unidades funcionales y las divisiones según las necesidades y los objetivos de la organización. Además, se establecen las líneas de comunicación y toma de decisiones, para garantizar una fluidez y eficiencia en la comunicación interna.

La estructura organizativa puede adoptar diversas formas, como la estructura funcional, divisional, matricial o en red, dependiendo de las características y necesidades de la organización, las cuales se examinaran más adelante. Cada tipo de estructura tiene sus ventajas y desafíos, y es importante elegir la más adecuada para alcanzar los objetivos organizacionales.

Una vez establecida la estructura organizativa, se procede a la definición de roles y responsabilidades de cada puesto de trabajo. Esto significa la elaboración de descripciones de trabajo, donde se especifican las tareas y responsabilidades de cada puesto. Asimismo, se establecen los requisitos y las competencias necesarias para cada puesto, lo que será un insumo para la selección y contratación de personal adecuado.

Además de la estructura y los roles, la fase de organización también involucra la asignación y gestión de recursos, lo cual, incluye la asignación de personal, presupuesto, equipos, tecnología y otros recursos necesarios para el funcionamiento de la organización.

Se deben establecer sistemas de gestión de recursos humanos, como la contratación, capacitación, evaluación y desarrollo del personal.

También se deben establecer sistemas de gestión financiera para el control y seguimiento de los recursos económicos.

La coordinación de las actividades es otro aspecto fundamental de la fase de organización. Se deben establecer mecanismos para garantizar la colaboración y el trabajo en equipo entre los diferentes departamentos y unidades. Esto puede implicar la creación de comités, grupos de trabajo o la implementación de sistemas de gestión de proyectos. La coordinación efectiva ayuda a evitar la duplicación de esfuerzos, mejora la eficiencia y facilita la consecución de los objetivos organizacionales.

Por otro lado, la fase de organización también involucra el establecimiento de sistemas de control y seguimiento. Esto implica la definición de estándares de desempeño, el establecimiento de indicadores de rendimiento y la implementación de sistemas de monitoreo y evaluación. El control permite identificar desviaciones y tomar medidas correctivas para asegurar que la organización se mantenga en el rumbo correcto hacia el logro de sus objetivos.

En síntesis, la fase de organización en el proceso administrativo es esencial para el éxito de una organización. Una institución bien organizada tiene una base sólida para alcanzar la eficiencia, la productividad y el logro de los resultados deseados.

Funciones de producción y apoyo

La forma más simple de considerar la organización es desde la perspectiva de las funciones propias definidas por los objetivos y las funciones necesarias para realizarlas. En esencia son dos categorías de actividades que se encuentran dentro de una organización y desempeñan roles específicos en su funcionamiento:

Función de producción

Las funciones de producción se refieren a las actividades centrales de la organización que están directamente relacionadas con la creación y entrega de los productos o servicios que ofrece. Estas funciones son esenciales para la generación de valor y el cumplimiento de los objetivos de la organización.

Los aspectos organizativos claves son:

* Realizar procesos de acuerdos a estándares

* Disponer de los insumos necesarios

* Ordenar, organizar en forma lógica

Algunos ejemplos comunes de funciones de producción son:

Diseño y desarrollo de productos:

Esta función se encarga de la investigación, el diseño y la creación de nuevos productos o la mejora de los existentes. Involucra la identificación de las necesidades de los usuarios, el desarrollo de prototipos, pruebas y ajustes, y la preparación para la producción.

Producción y fabricación:

Esta función se ocupa de la transformación de los insumos en productos o servicios finales. Incluye la planificación y programación de la producción, la gestión de la cadena de suministro, el control de calidad y el aseguramiento de la eficiencia en los procesos de producción.

Operaciones y logística:

Esta función se enfoca en la gestión de las operaciones diarias de la organización, asegurando la eficiencia y efectividad en la entrega de los productos o servicios. Incluye la gestión de inventarios, la programación de la producción, la distribución y la logística de transporte.

Función de apoyo

Las funciones de apoyo son actividades que brindan soporte y facilitan el buen funcionamiento de las funciones de producción y de la organización en general. Estas funciones son indispensables para el respaldo y la gestión eficiente de las operaciones.

Una de sus actividades consiste en que otras unidades cuenten con los insumos necesarios para la realización de sus actividades, o que ponga a disposición de los usuarios lo generado por producción.

• Puntos de distribución (ventas en una empresa privada). Esta área se encarga de la distribución de los productos.

• Mantención. Esta función busca lograr que las personas que trabajan en la organización lo hagan efectivamente.

• Adaptación: El medio modifica a la empresa y viceversa. La organización busca no solo modificar el medio, sino que idealmente controlarlo, por esto requiere de unidades de estudios que proporcionen información adecuada para la toma de decisiones.

Desde el punto de vista de las unidades o departamentos concretos que realizan estas funciones se pueden mencionar:

Recursos humanos:

Esta función se encarga de la gestión del talento humano en la organización. Incluye la contratación, capacitación, desarrollo y gestión del desempeño de los empleados, así como la administración de compensaciones y beneficios.

Finanzas y contabilidad:

Esta función se ocupa de la gestión financiera de la organización. Incluye la contabilidad, el control presupuestario, la planificación financiera, la gestión de activos y pasivos, y la elaboración de informes financieros.

Tecnología de la información:

Esta función se enfoca en la gestión y el uso eficiente de la tecnología de la información y las comunicaciones. Incluye el desarrollo y mantenimiento de sistemas informáticos, la gestión de redes y la seguridad de la información.

Gestión de la calidad:

Esta función se dedica a garantizar que los productos o servicios cumplan con los estándares de calidad establecidos. Involucra el establecimiento de procesos de control de calidad, la realización de auditorías internas, la mejora continua y la gestión de la satisfacción del cliente.

Servicio al cliente:

Esta función se encarga de brindar un excelente servicio al cliente antes, durante y después de la venta. Involucra la atención al cliente, la resolución de problemas, la gestión de reclamaciones y la construcción de relaciones sólidas con los clientes.

Recapitulando, las funciones de producción se centran en las actividades principales de la organización relacionadas con la creación y entrega de productos o servicios, mientras que las funciones de apoyo brindan soporte y facilitan el funcionamiento eficiente de estas actividades. Ambas funciones son esenciales para el éxito y el logro de los objetivos organizacionales.

Tipos de estructura organizacional

Las organizaciones van a adoptar una estructura de acuerdo a una diversidad de factores, como por ejemplo: el tamaño, la complejidad de la tarea, la cultura organizacional, etc. Por ello, no existe una única estructura organizacional sino que una gran diversidad de ellas.

En términos generales puede decirse que existen estructuras centralizadas y descentralizadas:

• Estructuras centralizadas, en estas hay directores y administradores en una posición jerárquica por sobre los demás empleados.

• Estructuras descentralizadas, aquí los administradores delegan las responsabilidades en los empleados de nivel subordinado.

En una clasificación más compleja se pueden mencionar al menos cinco tipos de estructura o criterios para organizar una institución. Entre ellos se pueden mencionar:

Funcional

Este es una de las clases de estructura organizacional más frecuente. En ellas, las organizaciones prefieren una estructura que se basa en las funciones que existen en ella. Se divide en diferentes departamentos, donde el criterio para esta división es la asignación de diferentes funciones.

En este tipo de estructura, las actividades se agrupan de acuerdo a las funciones o áreas específicas de la organización, como finanzas, comunicaciones, producción, recursos humanos, entre otros. Cada departamento o función se encarga de realizar las tareas relacionadas con su área de especialización. Existe un directivo superior y diferentes departamentos.

Esta estructura facilita la coordinación dentro de cada departamento, pero puede tener dificultades en la comunicación y coordinación entre diferentes áreas funcionales.

Es consistente con el principio de división del trabajo para lograr una mayor eficiencia.

Divisional

En este tipo de estructura, la institución se organiza de acuerdo a criterios geográficos. Se busca que cada zona geográfica sea una organización funcional.

La finalidad de esta estructura es permitir una mayor flexibilidad y enfoque en las necesidades específicas de cada división. Cada división puede tener su propia cadena de mando y tomar decisiones relacionadas con su área de responsabilidad. Esto facilita la adaptación a los cambios en el entorno y la respuesta ágil a las demandas del entorno.

La estructura divisional fomenta la descentralización y la autonomía en la toma de decisiones, lo que permite una mayor agilidad y rapidez en la respuesta a las necesidades del medio. Además, cada división puede tener su propio enfoque estratégico y asignar recursos de manera más eficiente y efectiva.

Sin embargo, la estructura divisional puede presentar algunos desafíos en términos de coordinación y comunicación entre las diferentes divisiones. Puede haber duplicación de recursos y dificultades para compartir conocimientos y experiencias entre las divisiones. Por lo tanto, una gestión efectiva de la estructura divisional requiere una buena coordinación y alineación de los objetivos y estrategias de cada división con los objetivos generales de la organización.

El beneficio de este tipo de estructura es que cada unidad funcionará independientemente de las otras.

Matricial

La estructura matricial es un tipo de organización en la que los empleados y los recursos se agrupan según dos criterios: por funciones y por proyectos. En esta estructura, los empleados tienen dos jefes: uno funcional, que se encarga de la gestión de sus habilidades y conocimientos técnicos, y otro de proyecto, que supervisa su trabajo en un proyecto específico.

- El jefe de funciones o división

- El segundo jefe combina personal de distintas divisiones para formar un equipo.

En la estructura matricial, los equipos de proyectos se forman temporalmente y se disuelven una vez que se completa el proyecto. Esto permite una mayor flexibilidad y adaptabilidad, ya que los empleados pueden ser asignados a diferentes proyectos según las necesidades de la organización. Además, se fomenta la colaboración y el intercambio de conocimientos entre los miembros de diferentes funciones.

Esta estructura es especialmente útil cuando la organización necesita combinar la especialización funcional con la capacidad de respuesta rápida y la coordinación eficiente de proyectos complejos. Permite utilizar de manera efectiva los recursos disponibles y maximizar la eficiencia y eficacia en la ejecución de proyectos.

Sin embargo, la estructura matricial también puede presentar desafíos. Puede generar conflictos de autoridad y ambigüedad de roles, ya que los empleados tienen dos jefes con diferentes expectativas y prioridades. Además, la coordinación entre los diferentes equipos y funciones puede ser más compleja y requerir una comunicación clara y efectiva.

Una gestión adecuada de la estructura matricial implica establecer claridad en los roles y responsabilidades, promover la colaboración y la comunicación entre los equipos y fomentar la adaptabilidad y la flexibilidad. Es importante establecer mecanismos de coordinación y seguimiento para garantizar que los proyectos se desarrollen de manera eficiente y se alcancen los objetivos establecidos.

Aquí la sinergia entre unidades es superior, pero la línea de mando no es clara.

En línea o staff

La función de staff, también conocida como personal de apoyo, es un componente importante de la estructura organizativa de una empresa. Consiste en un grupo de empleados o departamentos cuya responsabilidad principal es brindar asesoramiento y apoyo especializado a los niveles superiores de la organización y a otros departamentos funcionales.

La función de staff se distingue de la función de línea, que se enfoca en la producción o entrega del producto o servicio principal de la organización. Mientras que los empleados de línea están directamente involucrados en las operaciones diarias, los empleados de staff brindan asistencia y asesoramiento en áreas específicas como recursos humanos, finanzas, tecnología de la información, legal, marketing, entre otros.

El personal de staff tiene la tarea de investigar, analizar y proporcionar información y recomendaciones a la alta dirección y a los departamentos operativos. Su función es brindar conocimientos especializados y habilidades técnicas que contribuyan al logro de los objetivos organizacionales. Esto implica ayudar en la toma de decisiones, desarrollar políticas y procedimientos, proporcionar orientación y asesoramiento, y garantizar el cumplimiento de las regulaciones y estándares.

La función de staff también puede actuar como enlace entre diferentes departamentos y niveles jerárquicos dentro de la organización. Sirven como recurso de consulta para resolver problemas, resolver conflictos y optimizar los procesos de trabajo. Además, pueden desempeñar un papel importante en el desarrollo y la implementación de proyectos especiales y en la gestión del cambio organizacional.

Es fundamental que la función de staff tenga una comunicación clara y efectiva con los niveles superiores y con los departamentos operativos. Deben comprender las necesidades y objetivos de la organización, así como mantenerse actualizados sobre las tendencias y los avances en su área de especialización.

La función de staff desempeña un papel clave en el éxito y el funcionamiento eficiente de una organización al brindar el conocimiento y la experiencia necesarios para tomar decisiones informadas y enfrentar los desafíos en diversas áreas funcionales.

En este modelo el principio de autoridad no se ve comprometido, y las tareas se pueden optimizar. Una desventaja es que puede haber ineficacia por falta de autoridad.

Lineal

En esta clase de estructura organizacional las decisiones se centralizan en una sola persona, la que tiene la responsabilidad de ejercer la jefatura. Esta persona asigna y distribuye las tareas a los empleados, y estos reportan a un solo jefe. Es un modelo con alta jerarquía vertical, simple, de utilidad en organizaciones pequeñas, pero que resulta poco flexible.

La estructura en red es un enfoque organizativo que se basa en la colaboración y la interconexión de diferentes unidades o nodos, tanto internos como externos a la organización. En este tipo de estructura, se promueve la comunicación horizontal, la flexibilidad y la agilidad en la toma de decisiones.

Estructura jerárquica

La estructura jerárquica es un tipo de organización que se caracteriza por tener niveles de autoridad claramente definidos y una cadena de mando vertical. En este tipo de estructura, la autoridad y la toma de decisiones se concentran en la cúspide de la jerarquía y se van delegando gradualmente hacia los niveles inferiores.

En una estructura jerárquica, cada nivel de la organización tiene funciones y responsabilidades específicas. Los empleados reportan a un superior inmediato y reciben instrucciones y directrices de ese nivel. La información y las decisiones fluyen de arriba hacia abajo a través de la cadena de mando.

La estructura jerárquica se basa en la idea de una clara división del trabajo y la especialización de funciones. Cada nivel tiene roles y responsabilidades definidos y se espera que los empleados cumplan con las tareas asignadas. La autoridad se delega en función de la posición jerárquica y se espera que los superiores supervisen y controlen el desempeño de los subordinados.

Una de las ventajas de la estructura jerárquica es la claridad en las líneas de autoridad y responsabilidad. Facilita la toma de decisiones y el seguimiento del desempeño. También promueve la eficiencia y la estandarización de procesos, ya que las tareas se dividen en funciones especializadas.

Sin embargo, la estructura jerárquica también puede presentar desafíos. Puede generar una comunicación lenta y burocrática, ya que la información debe pasar por varios niveles antes de llegar a quienes la necesitan. Además, puede haber una falta de flexibilidad y adaptabilidad, debido a que, las decisiones se toman en la cúspide y pueden ser difíciles de modificar en los niveles inferiores.

En síntesis, la estructura jerárquica es un tipo de organización con niveles de autoridad claramente definidos y una cadena de mando vertical. Se basa en la división del trabajo y la especialización de funciones. Proporciona claridad en las responsabilidades y decisiones, pero puede ser lenta en la comunicación y menos flexible en la toma de decisiones. Es utilizada preferentemente en instituciones militares.

Estructura en red

En la estructura en red, la autoridad y el poder no se concentran en una sola persona o departamento, sino que se distribuyen entre los diferentes nodos de la red. Cada nodo tiene su propia área de especialización y autonomía para tomar decisiones en su ámbito. Los nodos pueden ser equipos de trabajo, proyectos, departamentos o incluso organizaciones externas con las que se colabora.

La clave de la estructura en red es la interconexión y la colaboración entre los nodos. Se establecen relaciones de trabajo basadas en la confianza, la comunicación abierta y la cooperación. La información y los recursos se comparten de manera fluida y se promueve el intercambio de conocimientos y la sinergia entre los diferentes nodos.

La estructura en red es especialmente adecuada para entornos dinámicos y complejos, donde se requiere una respuesta rápida a los cambios y una capacidad de adaptación. Permite una mayor flexibilidad y agilidad, ya que los nodos pueden ajustarse rápidamente a las necesidades y demandas del entorno.

Sin embargo, la estructura en red también puede presentar desafíos. La coordinación entre los nodos puede ser más compleja y requiere una comunicación eficiente. Además, es importante establecer mecanismos de control y supervisión para garantizar que los nodos trabajen hacia los objetivos comunes y se mantenga la coherencia en la toma de decisiones.

Resumiendo, la estructura en red consiste en la interconexión y colaboración de diferentes nodos dentro y fuera de la organización. Se basa en la comunicación horizontal, la autonomía de los nodos y la colaboración para lograr flexibilidad y agilidad en la toma de decisiones. Es adecuada para entornos dinámicos donde se requiere adaptabilidad y capacidad de respuesta rápida. Sin embargo, también plantea desafíos en términos de coordinación y control.

Estos son solo algunos ejemplos de tipos de estructuras organizacionales, y es importante destacar que cada organización puede adaptar o combinar diferentes estructuras según sus necesidades y objetivos. La elección de la estructura organizacional adecuada dependerá de factores como el tamaño de la organización, su industria, su estrategia y su cultura, entre otros. Es relevante que las estructuras organizacionales se diseñen de manera coherente con los objetivos y la estrategia de la organización, para garantizar un funcionamiento eficiente y eficaz.

El organigrama

El organigrama de una organización es un elemento fundamental en la representación visual y gráfica de su estructura organizativa. Consiste en un diagrama que exhibe de manera esquemática las distintas unidades, departamentos, cargos y niveles jerárquicos que componen la organización, así como las relaciones de autoridad y líneas de comunicación entre ellos.

Este instrumento de gestión, empleado tanto en entidades públicas como en empresas privadas, tiene como propósito principal facilitar la comprensión y comunicación de la estructura organizativa en un formato visualmente claro y ordenado. A través del organigrama, se busca representar de manera sintética la distribución de responsabilidades, las líneas de reporte y las relaciones de supervisión existentes en la organización.

El organigrama puede adoptar diferentes formatos y estilos, dependiendo de las necesidades y características propias de cada organización. Generalmente, se emplean formas geométricas específicas para representar los diferentes niveles jerárquicos, los cargos y las unidades organizativas. Además, se utilizan líneas de conexión para mostrar las relaciones de autoridad y comunicación entre los distintos elementos.

Al analizar un organigrama, se pueden identificar distintos elementos de relevancia. Por ejemplo, los rectángulos suelen emplearse para representar los cargos o puestos dentro de la organización, mientras que las líneas verticales indican la cadena de mando y las líneas horizontales denotan relaciones laterales o de coordinación. Asimismo, se pueden añadir detalles adicionales, como los nombres de las personas que ocupan los cargos, las unidades funcionales y las unidades de negocio o proyectos especiales.

Los cargos representados gráficamente deben corresponde a las unidades de la organización, las cuales, se deben entender como un área definida dentro de una institución sobre la cual un jefe tiene autoridad en un grupo específico de actividades para alcanzar un objetivo determinado.

El uso de un organigrama proporciona múltiples beneficios tanto para los miembros de la organización como para los externos a esta. En primer lugar, el organigrama permite una comprensión más clara de la estructura organizativa, lo que facilita la identificación de los roles y responsabilidades de cada miembro. Además, contribuye a la toma de decisiones, ya que proporciona una representación visual de las líneas de autoridad y comunicación. También promueve una mejor coordinación y colaboración entre los diferentes departamentos y unidades organizativas.

Cabe destacar que el organigrama es una representación simplificada y visual de la estructura organizativa, por lo que no refleja todos los aspectos y relaciones de la organización. Además, es importante tener en cuenta que la estructura organizativa puede ser dinámica y sufrir cambios a lo largo del tiempo, por lo que el organigrama requerirá actualizaciones periódicas para mantenerse alineado con la realidad de la organización.

Como el organigrama busca representar la estructura formal de de una organización, es necesario distinguir entre la estructura formal e informal.

• Estructura formal

La organización formal es un conjunto estable de normas, estructuras y procedimientos para ordenar una organización.

• Estructura informal

En cambio, la estructura informal está formada por las personas y relaciones que se dan entre ellas, convive con la organización formal, pero no siempre coincide con esta. En muchos casos la estructura informal supera en complejidad a la estructura formal, por lo que debiera tenerse presente al momento de definir la estructura organizacional.

Presentación del organigrama de una municipalidad.

En el diagrama se presenta como ejemplo el organigrama de la Municipalidad de San Ignacio Ubicada en la región de Ñuble.

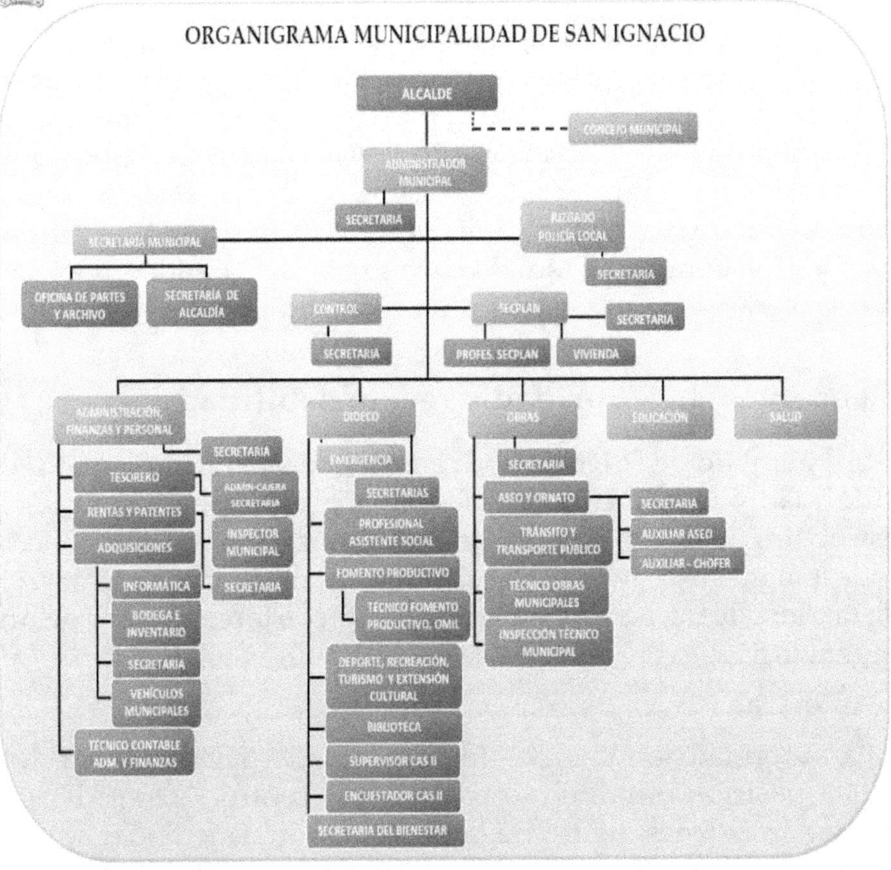

ORGANIGRAMA MUNICIPALIDAD DE SAN IGNACIO

En esta figura se pueden observar aspectos claves de la representación de la estructura por medio de un organigrama:

La perspectiva vertical indica distintos niveles jerárquicos y la horizontal, en este caso, la especialización funcional.

Hay dos aspectos que resultan de interés en este organigrama:

La representación del Concejo Municipal aparece dependiendo del Alcalde, por lo que de acuerdo a esta figura el Alcalde tendría capacidad de mando sobre el Alcalde, lo que no es efectivo.

Lo mismo ocurre con el Juzgado de Policía Local, el que aparece dependiendo del Administrador Municipal, lo que induciría al error de considerar que este cargo tendría función de mando sobre el juez de policía local.

En conclusión, el organigrama de una organización es una herramienta esencial en la representación visual de la estructura organizativa. A través de este diagrama, se busca facilitar la comprensión y comunicación de la distribución de responsabilidades y las relaciones jerárquicas y de autoridad dentro de la organización. El uso de un organigrama contribuye a una mejor coordinación, colaboración y toma de decisiones, brindando una visión clara y ordenada de la estructura organizativa.

Conceptos de autoridad y responsabilidad.

En el ámbito de la teoría de la administración, los conceptos de autoridad y responsabilidad desempeñan un papel crucial en la estructura y funcionamiento de las organizaciones. Estos conceptos están intrínsecamente relacionados y contribuyen a la eficacia en la toma de decisiones y a la asignación de tareas dentro de una organización.

Autoridad

La autoridad se refiere al derecho o poder legítimo conferido a una posición o individuo para ejercer control, tomar decisiones y dar órdenes dentro de la organización. Este poder se deriva de la posición jerárquica en la estructura organizativa y está respaldado por políticas, normas y reglamentos establecidos. La autoridad puede ser ejercida tanto de manera directa, mediante la emisión de órdenes y directivas, como de manera indirecta, a través de la influencia y persuasión. La autoridad formal se basa en el cargo y la posición dentro de la organización, mientras que la autoridad informal puede surgir de la experiencia, el conocimiento o la habilidad para influir en otros miembros.

Autoridad es la capacidad de exigir conductas a otros, en el contexto de una organización, dichas conductas buscan lograr los objetivos.

Se produce delegación de autoridad cuando un superior otorga a un subordinado capacidad para tomar decisiones.

Responsabilidad

La responsabilidad se refiere a la obligación y el deber de cumplir con las tareas y funciones asignadas. Cada miembro de la organización tiene responsabilidades específicas que deben llevar a cabo de manera adecuada y oportuna. La responsabilidad implica tomar decisiones, ejecutar acciones y asumir las consecuencias de los resultados obtenidos. Además, implica rendir cuentas por el cumplimiento de las tareas y los logros alcanzados.

Por intermedio de la autoridad que se tiene sobre otros es posible definir responsabilidades a través de la asignación de tareas.

La responsabilidad no se delega. A lo más se comparte.

La relación entre autoridad y responsabilidad es estrecha y mutuamente dependiente. La autoridad otorga el poder para tomar decisiones y ejercer control sobre los subordinados, mientras que la responsabilidad implica asumir las consecuencias y asegurarse de que las tareas sean cumplidas correctamente. La autoridad sin responsabilidad puede llevar a la arbitrariedad y el abuso de poder, mientras que la responsabilidad sin autoridad puede generar confusión y falta de dirección.

Es importante destacar que la autoridad y la responsabilidad no se distribuyen de manera uniforme en una organización. A medida que se asciende en la jerarquía organizativa, generalmente se adquiere mayor autoridad y responsabilidad. Sin embargo, esto no significa que la autoridad y la responsabilidad estén limitadas solo a los niveles superiores de la organización. Cada miembro de la organización, independientemente de su nivel jerárquico, tiene una combinación única de autoridad y responsabilidad en función de su cargo y las tareas asignadas.

Concluyendo, la autoridad y la responsabilidad son elementos fundamentales en la teoría de la administración. La autoridad confiere poder legítimo para tomar decisiones y ejercer control, mientras que la responsabilidad implica la obligación de cumplir con las tareas y funciones asignadas. Ambos conceptos están interrelacionados y deben equilibrarse dentro de la estructura organizativa para lograr una toma de decisiones efectiva y una asignación de tareas eficiente. Una comprensión clara de estos conceptos es esencial para la gestión exitosa de las organizaciones en busca de sus objetivos y metas.

Niveles organizacionales

Los niveles organizacionales son componentes fundamentales de la estructura organizacional de una empresa o institución. Representan diferentes niveles jerárquicos en los cuales se distribuye la autoridad, la responsabilidad y las funciones dentro de la organización. Estos niveles son clave para establecer una estructura clara y eficiente que permita la coordinación, toma de decisiones y flujo de información adecuado.

En una estructura organizacional típica, se pueden identificar tres niveles principales: estratégico, táctico y operativo. Cada uno de ellos desglosa las responsabilidades y funciones de los miembros de la organización en diferentes niveles de autoridad y alcance.

El nivel estratégico, también conocido como nivel de dirección o alta dirección, se encuentra en la cúspide de la estructura organizacional. En este nivel, se toman decisiones de gran envergadura que afectan a toda la organización. Los altos directivos y ejecutivos son responsables de establecer la visión, misión y metas a largo plazo de la organización. Además, definen las estrategias y políticas globales que guiarán el rumbo de la organización en el cumplimiento de sus objetivos.

El nivel táctico se sitúa por debajo del nivel estratégico y se compone de gerentes y supervisores de nivel medio. Aquí se lleva a cabo la traducción de las estrategias y políticas establecidas a nivel estratégico en acciones y planes concretos. Los gerentes tácticos son responsables de coordinar y supervisar las actividades de los equipos y departamentos bajo su responsabilidad. Además, tienen la tarea de asignar recursos, establecer metas específicas y asegurar la eficiencia en la ejecución de las operaciones diarias.

El nivel operativo es el nivel más bajo de la estructura organizacional y está compuesto por los empleados que realizan las tareas y actividades diarias de la organización. Aquí es donde se lleva a cabo la implementación de los planes y directrices establecidos en los niveles superiores. Los empleados operativos se dedican a tareas específicas y están bajo la supervisión directa de los gerentes y supervisores del nivel táctico. Su trabajo está enfocado en la ejecución eficiente de las operaciones, la producción de bienes o servicios, y el cumplimiento de las metas y estándares establecidos.

La estructura organizacional de una empresa o institución debe ser cuidadosamente diseñada para garantizar la adecuada distribución de las funciones y la eficacia en la toma de decisiones. Cada nivel tiene su propia importancia y función en el logro de los objetivos organizacionales. La comunicación fluida y la coordinación entre los niveles son fundamentales para asegurar la eficiencia y el buen funcionamiento de la organización en su conjunto.

Es importante destacar que los niveles organizacionales pueden variar en función del tamaño, tipo y complejidad de la organización. Algunas organizaciones pueden tener niveles adicionales, como divisiones o unidades de negocio, para facilitar la gestión y adaptarse a las necesidades específicas del entorno. Sin embargo, independientemente de la estructura específica, los niveles organizacionales proporcionan un marco que define las responsabilidades, autoridad y flujo de comunicación dentro de la organización, permitiendo así una gestión más efectiva y una toma de decisiones adecuada en todos los niveles de la organización.

Límites a la supervisión

Los límites a la supervisión en una organización se refieren a las dificultades que existen para el ejercicio de la supervisión directa sobre los empleados y las actividades que realizan. Estos límites pueden surgir debido a varios factores, tanto internos como externos a la organización, y pueden afectar la capacidad de los supervisores para monitorear y controlar de manera efectiva el desempeño de los empleados.

Uno de los límites a la supervisión es la amplitud y complejidad de las tareas y responsabilidades de los empleados. En organizaciones grandes o con funciones especializadas, los supervisores pueden tener dificultades para supervisar de cerca todas las actividades de cada empleado. Esto se debe a que las tareas son diversas y requieren diferentes habilidades y conocimientos. En tales casos, se hace necesario confiar en la autorregulación y la autogestión de los empleados para llevar a cabo sus responsabilidades de manera adecuada.

Otro límite importante es la geografía y la dispersión geográfica de los empleados. Si una organización tiene múltiples ubicaciones o empleados remotos, la supervisión directa puede ser un desafío debido a la falta de proximidad física. En estos casos, los supervisores pueden tener que depender de métodos de supervisión remota, como el uso de tecnología de comunicación en línea, para mantener el contacto y monitorear el desempeño de los empleados.

Además, los límites a la supervisión también pueden ser impuestos por regulaciones legales y políticas organizacionales. Por ejemplo, ciertas leyes laborales pueden limitar la cantidad de tiempo que un supervisor puede monitorear a un empleado o imponer restricciones sobre la privacidad y confidencialidad de la información personal de los empleados. Asimismo, las políticas de la organización pueden establecer límites en términos de la cantidad de supervisión directa permitida o la delegación de autoridad a niveles inferiores de la jerarquía organizacional.

Otro límite importante es la autonomía y la capacidad de toma de decisiones de los empleados. En un enfoque de liderazgo más participativo y empoderador, los supervisores pueden otorgar cierto grado de autonomía a los empleados para que tomen decisiones y realicen tareas sin una supervisión directa constante. Esto puede generar límites a la supervisión, ya que los empleados pueden tener más libertad para tomar decisiones y asumir responsabilidades en su trabajo.

Esta situación se produce por diferentes razones, entre ellas se pueden mencionar:

- Número de personas que es posible supervisar.
- Sobrecarga de trabajo de los administradores.
- Riesgo de pérdida de control.
- Calidad profesional de los administradores.

El límite de personas supervisables cambia de acuerdo a las características de la tarea, el tipo de organización y el tipo de personal a cargo.

Cantidad óptima de niveles

Dado que existe este límite, corresponde preguntar cuál es la cantidad óptima de niveles que corresponde crear al definir la estructura de la organización. Dicho número se debe establecer teniendo en consideración que:

- A mayor cantidad de niveles, mayor es el costo de administración de una organización (personal de soporte, oficinas, etc.).
- El aumento de niveles hará más complejas las comunicaciones.
- El aumento de niveles hace más difícil la planificación y el control en la organización.

Sintetizando, los límites a la supervisión en una organización son producto de diversos factores, como la amplitud y complejidad de las tareas, la dispersión geográfica de los empleados, las regulaciones legales y las políticas organizacionales, y la autonomía y toma de decisiones de los empleados.

Reconocer y comprender estos límites es esencial para diseñar estrategias de supervisión efectivas y promover un entorno de trabajo en el cual los empleados puedan desempeñarse de manera autónoma y productiva, a la vez que se mantenga un nivel adecuado de control y rendimiento.

Conceptos de línea y staff

El concepto de autoridad de línea hace referencia al vínculo existente entre un superior y un subordinado. En una autoridad de línea un superior ejerce una supervisión directa sobre un subordinado.

Desde la perspectiva de un organigrama una autoridad de línea es representada por medio de líneas continuas.

El carácter de la relación del personal de staff está definida porque sus aportes son realizados mediante consejos o asesorías. La función de los cargos dedicados exclusivamente a asesores es investigar, buscar y aconsejar a las unidades de línea. Habitualmente, este tipo de funciones son representadas en un organigrama por medio de líneas segmentadas.

Departamentalización

La departamentalización es un proceso de diseño organizacional que consiste en agrupar las actividades y funciones de una organización en unidades más pequeñas y especializadas conocidas como departamentos. Estos departamentos se crean con el propósito de lograr una mejor organización y coordinación del trabajo dentro de la organización.

La departamentalización se basa en la premisa de que es más eficiente y efectivo agrupar tareas similares o relacionadas en unidades específicas, en lugar de tratar de realizar todas las actividades en un solo grupo. Al crear departamentos, se busca agrupar a los empleados con habilidades y conocimientos similares, lo que permite una mayor especialización y enfoque en las actividades específicas de cada departamento.

Frecuentemente, se entiende por departamentalización la creación de unidades funcionales capaces de desarrollar una tarea o un objetivo. Aplicado a un organigrama los departamentos y los cargos individuales son representados por rectángulos y las relaciones entre los cargos por líneas entre ellos.

También se puede entender un departamento como una unidad en una organización, sobre la cual un administrador tiene autoridad para el desempeño de actividades.

Existen varios métodos o criterios comunes utilizados para la departamentalización, entre ellos se pueden mencionar:

Funcional

Los departamentos se crean basándose en las funciones específicas que se llevan a cabo en la organización, como comunicaciones, finanzas, recursos humanos, producción, entre otros. Cada departamento se especializa en una función específica y se encarga de realizar todas las actividades relacionadas con esa función.

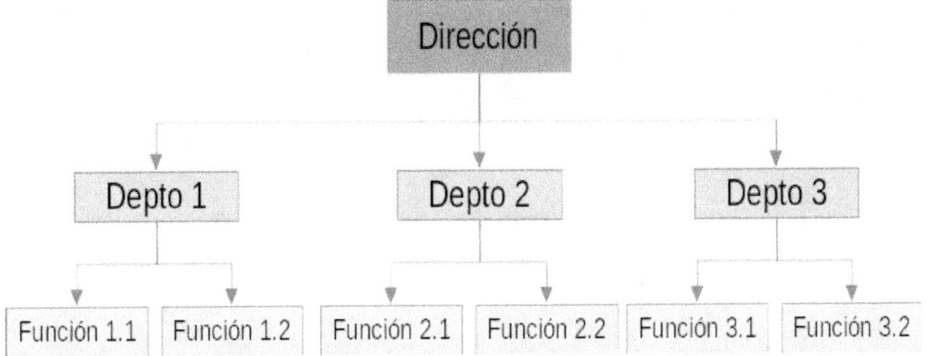

Esta es la estructura más frecuente de la mayor parte de las organizaciones y consiste agrupar tareas similares en unidades.

De sus ventajas se puede mencionar lo siguiente:43

• Las funciones se expresan de manera lógica.

• Se mantiene la autoridad como responsabilidad de funciones principales.

• Cuenta con medios para lograr control desde la cima.

Y como desventajas, que se disminuye la importancia a los objetivos generales de la organización. Se reduce la coordinación entre funciones y la responsabilidad se concentra en la cima.

Territorial

Por ubicación geográfica: Los departamentos se organizan en función de la ubicación geográfica de las operaciones de la orga-

___
43. Koontz H. y Weirich H.

nización. Cada departamento se encarga de las actividades relacionadas con una región o ubicación geográfica específica.

Es característica en organizaciones que cubren extensiones geográficas extensas.

Es clave que se asigne un administrador por unidad geográfica.

No sólo aplica en organizaciones con gran dispersión geográfica. Ej: en un local se pueden asignar guardias por piso.

Entre las principales ventajas de este tipo de departamentalización se puede mencionar que se aplica la responsabilidad en un nivel Inferior. Hay una mejor coordinación a nivel regional y con una comunicación expedita con los Interesados locales. Las situaciones anteriores permiten aprovechar las economías de actuar a nivel local.

Entre sus desventajas hay que mencionar que se requiere más personas preparadas en alta gerencia y hace más complejo el control.

Por producto

Los departamentos se organizan en torno a los diferentes productos o líneas de productos que ofrece la organización. Cada departamento se dedica a la producción, comercialización y soporte de un producto o línea de productos específica.

Por usuario

Los departamentos se crean en función de los diferentes segmentos de clientes que atiende la organización. Cada departamento se enfoca en satisfacer las necesidades y requerimientos de un grupo particular de clientes.

Por proceso

Los departamentos se crean en función de los diferentes procesos o etapas que conforman la cadena de valor de la organización. Cada departamento se especializa en una etapa específica del proceso, como diseño, producción, distribución, etc.

La departamentalización permite una mejor asignación de responsabilidades, una mayor coordinación y comunicación entre los miembros del departamento y una mayor eficiencia en la realización de las tareas. Además, facilita la supervisión y evaluación del desempeño, ya que los departamentos tienen metas y objetivos claros y pueden ser responsables de su propia área de trabajo.

En resumen, la departamentalización es un proceso clave en el diseño organizacional que implica la agrupación de actividades y funciones relacionadas en unidades departamentales. Esto permite una mayor especialización, coordinación y eficiencia en la organización del trabajo dentro de una organización. Los diferentes criterios de departamentalización se utilizan según las necesidades y características específicas de la organización.

Conclusiones

En resumen, el estudio de la organización es fundamental para comprender cómo se estructuran y operan las distintas actividades y funciones dentro de una entidad. En este capítulo, hemos explorado diversos aspectos relacionados con la organización, desde su definición hasta los elementos clave que la conforman.

En primer lugar, hemos definido la organización como un sistema coordinado de actividades y recursos, diseñado para lograr objetivos específicos. Dentro de una organización, se llevan a cabo tanto funciones de producción como de apoyo. Las funciones de producción están relacionadas con la creación y entrega de los productos o servicios de la organización, mientras que las funciones de apoyo brindan soporte y facilitan el funcionamiento de las funciones de producción.

La estructura organizacional es otro aspecto central que hemos abordado. Existen diferentes tipos de estructuras, como la estructura funcional, divisional, matricial, en línea o staff, en red y jerárquica. Cada una de ellas presenta características particulares en términos de cómo se agrupan las actividades, se establecen las relaciones de autoridad y se distribuye la responsabilidad dentro de la organización.

El organigrama es una herramienta visual que representa la estructura organizacional de una entidad. A través del organigrama, se muestra la jerarquía, los departamentos y las relaciones de autoridad existentes en la organización.

Los conceptos de autoridad y responsabilidad también son fundamentales en la organización. La autoridad se refiere al poder legítimo para tomar decisiones y dar órdenes, mientras que la responsabilidad implica asumir las consecuencias de esas decisiones y acciones.

Los niveles organizacionales son otra dimensión importante dentro de la organización. Desde los niveles operativos hasta los niveles directivos, cada nivel tiene diferentes responsabilidades y niveles de autoridad, y todos trabajan en conjunto para alcanzar los objetivos de la organización.

Es importante tener en cuenta que existen límites a la supervisión dentro de una organización. Estos límites están determinados por la capacidad de un supervisor para supervisar y controlar eficazmente a un gran número de subordinados. Los límites pueden surgir debido a la complejidad de las tareas, la dispersión geográfica, la falta de tiempo y otros factores.

Por último, hemos explorado la departamentalización como un enfoque para agrupar actividades y funciones relacionadas dentro de una organización. La departamentalización se puede realizar según diferentes criterios, como la función, el producto, el cliente, la ubicación geográfica y el proceso.

En resumen, la organización es un elemento esencial en cualquier entidad, y comprender los conceptos y principios relacionados con la organización es fundamental para lograr una gestión eficiente y efectiva. Los aspectos abordados en este capítulo, desde el concepto de organización hasta la departamentalización, brindan una visión integral de cómo se estructuran y operan las organizaciones en diversos contextos.

Dirección

La función dirección en la teoría de la administración es una etapa fundamental del proceso administrativo que se encarga de gestionar y supervisar los recursos humanos en una organización con el objetivo de alcanzar los objetivos establecidos. Esta función implica el ejercicio de liderazgo, toma de decisiones, comunicación efectiva, motivación y supervisión del desempeño de los empleados.

Esta función sitúa al administrador en una situación en que estando todo dispuesto se inicia la tarea. Se han definido los objetivos y dispuesto los recursos para lograrlos, por lo que corresponde que se realice la pregunta: ¿Cómo debe dirigir ese líder?

Por esto, hacer mención a la función de dirección es referirse principalmente a recursos humanos, ya que las organizaciones son sistemas colaborativos en los que el logro de los objetivos requiere de la acción coordinada de grupos de personas, independiente de la posición que ocupen en esa institución.

Por lo tanto, uno de los dilemas que enfrentan las organizaciones es alinear los intereses de las personas que trabajan en ellas con las metas organizacionales, los que no siempre coinciden espontáneamente. Los administradores tienen que resolver esta disyuntiva para desarrollar un liderazgo exitoso.

De aquí que, la dirección implica el ejercicio del liderazgo, que consiste en influir y guiar a los empleados para que trabajen hacia el logro de los objetivos organizacionales. Los líderes deben ser capaces de establecer una visión clara, comunicarla de manera efectiva y motivar a los empleados a comprometerse con ella. Además, deben desarrollar habilidades de influencia y persuasión, así como establecer relaciones sólidas con su equipo de trabajo.

Las personas y las organizaciones son distintas entre sí, por lo que las generalizaciones que proponen algunos enfoques, aunque interesantes por su capacidad de simplificar, tienen el riesgo de ignorar la complejidad de los seres humanos.

En la sección sobre la evolución de las escuelas de administración, se puede ver que todas ellas han planteado un enfoque para abordar esta disyuntiva. La escuela clásica de la administración enfatizó el diseño científico de las tareas y los incentivos económicos como factor de motivación. La escuela de las relaciones humanas y sus derivados plantearon que no se podía entender a los trabajadores solo desde una perspectiva económica y que había que incorporar la dimensión social en las relaciones laborales. Esto incluía considerar distintas aspiraciones como la pertenencia, la afiliación, la amistad, el reconocimiento, etc.

Sin embargo, lo dos enfoques caen en la simplificación de considerar al trabajador como un engranaje más del proceso productivo, el que puede ser dirigido del mismo modo que se haría con una máquina. Por esto, es necesario trascender las limitaciones de estos enfoques para armonizar los intereses de las personas con los objetivos organizacionales, ya que los individuos efectúan aportes significativos solo cuando sus aspiraciones están sincronizadas con los de la organización.

Por ello, la motivación de los empleados es otro componente clave de la función dirección. Los directivos deben comprender las necesidades y expectativas de sus subordinados y utilizar estrategias de motivación adecuadas para fomentar un alto nivel de desempeño y compromiso. Esto puede implicar la implementación de programas de reconocimiento, oportunidades de crecimiento y desarrollo profesional, así como la creación de un ambiente de trabajo positivo y motivador.

Al comprender la importancia de lo anterior se puede entender que "La función administrativa de la dirección se define como el proceso de influir en las personas de modo que contribuyan a las metas organizacionales y de grupo"44 (Koontz y Weihrich, 2013, pág. 280).

Una opinión equivalente plantea Johansen45 (2005, pág. 103)

---

44. Koontz H. y Weirich H., 280.
45. Johansen, Oscar, *Introducción a la teoría general de sistemas* (México: Editorial Limusa, 1993), 103.

cuando señala que "Podríamos así definir la dirección como aquellas actividades que se emprenden para asegurar la ejecución del trabajo por medio del esfuerzo de todas las personas encargadas de llevarlo a cabo".

Ambas definiciones dirigen la atención a la necesidad de coordinar los intereses de las personas con los de la organización, lo que permite distinguir los aspectos claves en el proceso de dirección:

• La motivación es decisiva en el proceso de dirección y los administradores destacados suelen motivar a sus colaboradores, ya sea de forma innata o por medio de la aplicación de enfoques que permitan orientar a las personas a la realización de las tareas definidas.

• El liderazgo es una habilidad que deben desarrollar todo administrador que dirija personas, ya que de esta forma puede resolver de forma exitosa la disyuntiva de estar investido de una autoridad formal y de que sus colaboradores reconozcan su capacidad para dirigirlos.

• Toma de decisiones, en la práctica cotidiana todo directivo resuelve situaciones que tienen más de una alternativa de solución, esto implica que habitualmente se debe seleccionar aquella alternativa que sea la más conveniente.

En este sentido, la toma de decisiones es otro aspecto clave de la función dirección. Los directivos deben analizar las diferentes alternativas, evaluar los riesgos y beneficios asociados a cada una, y seleccionar la opción más adecuada para alcanzar los objetivos organizacionales. Esto implica la aplicación de habilidades de pensamiento crítico y la capacidad de tomar decisiones basadas en la información disponible y en el contexto en el que se encuentra la organización.

• Comunicaciones, toda actividad dentro de la organización implica comunicar, ya que es por esta vía que se transmiten los objetivos, las características de las tareas y posteriormente se evalúan los resultados.

La comunicación efectiva es esencial en la dirección. Los directivos deben ser capaces de transmitir de manera clara y precisa las metas, políticas y directrices de la organización a los empleados. Esto implica no solo la capacidad de transmitir información, sino también de escuchar activamente a los empleados, fomentar un ambiente de comunicación abierta y facilitar la colaboración entre los diferentes miembros del equipo.

• La evaluación del desempeño es otro aspecto importante de la dirección. Los directivos deben monitorear y evaluar regularmente el desempeño de los empleados, proporcionar retroalimentación constructiva y apoyar su desarrollo profesional. Esto implica establecer metas claras y medibles, realizar evaluaciones periódicas del desempeño y brindar oportunidades de capacitación y desarrollo para mejorar las habilidades y competencias de los empleados.

En síntesis, la función dirección en la teoría de la administración abarca una serie de actividades y habilidades que son fundamentales para gestionar y supervisar los recursos humanos en una organización. Los directivos deben ejercer liderazgo, tomar decisiones, comunicarse de manera efectiva, motivar a los empleados y supervisar su desempeño. Al llevar a cabo esta función de manera eficiente, los directivos pueden contribuir al logro de los objetivos organizacionales y al desarrollo y crecimiento de la organización en su conjunto.

PREGUNTA: ¿Cuál es la importancia de la función dirección?

En la medida que las organizaciones están constituidas por personas, la técnica de hacer coherentes los intereses de los individuos con las metas organizacionales, hace de esta función una de las partes más destacadas del proceso administrativo.

Motivación

La motivación se refiere al impulso interno o externo que lleva a los individuos a actuar de cierta manera para alcanzar sus metas y satisfacer sus necesidades. En el ámbito laboral, la motivación juega un papel crucial en el rendimiento y la productividad de los empleados, así como en su compromiso y satisfacción laboral.

La teoría de la motivación en la administración se basa en la idea de que los individuos tienen diferentes necesidades y deseos, y que estas necesidades influyen en su comportamiento y desempeño en el trabajo. Al comprender estas necesidades y proporcionar incentivos adecuados, los administradores pueden motivar a los empleados y crear un entorno de trabajo favorable.

Existen diversas teorías y enfoques de la motivación en la administración. Algunos de los enfoques más conocidos incluyen la teoría de la motivación humana de Maslow, la teoría de la motivación de Herzberg, la teoría de la expectativa de Vroom y la teoría de la equidad de Adams. Estas teorías sugieren diferentes factores que pueden influir en la motivación de los empleados, como las necesidades básicas, la satisfacción en el trabajo, la percepción de la recompensa y la creencia en la relación entre el esfuerzo y el desempeño.

En la práctica, los administradores pueden utilizar diferentes estrategias para motivar a los empleados. Algunas de estas estrategias incluyen el reconocimiento y la recompensa por el desempeño sobresaliente, la creación de oportunidades de crecimiento y desarrollo profesional, la promoción de un ambiente de trabajo positivo y colaborativo, y la asignación de tareas desafiantes y significativas.

Es importante tener en cuenta que la motivación no es un concepto estático, sino que puede variar de un individuo a otro y en diferentes momentos. Por lo tanto, los administradores deben ser sensibles a las necesidades y deseos individuales de sus empleados, y adaptar las estrategias de motivación en consecuencia.

Más allá de las necesidades de las organizaciones de mantener sincronizados los intereses de sus empleados con las metas y objetivos institucionales surge la interrogante de por qué ante estímulos similares las personas tienen respuestas diferentes y lo que puede ser altamente motivador para uno, para otro no lo es.

Sobre esto, Koontz y Weihrich (2013) plantean lo siguiente:

> Dada la complejidad de motivar a empleados con personalidades y situaciones diferentes, se corre el riesgo de fallar si se aplican uno o varios motivadores sin tener en cuenta estas variables. El comportamiento humano no es una cuestión simple, sino que debe contemplarse como un sistema complejo de variables e interacciones en el que ciertos factores motivadores son un elemento importante[46].

Ante esta interrogante han surgido múltiples respuestas, en un primer momento, simplemente se desestimó la motivación como un aspecto relevante. A continuación las soluciones planteadas han evolucionado en tres etapas.

La primera de ellas fue la escuela clásica que centró su atención en los aspectos específicos del trabajo. En una segunda etapa se planteó que los factores más importantes para la motivación se encontraban en factores asociados al contexto del trabajo, este enfoque fue desarrollado principalmente por los trabajos de la escuela de relaciones humanas y de Elton Mayo. La tercera etapa, que predomina en la actualidad, plantea que los aspectos más destacados para la motivación se centran en el trabajo mismo y que es conveniente dejar de lado los factores externos al trabajo.

En esta tercera etapa el foco está puesto en diseñar los trabajos de manera que tuvieran un fuerte componente motivacional. Aspectos tales como: como la participación en la toma de decisiones, la informalidad, los grupos autónomos y el autocontrol, pasan a ser los más relevantes en este enfoque.

A continuación examinaremos los principales enfoques sobre la motivación, que en la mayoría de los casos coinciden con las escuelas de la administración vistas preliminarmente. En esta sección la perspectiva estará centrada en los aspectos relacionados con la motivación.

Teoría X y teoría Y

La Teoría X y la Teoría Y son dos conceptos opuestos desarro-

46. *Elementos de administración.*, 280.

llados por Douglas McGregor en la década de 1960 para describir dos supuestos diferentes sobre la naturaleza humana y su relación con el trabajo. Estas teorías tienen implicaciones significativas en la motivación y gestión de los empleados.

Esta teoría es una de las primeras que surgió para explicar la motivación y se basa en suponer dos grupos de personas. El primero de ellos lo llama teoría X y el segundo teoría Y. Se les dio estos nombres, porque Mc Gregor su creador, no quería que se le asociaran juicios positivos o negativos a uno u otro grupo.

Ambos grupos están formulados de acuerdo a una suposición de la naturaleza humana y que no están refrendados por evidencias en su desarrollo teórico.

Teoría X

La Teoría X parte del supuesto de que las personas tienen una aversión natural al trabajo y lo ven como una carga. Según esta teoría, los empleados tienen poca ambición, evitan las responsabilidades y prefieren ser dirigidos y controlados de manera rígida. Los administradores que se adhieren a la Teoría X tienden a utilizar un enfoque autoritario y coercitivo para motivar a sus empleados, basándose en el castigo y el control para obtener el cumplimiento.

En este grupo los individuos tienen las siguientes características:

- Las personas tienen aversión natural por el trabajo.

- Las personas deben ser controladas.

- Las personas prefieren ser dirigidas.

Teoría Y

La Teoría Y se basa en la premisa de que el trabajo es una parte esencial de la vida de las personas y que pueden encontrar satisfacción y autorealización a través de su labor. Según esta teoría, los empleados son intrínsecamente motivados, buscan responsabilidades y están dispuestos a trabajar de manera autónoma y creativa. Los administradores que adoptan la Teoría Y tienden a usar un enfoque participativo y delegativo, fomentando la participación, el desarrollo personal y la autonomía de los empleados.

Las características atribuidas a las personas que integran este grupo son las siguientes:

• El esfuerzo en el trabajo es tan natural como jugar o descansar.

• El control externo no es el único medio para orientar el logro de objetivos.

• El compromiso con los objetivos es proporcional al tamaño de la recompensa.

• Las personas aprenden a aceptar responsabilidades.

• La capacidad para resolver problemas está distribuida en la población.

• En la vida industrial moderna, las facultades intelectuales del ser humano se aprovechan parcialmente.

Como salta a la vista, las características de las personas que integran estos dos grupos son muy distintas, prácticamente contrapuestas. Los atributos asignados a las personas de la teoría X son muy rígidos y pesimistas, por lo que, el control es preferentemente externo y lo imponen las jefaturas.

Por el contrario, la teoría Y, asume características optimistas y flexibles para las personas que la integran y es probable que estas se alineen con las necesidades de la organización.

Es importante destacar que la Teoría X y la Teoría Y representan dos extremos opuestos y simplificados de la naturaleza humana y no reflejan necesariamente la realidad en su totalidad. La realidad es que las motivaciones y comportamientos de los empleados pueden variar considerablemente y pueden estar influenciados por una variedad de factores internos y externos.

Sin embargo, estas teorías siguen siendo relevantes en el campo de la motivación y la gestión, ya que ayudan a los administradores a comprender las diferentes perspectivas y enfoques que pueden utilizar para motivar a sus empleados. Las organizaciones que adoptan la Teoría Y tienden a fomentar un ambiente de trabajo más participativo, flexible y orientado al desarrollo personal, lo que puede conducir a una mayor motivación y satisfacción de los empleados.

La Teoría X y la Teoría Y son dos enfoques contrastantes de la motivación en el contexto laboral. Estos enfoques ofrecen diferentes perspectivas sobre cómo motivar a los empleados y pueden influir en las estrategias de gestión y liderazgo utilizadas en las organizaciones.

Teoría de las necesidades de Maslow

La Teoría de las Necesidades de Maslow, también conocida como la Pirámide de Maslow, es una teoría psicológica propuesta por Abraham Maslow en 1943. Esta teoría sostiene que las personas tienen una serie de necesidades que se organizan jerárquicamente y que deben ser satisfechas en un orden específico.

Maslow jerarquiza estas necesidades ubicando en la base de una pirámide las necesidades fisiológicas y en la cima la autorealización. Las necesidades se van satisfaciendo de acuerdo a ese orden, de manera que no se accede a un nivel superior sin satisfacer de manera adecuada los niveles inferiores.

La teoría de Maslow postula que las necesidades humanas se pueden dividir en cinco categorías principales, que de acuerdo a este orden se representan en la pirámide:

• Necesidades fisiológicas: Necesidades básicas para el sostenimiento de la vida humana.

Entre ellas se pueden mencionar: el alimento, el agua, el refugio y el descanso. Son las necesidades más fundamentales y por ello, deben ser satisfechas en primer lugar.

• Necesidades de seguridad y de protección: Una vez que las necesidades fisiológicas están satisfechas, las personas buscan seguridad y estabilidad en su entorno.

Estas incluyen la seguridad física, la estabilidad laboral, la protección contra peligros y amenazas, y la ausencia de miedo, no correr peligro físico, temor a perder el trabajo, la propiedad o la vivienda.

• Necesidades de asociación o aceptación: ser aceptados por otros.

Una vez satisfechas las necesidades de seguridad, las personas buscan el sentido de pertenencia y la conexión con otros. Esto implica el establecimiento de relaciones sociales, la afiliación a grupos y la satisfacción de la necesidad de amor y afecto.

• Necesidades de estima: cuando se es aceptado se busca estima.

Estas necesidades se refieren a la autoestima y al reconocimiento por parte de los demás. Incluyen la necesidad de ser valorado, respetado, reconocido y tener una buena autoimagen.

• Necesidad de autorrealización: Deseo de ser lo que se es capaz de ser.

Estas son las necesidades más elevadas y se refieren al deseo de alcanzar el máximo potencial y cumplir con uno mismo. Involucran el crecimiento personal, la búsqueda de metas y la realización de talentos y habilidades.

Según la teoría de Maslow, a medida que una necesidad inferior se satisface, las personas se mueven hacia la satisfacción de necesidades superiores en la jerarquía. Además, la satisfacción de las necesidades superiores conlleva un mayor grado de bienestar y autorrealización.

La Teoría de las Necesidades de Maslow ha sido ampliamente utilizada en el campo de la psicología y la gestión, y ha influido en la comprensión de la motivación humana y en el diseño de estrategias de satisfacción de necesidades en diferentes contextos, como el trabajo y la educación.

Sin embargo, también ha recibido críticas y se ha argumentado que la jerarquía de necesidades puede variar entre individuos y culturas, y que otras teorías pueden proporcionar una comprensión más completa de la motivación humana.

Teoría de las necesidades de Herzberg

La Teoría de las Necesidades de Herzberg, también conocida

como la Teoría de los dos factores, fue propuesta por el psicólogo Frederick Herzberg en la década de 1950. Esta teoría se enfoca en comprender los factores que influyen en la satisfacción y la insatisfacción en el entorno laboral, y cómo estos factores están relacionados con las necesidades humanas.

Según Herzberg, existen dos conjuntos de factores que afectan la motivación y la satisfacción en el trabajo: los factores higiénicos (también llamados factores extrínsecos) y los factores motivacionales (también llamados factores intrínsecos).

Los factores higiénicos están relacionados con el entorno de trabajo y las condiciones externas que rodean al individuo. Estos factores incluyen el salario, las condiciones laborales, la seguridad laboral, las políticas de la organización y las relaciones interpersonales. Herzberg sostiene que estos factores son necesarios para prevenir la insatisfacción en el trabajo, pero por sí solos no generan motivación ni satisfacción duradera. Si estos factores son deficientes, pueden causar insatisfacción en los empleados, pero su presencia adecuada no necesariamente lleva a la satisfacción.

Por otro lado, los factores motivacionales se refieren a las características inherentes al trabajo mismo y a las oportunidades de crecimiento y desarrollo personal. Estos factores incluyen el reconocimiento, la responsabilidad, los logros, el avance profesional y la posibilidad de adquirir nuevas habilidades. Herzberg argumenta que estos factores son los que realmente generan satisfacción y motivación en el trabajo, y son fundamentales para el crecimiento y el desarrollo de los empleados.

La Teoría de las Necesidades de Herzberg se basa en la premisa de que los seres humanos tienen necesidades tanto de higiene como de motivación, y que estas necesidades deben ser satisfechas para lograr la satisfacción y la motivación en el trabajo. Herzberg sostiene que la satisfacción y la motivación son el resultado de la presencia de factores motivacionales en el trabajo, mientras que la insatisfacción se debe principalmente a la ausencia o deficiencia de factores higiénicos.

Esta teoría desarrollada por Frederick Herzberg plantea que lo opuesto a la satisfacción no es la insatisfacción, sino que hay dos ejes desde los cuales pueden ser comprendidas la satisfacción de las necesidades:

• El primero propone que lo opuesto de la satisfacción es la no satisfacción.

• Y el segundo que la insatisfacción tiene como opuesto la no insatisfacción.

De acuerdo a esta teoría los factores de higiene producen insatisfacción cuando no están presentes, pero no generan satisfacción cuando están presentes. Y la ausencia de factores motivadores no produce insatisfacción, pero su presencia si genera satisfacción.

Este enfoque cubre algunas de las limitaciones de la teoría propuesta por Maslow y sobre todo acompaña con evidencia obtenida en sus investigaciones, que le dan soporte a sus proposiciones.

Para comprender mejor esta teoría, es importante analizar los componentes clave que Herzberg identificó como factores motivacionales y de higiene.

Los primeros se relacionan con la satisfacción intrínseca en el trabajo y la sensación de logro personal.

Factores motivacionales:

1. Logro: La posibilidad de realizar tareas desafiantes y alcanzar metas personales, lo cual proporciona satisfacción y motivación.

2. Reconocimiento: El reconocimiento y la valoración por parte de los superiores y compañeros de trabajo, que contribuye a la satisfacción y el sentido de pertenencia.

3. Trabajo interesante: La naturaleza interesante y significativa del trabajo en sí mismo, que brinda satisfacción y motivación intrínseca.

4. Responsabilidad: La asignación de responsabilidades y la toma de decisiones autónomas, que fomenta la satisfacción y el empoderamiento personal.

5. Avance profesional: Las oportunidades de crecimiento y desarrollo profesional, como la promoción y el aprendizaje continuo, que generan satisfacción y motivación a largo plazo.

Es importante destacar que estos factores motivacionales no son simplemente opuestos a los factores higiénicos, sino que actúan de manera independiente. Incluso si se satisfacen las necesidades de los factores higiénicos, la falta de factores motivacionales puede llevar a la falta de satisfacción y motivación en el trabajo.

Factores de higiene:

Los Factores de higiene incluyen: estilo de dirección, supervisión, condiciones de trabajo, relaciones interpersonales, salario, estatus, seguridad laboral y la vida privada. Son factores de insatisfacción y no motivadores.

La Teoría de las Necesidades de Herzberg ha tenido una influencia significativa en el campo de la psicología y la gestión de recursos humanos. Ha proporcionado una perspectiva importante sobre los factores que impulsan la satisfacción y la motivación en el trabajo, y ha llevado a un enfoque más centrado en las necesidades y aspiraciones de los empleados.

La aplicación práctica de esta teoría implica que los gerentes y líderes deben buscar no solo satisfacer las necesidades básicas de los empleados, como un salario adecuado y condiciones laborales justas, sino también brindar oportunidades para el crecimiento, el reconocimiento y la autonomía en el trabajo. Esto implica diseñar tareas desafiantes y significativas, establecer sistemas de reconocimiento y recompensa basados en el desempeño y ofrecer oportunidades de desarrollo profesional y personal.

Sin embargo, es importante reconocer que las necesidades y motivaciones de los individuos pueden variar y ser únicas. Por lo tanto, los gerentes deben adoptar un enfoque personalizado y flexible al aplicar los principios de la Teoría de las Necesidades de Herzberg, teniendo en cuenta las diferencias individuales y las características específicas del entorno laboral.

La Teoría de las Necesidades de Herzberg proporciona una visión integral de los factores que influyen en la satisfacción y la motivación en el trabajo. Al comprender la importancia de los factores higiénicos y motivacionales, los administradores pueden crear entornos laborales que promuevan la satisfacción y la productividad de los empleados. Al reconocer y satisfacer las necesidades intrínsecas de los individuos, se puede lograr una mayor satisfacción laboral y un mayor compromiso organizacional.

Teoría de la equidad de Adams

La Teoría de la Equidad de Adams, propuesta por el psicólogo John Stacy Adams en la década de 1960, se centra en el concepto de equidad percibida en las relaciones laborales y cómo esta percepción afecta la motivación y satisfacción de los empleados. Esta teoría sostiene que los individuos evalúan la equidad de sus relaciones laborales al comparar la relación entre sus aportes (esfuerzo, habilidades, experiencia) y las recompensas que reciben (salario, reconocimiento, desarrollo profesional) con la relación entre los aportes y recompensas de otros en situaciones similares.

Según la Teoría de la Equidad, las personas buscan una equidad en sus relaciones laborales, es decir, una proporción justa entre lo que aportan y lo que reciben en comparación con los demás. Cuando perciben que la relación entre aportes y recompensas es equitativa, experimentan satisfacción y motivación en el trabajo. Sin embargo, si perciben una falta de equidad, ya sea en forma de sub-recompensa (recibir menos de lo que creen merecer) o sobre-recompensa (recibir más de lo que creen merecer), se genera una sensación de injusticia que puede afectar negativamente su motivación y satisfacción laboral.

La teoría también plantea que las personas pueden reaccionar de diferentes maneras ante la percepción de inequidad. Si experimentan una sub-recompensa, pueden sentirse frustrados y desmotivados, lo que puede llevar a un bajo rendimiento o incluso a buscar oportunidades fuera de la organización. Por otro lado, si experimentan una sobre-recompensa, pueden sentirse culpables o incómodos, lo que puede afectar su satisfacción y relación con los demás.

Además, la Teoría de la Equidad considera la importancia del proceso de comparación social en la evaluación de la equidad. Los individuos tienden a compararse con otros que consideran relevantes en el entorno laboral, como colegas o compañeros en puestos similares. Estas comparaciones sociales influyen en la percepción de equidad y pueden generar tensiones si se perciben discrepancias significativas entre las relaciones de aportes y recompensas.

Entre los aportes que consideran las personas al realizar esta valoración incluyen una serie de elementos, como el esfuerzo, la experiencia, la educación entre otros.

Al expresar matemáticamente esta valoración, se puede presentar de la siguiente forma:

$$\frac{\text{Resultados x persona}}{\text{Insumos de una persona}} = \frac{\text{Resultados de otra persona}}{\text{Insumos de otra persona}}$$

La Teoría de la Equidad de Adams sugiere que la percepción de equidad en las relaciones laborales es un factor clave en la motivación y satisfacción de los empleados. Las personas buscan un equilibrio entre lo que aportan y lo que reciben en comparación con los demás, y esta percepción de equidad afecta su motivación y actitudes hacia el trabajo. Para promover la motivación y satisfacción laboral, los líderes y gerentes deben garantizar la equidad en las relaciones laborales, asegurándose de que los empleados sean recompensados de manera justa y que las comparaciones sociales sean consideradas en la evaluación de la equidad.

Teoría de las expectativas de la motivación de Vroom

La Teoría de las Expectativas de la Motivación, desarrollada por Victor H. Vroom en la década de 1960, se centra en cómo las expectativas de los individuos influyen en su motivación y comportamiento en el entorno laboral. Esta teoría sostiene que las personas toman decisiones sobre su comportamiento en función de la relación entre sus expectativas de logro, las recompensas que esperan obtener y el valor que atribuyen a esas recompensas.

En el marco de esta teoría, Vroom identifica tres componentes clave: la expectativa, la instrumentalidad y la valencia. La expectativa se refiere a la creencia de que el esfuerzo y el desempeño de un individuo conducirán a un resultado deseado. La instrumentalidad se refiere a la creencia de que el resultado deseado llevará a una recompensa o consecuencia valorada. La valencia se refiere al valor subjetivo que el individuo atribuye a la recompensa o consecuencia.

La teoría sostiene que la motivación de una persona se calcula multiplicando estos tres componentes. Si alguna de las expectativas es baja, la motivación general se verá afectada. Por ejemplo, si un individuo cree que su esfuerzo no conducirá a un desempeño exitoso (baja expectativa), es menos probable que esté motivado para realizar el esfuerzo necesario. De manera similar, si un individuo percibe que el desempeño exitoso no llevará a una recompensa valorada (baja instrumentalidad), su motivación también se verá afectada.

Además, la teoría destaca la importancia de la valencia, es decir, el valor subjetivo que se atribuye a la recompensa o consecuencia. Una recompensa puede tener diferentes valores para diferentes individuos, y esos valores afectarán la motivación. Por ejemplo, si un empleado valora mucho un aumento salarial, es más probable que esté motivado para trabajar duro y lograr un buen desempeño si percibe que el desempeño exitoso conducirá a ese aumento salarial.

La Teoría de las Expectativas de la Motivación también introduce el concepto de la fuerza de la motivación, que se refiere a la intensidad y persistencia del esfuerzo que una persona está dispuesta a dedicar para alcanzar un objetivo. La fuerza de la motivación se ve influenciada por la creencia de que el esfuerzo conducirá a un desempeño exitoso, que el desempeño exitoso conducirá a una recompensa valorada y que esa recompensa tiene un valor significativo para el individuo.

En términos prácticos, la teoría sugiere que los gerentes y líderes deben comprender las expectativas de los empleados y las recompensas que valoran, y alinear estas variables de manera efectiva para promover la motivación. Esto

- Expectativas de logro,
- Recompensas que esperan obtener
- Valor de las recompensas.

implica establecer metas desafiantes y realistas, proporcionar retroalimentación constructiva y reconocimiento, y asegurarse de que las recompensas sean percibidas como justas y valoradas por los empleados.

Es importante tener en cuenta que la Teoría de las Expectativas de la Motivación se basa en la premisa de que los individuos son racionales y toman decisiones basadas en su percepción de cómo sus acciones influirán en los resultados deseados. Sin embargo, también reconoce que las percepciones y expectativas individuales pueden estar influenciadas por factores como la cultura, la personalidad y las experiencias pasadas.

Esta teoría propone que los individuos se inclinan a actuar de una forma concreta de acuerdo a la creencia de que, luego de efectuar una acción, obtendrán una recompensa.

Luego, las personas se motivan si creen en el objetivo.

En conclusión, la Teoría de las Expectativas de la Motivación de Vroom proporciona un marco para comprender cómo las expectativas de los individuos, las recompensas deseadas y el valor asignado a esas recompensas influyen en su motivación y comportamiento en el entorno laboral. Esta teoría destaca la importancia de alinear las expectativas y recompensas para promover la motivación y el rendimiento de los empleados. Al comprender los factores que influyen en la motivación, los gerentes y líderes pueden diseñar estrategias efectivas para fomentar un entorno laboral motivador y productivo.

Modelo de motivación de Porter y Lawler

El Modelo de Motivación de Porter y Lawler, desarrollado por los psicólogos Lyman W. Porter y Edward E. Lawler en la década de 1960, es un enfoque teórico que busca comprender los factores que influyen en la motivación de los empleados en el entorno laboral. Este modelo se basa en la idea de que la motivación de una persona no solo depende de las recompensas percibidas, sino también de las expectativas individuales y la relación entre el esfuerzo y el desempeño.

En el Modelo de Motivación de Porter y Lawler, se plantea que la motivación de un individuo se explica a través de tres componentes principales:

1. Expectativas: Se refiere a las creencias individuales sobre la relación entre el esfuerzo realizado y el desempeño logrado. Los individuos formulan expectativas basadas en su experiencia previa, conocimientos y habilidades, y en la retroalimentación recibida. Si creen que su esfuerzo conducirá a un buen desempeño, es más probable que estén motivados.

2. Instrumentalidad: Se refiere a la creencia de que el desempeño exitoso conducirá a una recompensa o resultado deseado. Los individuos evalúan si su desempeño será reconocido y recompensado de manera justa y adecuada. Si perciben que la instrumentalidad es alta, es decir, que su desempeño se traducirá en recompensas valiosas, esto aumentará su motivación.

3. Valencia: Se refiere al valor o importancia que los individuos otorgan a las recompensas ofrecidas. Cada persona tiene diferentes preferencias y valores, por lo que las recompensas pueden tener un impacto motivacional variable según sus necesidades y metas individuales.

Según este modelo, la motivación de un individuo se da cuando existen altas expectativas de lograr un buen desempeño, cuando se percibe una fuerte instrumentalidad entre el desempeño y las recompensas, y cuando las recompensas ofrecidas tienen un alto valor o valencia. Además, el modelo sugiere que el esfuerzo individual también es influenciado por factores situacionales y por la percepción de equidad en la relación entre esfuerzo, desempeño y recompensas.

- Plantea que la satisfacción laboral es el producto más que la causa de desempeño.

- En este caso la motivación depende de valor de la recompensa

El Modelo de Motivación de Porter y Lawler se centra en las expectativas, la instrumentalidad y la valencia como determinantes clave de la motivación en el trabajo. Este enfoque reconoce que la motivación de los empleados no es solo resultado de las recompensas percibidas, sino también de las expectativas individuales y la evaluación de la relación entre el esfuerzo y el desempeño. Este modelo proporciona una base teórica para comprender y abordar la motivación laboral, permitiendo a los líderes y administradores identificar y gestionar los factores que influyen en la motivación de los empleados de manera efectiva.

Reforzamiento positivo de B. F. Skinner

El reforzamiento positivo, desarrollado por el psicólogo B. F. Skinner, es un concepto clave dentro del campo de la psicología y la teoría de la motivación. Consiste en la aplicación de un estímulo positivo o recompensa después de que ocurre una conducta específica, con el fin de aumentar la probabilidad de que esa conducta se repita en el futuro.

Según la teoría de Skinner, el comportamiento humano es influenciado por las consecuencias que le siguen. Si una persona experimenta una consecuencia agradable después de realizar una acción, es más probable que repita esa acción en el futuro. Esto se conoce como reforzamiento positivo, ya que se agrega algo positivo a la situación para aumentar la probabilidad de que se repita el comportamiento deseado.

El reforzamiento positivo se basa en el principio de que las personas tienden a buscar y repetir aquellas acciones que les generan consecuencias agradables. Estas consecuencias pueden ser tanto físicas, como recibir un premio o reconocimiento, como emocionales, como experimentar una sensación de satisfacción o bienestar.

El uso del reforzamiento positivo es una estrategia ampliamente utilizada en diversos contextos, como en la educación, la crianza de los hijos y el ámbito laboral. Por ejemplo, en un entorno educativo, los maestros pueden usar el refuerzo positivo para motivar a los estudiantes a participar activamente en clase o para premiar su buen desempeño académico. En el ámbito laboral, los administradores pueden aplicar el reforzamiento positivo ofreciendo incentivos económicos, reconocimientos públicos o oportunidades de crecimiento profesional a los empleados que alcanzan metas o muestran un desempeño sobresaliente.

Es importante destacar que el reforzamiento positivo debe ser utilizado de manera efectiva y adecuada para lograr los resultados deseados. Para ello, es fundamental identificar las conductas que se desean fomentar, seleccionar las recompensas apropiadas y proporcionarlas de manera oportuna y consistente. Además, es relevante considerar las características individuales de las personas, ya que las diferentes personas pueden responder de manera diferente a distintos tipos de reforzamiento.

> • **La Teoría del reforzamiento positivo enfatiza que una persona tiene más posibilidades de repetir una conducta que es reforzada en forma positiva.**
>
> • **Del mismo modo, es más probable que no repita aquellas que estén relacionadas a estímulos o refuerzos negativos.**

El reforzamiento positivo de B. F. Skinner consiste en la aplicación de estímulos agradables o recompensas después de una conducta deseada, con el fin de aumentar la probabilidad de que esa conducta se repita en el futuro. Esta estrategia se basa en el principio de que las personas tienden a buscar y repetir aquellas acciones que les generan consecuencias positivas. El uso adecuado del reforzamiento positivo puede ser una herramienta efectiva para promover el aprendizaje, la motivación y el cambio de comportamiento en diferentes contextos.

La motivación es el impulso interno o externo que lleva a los individuos a actuar de cierta manera para alcanzar sus metas y satisfacer sus necesidades. Los administradores desempeñan un papel clave en la motivación de los empleados, al comprender sus necesidades, proporcionar incentivos adecuados y crear un entorno de trabajo favorable. Al motivar a los empleados, los administradores pueden aumentar el rendimiento y la productividad, así como fomentar el compromiso y la satisfacción laboral.

Liderazgo

El liderazgo se refiere al proceso mediante el cual un individuo ejerce influencia sobre un grupo de personas para lograr metas y objetivos comunes. Es la capacidad de guiar, motivar y dirigir a los miembros de un equipo, fomentando su desarrollo y aprovechando su potencial para alcanzar resultados significativos.

El liderazgo implica tomar decisiones, establecer direcciones y metas, comunicarse de manera efectiva, delegar responsabilidades, resolver conflictos y proporcionar retroalimentación constructiva. Además, implica la capacidad de inspirar y motivar a los demás, generando confianza, construyendo relaciones sólidas y promoviendo un ambiente de trabajo positivo y colaborativo.

El liderazgo, podría decirse, que es una habilidad complementaria a la motivación, que está situada en los trabajadores. En cambio, el liderazgo se ubica en las personas que ejercen una función directiva a cualquier nivel, ya que se puede entender como la capacidad de influir en los individuos de forma que se orienten de modo voluntario y animoso a realizar las metas grupales.

Los principales componentes del liderazgo son:

- Talento para inspirar.

- Aptitud de ejercer el poder.

- Capacidad de comprender las motivaciones de las personas.

- Habilidad de generar un entorno adecuado para influir en el comportamiento de los trabajadores.

Aunque el liderazgo es uno de los componentes esenciales para desarrollar la función de dirección, no es suficiente, ya que esta es más amplia. En su esencia el liderazgo apunta a la habilidad que tiene el líder para conseguir la voluntad de otros y que estos modifiquen su conducta en la dirección que este propone.

El liderazgo es difícil de definir, pero fácil de reconocer, lo que no ha facilitado un acuerdo entre los académicos que haya permitido avanzar con seguridad en el desarrollo de teorías adecuadas sobre este tema.

Dentro de las teorías que han aportado sobre esta materia podemos mencionar en forma sintética:

Teoría de los rasgos

Su principal énfasis consiste en distinguir los aspectos de personalidad, físicos e intelectuales que caracterizan un líder.

La teoría de los rasgos en el estudio del liderazgo se centra en la identificación de características personales que se consideran inherentes a los líderes efectivos. Esta teoría sostiene que existen ciertos rasgos o cualidades que distinguen a las personas como líderes, y que estas características son relativamente estables y consistentes en diferentes situaciones.

egún la teoría de los rasgos, los líderes exitosos comparten una serie de atributos que los distinguen de los seguidores y les permiten influir en ellos de manera efectiva. Algunos de los rasgos comúnmente asociados con el liderazgo incluyen:

1. Inteligencia: Los líderes efectivos suelen poseer un alto nivel de inteligencia, lo que les permite comprender y analizar problemas complejos, tomar decisiones informadas y resolver situaciones difíciles de manera eficiente.

2. Autoconfianza: Los líderes tienen una fuerte creencia en sus propias habilidades y capacidades. Esta confianza en sí mismos les permite tomar decisiones audaces, asumir riesgos calculados y mantenerse firmes en sus convicciones.

3. Carisma: El carisma es una cualidad carismática y atractiva que algunos líderes poseen. Este rasgo les permite inspirar y motivar a los demás, generar confianza y establecer conexiones significativas con los seguidores.

4. Habilidades de comunicación: Los líderes efectivos son hábiles comunicadores. Pueden transmitir claramente sus ideas, escuchar activamente a los demás, proporcionar retroalimentación constructiva y generar un ambiente de apertura y confianza.

5. Habilidades sociales: Los líderes exitosos son capaces de establecer relaciones sólidas y positivas con los demás. Son empáticos, comprenden las necesidades y preocupaciones de los demás,

y son capaces de influir en ellos de manera ética y respetuosa.

Es importante tener en cuenta que la teoría de los rasgos no es exhaustiva y no pretende explicar todos los aspectos del liderazgo. Además, se reconoce que los rasgos no son suficientes por sí solos para determinar la efectividad del liderazgo. Otros factores, como el contexto, las habilidades de gestión y la capacidad de adaptación, también desempeñan un papel importante en el liderazgo efectivo.

Ralph Stodgill en la década de 1940 plantea que los tres rasgos asociados al liderazgo son: inteligencia, estatura física y personalidad.

Para este enfoque el liderazgo es algo innato: se nace líder.

Esta teoría perdió credibilidad con el desarrollo del conductismo.

Dentro de los rasgos más investigados del liderazgo se encuentran:

Inteligencia	Personalidad	Capacidades
Juicio Decisión Conocimiento Facilidad de palabra	Adaptabilidad Viveza Creatividad Integridad personal Confianza en sí mismo Equilibrio emocional y autocontrol Independencia (inconformidad)	Capacidad para conseguir cooperación Capacidad para cooperar Popularidad y prestigio Sociabilidad (habilidades interpersonales) Participación social Tacto, diplomacia

Fuente: (Diez, et al , 2001, pág. 430)

En resumen, la teoría de los rasgos sostiene que ciertos rasgos personales están asociados con el liderazgo efectivo. Sin embargo, es importante destacar que el liderazgo también está influenciado por otros factores y que la efectividad del liderazgo puede variar según el contexto y las circunstancias.

Teorías del comportamiento

Se desarrolla en la década de los cuarenta en Estados Unidos y al contrario que la teoría de los rasgos, plantea que es factible desarrollar las características del liderazgo, ya que se puede enseñar a los administradores liderazgo por medio de un plan de formación.

La teoría del comportamiento en el contexto del liderazgo se centra en el estudio de los comportamientos y acciones de los líderes y cómo estos afectan el desempeño y la eficacia del equipo o la organización.

Esta teoría sugiere que no existe un conjunto específico de rasgos que caracterice a todos los líderes efectivos, sino que el comportamiento de un líder es lo que realmente importa. Se identifican diferentes estilos de liderazgo, como el liderazgo autocrático, democrático y laissez-faire, que se basan en la forma en que los líderes interactúan con sus seguidores y toman decisiones.

La teoría del comportamiento también destaca la importancia de adaptar el estilo de liderazgo a las circunstancias y las necesidades del equipo u organización. Se reconoce que diferentes situaciones requieren diferentes enfoques de liderazgo, y los líderes eficaces son aquellos que pueden ajustar su comportamiento según las demandas del entorno.

Los centros de estudios que producen los estudios más significativos de esta teoríase encuentran en Estados Unidos en las universidades de Michigan y Estatal de Ohio. En esta última universidad se desarrolló el modelo de rejilla gerencial.

		Estructura inicial	
		Baja	Alta
Considera-ción en las personas	Alta	Relaciones humanas	Democrático
	Baja	Laissez faire	Autocrático

Estudios de la Universidad de Ohio

La consideración se refiere a la atención que el líder pone a los sentimientos de los empleados y la estructura inicial pondera la dedicación del líder a los requerimientos de la tarea.

La teoría del comportamiento sostiene que el liderazgo efectivo se basa en el comportamiento observable de los líderes, y no solo en sus rasgos personales. Los líderes pueden desarrollar habilidades de liderazgo a través de la adopción de comportamientos apropiados y adaptativos. Esta teoría tiene implicaciones prácticas importantes, ya que sugiere que el liderazgo es una habilidad que se puede aprender y mejorar a lo largo del tiempo.

Liderazgo transaccional

El liderazgo transaccional es un enfoque de liderazgo que se basa en la transacción de recompensas y castigos entre el líder y los seguidores. En este estilo de liderazgo, el líder establece expectativas claras, define metas y recompensa o castiga a los seguidores en función de su desempeño.

En el liderazgo transaccional, el líder utiliza el sistema de recompensas y castigos como una forma de motivar a los seguidores a cumplir con las expectativas establecidas y alcanzar los objetivos organizacionales. El líder establece acuerdos claros con los seguidores, establece metas y ofrece incentivos tangibles, como bonificaciones, reconocimientos o promociones, para motivar a los seguidores a lograr los resultados esperados. Al mismo tiempo, el líder también puede aplicar medidas disciplinarias o sanciones en caso de incumplimiento de las expectativas.

Este enfoque de liderazgo se basa en la idea de que los seguidores son motivados principalmente por recompensas externas y que el cumplimiento de las expectativas y la obtención de recompensas son los principales impulsores del desempeño. El líder establece las reglas del juego y los seguidores se centran en cumplir con esas reglas para obtener recompensas y evitar castigos.

Esta teoría plantea que el liderazgo se apoya en una serie de pactos implícitos, por lo que un buen administrador no cambia radicalmente las cosas, busca motivar a sus subordinados.

El líder comienza definiendo los objetivos a sus subordinados y específica con claridad las reglas del juego.

Los factores más relevantes en el liderazgo transaccional son:

• Retribución contingente (remuneración).

• Dirección por excepción (desviación del objetivo), se relaciona con el subordinado solo en estos casos.

• El líder da feedback positivo (elogio) y negativo (reprimenda).

Aunque el liderazgo transaccional puede ser efectivo para lograr resultados a corto plazo y mantener el orden en las organizaciones, también presenta algunas limitaciones. Los seguidores pueden sentirse motivados únicamente por las recompensas externas y pueden carecer de una motivación intrínseca para realizar su trabajo. Esto puede llevar a una dependencia excesiva de la supervisión y el control, lo que puede limitar la autonomía y la creatividad de los seguidores.

Además, el liderazgo transaccional tiende a enfocarse en tareas y resultados a corto plazo, lo que puede limitar la capacidad de la organización para adaptarse a cambios o buscar oportunidades de innovación. Los seguidores pueden estar menos propensos a tomar riesgos o a proponer nuevas ideas, ya que están enfocados en cumplir con las expectativas establecidas y obtener recompensas.

En resumen, el liderazgo transaccional se basa en el intercambio de recompensas y castigos entre el líder y los seguidores. El líder establece expectativas claras, define metas y ofrece recompensas o aplica castigos en función del desempeño de los seguidores. Aunque puede ser efectivo en ciertos contextos, este enfoque puede limitar la motivación intrínseca y la creatividad de los seguidores, así como la capacidad de la organización para adaptarse e innovar.

Liderazgo transformacional

El liderazgo transformacional es un enfoque de liderazgo que se centra en la inspiración y motivación de los seguidores para lograr un cambio significativo y positivo en la organización. A diferencia del liderazgo transaccional, que se basa en el intercambio de recompensas y castigos, el liderazgo transformacional se enfoca en el desarrollo personal y profesional de los seguidores, y en la creación de una visión compartida y un sentido de propósito.

Esta teoría plantea que existe una función inspiradora y catalizadora del líder que lleva a sus colaboradores a alcanzar metas más elevadas de las que se les cree capaces.

En el liderazgo transformacional, el líder busca transformar a los seguidores y a la organización a través de la influencia y el ejemplo. El líder inspira a los seguidores a alcanzar su máximo potencial, fomenta la innovación y el aprendizaje, y promueve una cultura de desarrollo y crecimiento. El líder articula una visión convincente y establece metas desafiantes, motivando a los seguidores a superar sus propias expectativas y a comprometerse con el logro de resultados excepcionales.

El líder transformacional también establece relaciones sólidas y de confianza con los seguidores, demostrando empatía, consideración individualizada y atención a las necesidades y aspiraciones de cada miembro del equipo. El líder fomenta la participación activa y el empoderamiento de los seguidores, alentando su autoliderazgo y cultivando un sentido de responsabilidad y pertenencia a la organización.

Este enfoque de liderazgo es especialmente efectivo en contextos de cambio, incertidumbre y complejidad, ya que permite a los seguidores adaptarse y prosperar en un entorno dinámico. El líder transformacional promueve la creatividad, la resolución de problemas y la toma de decisiones colaborativa, fomentando la innovación y la búsqueda constante de mejoras.

El Liderazgo transformacional propone que la relación líder-subordinado se sustenta en la reciprocidad más que en el poder y que el líder transformador es un apasionado del cambio.

De acuerdo a este paradigma el proceso transformador se realiza de la siguiente forma:

• El líder transmite visión a los subordinados que toman conciencia de las metas.

• Los seguidores trascienden sus intereses personales por metas superiores.

• El líder moviliza las necesidades de orden superior de subordinados.

Además, el liderazgo transformacional tiene un impacto positivo en la satisfacción laboral, el compromiso de los empleados y el rendimiento organizacional. Los seguidores se sienten valorados, motivados y comprometidos con la visión y los objetivos de la organización. Se genera un clima de trabajo positivo y colaborativo, donde los seguidores se apoyan mutuamente y se sienten inspirados a superar los desafíos y alcanzar metas ambiciosas.

Sin embargo, es importante destacar que el liderazgo transformacional requiere habilidades y competencias específicas por parte del líder. Es necesario tener una visión clara, habilidades de comunicación efectiva, capacidad de influencia y empatía, así como la capacidad de inspirar y motivar a los demás. Además, el líder transformacional debe estar dispuesto a invertir tiempo y esfuerzo en el desarrollo y crecimiento personal de los seguidores, así como en la creación de un entorno propicio para el cambio y la innovación.

El liderazgo transformacional es un enfoque de liderazgo que busca inspirar y motivar a los seguidores para lograr un cambio significativo y positivo en la organización. Se centra en el desarrollo personal y profesional de los seguidores, la creación de una visión compartida y un sentido de propósito, y la promoción de la innovación y el aprendizaje. Este estilo de liderazgo genera un clima de trabajo positivo y colaborativo, y tiene un impacto positivo en la satisfacción laboral, el compromiso y el rendimiento organizacional.

Teoría contingente

La teoría contingente del liderazgo es un enfoque que sostiene que no hay un estilo de liderazgo universalmente efectivo, sino que este depende depende de las circunstancias y el contexto en el que se encuentra un líder. Según esta teoría, diferentes situaciones requieren diferentes estilos de liderazgo, y un líder efectivo debe ser capaz de adaptarse y ajustar su enfoque en función de las necesidades y demandas del entorno.

La teoría contingente del liderazgo se basa en la supuesto de que no existe un estilo de liderazgo óptimo que funcione en todas las situaciones. En cambio, la efectividad del liderazgo depende de diversos factores, como las características del líder, las características de los seguidores y las demandas del entorno. Estos factores interactúan entre sí y determinan el estilo de liderazgo más adecuado en cada caso.

Un aspecto central de la teoría contingente del liderazgo es la idea de que diferentes situaciones requieren diferentes estilos de liderazgo. Por ejemplo, en situaciones de alta incertidumbre y cambio rápido, un enfoque de liderazgo más flexible y adaptable puede ser más efectivo. En contraste, en situaciones de estabilidad y claridad de objetivos, un enfoque más directivo y autocrático puede ser más apropiado.

Además, la teoría contingente del liderazgo destaca la importancia de adaptar el estilo de liderazgo al nivel de competencia y motivación de los seguidores. Por ejemplo, en equipos con seguidores altamente competentes y motivados, un estilo de liderazgo más participativo y de empoderamiento puede ser más efectivo. Por otro lado, en equipos con seguidores menos competentes o motivados, un estilo de liderazgo más directivo y de control puede ser necesario.

La teoría contingente del liderazgo reconoce que no hay un estilo de liderazgo universalmente efectivo y que la efectividad del liderazgo depende de las circunstancias y el contexto. Los líderes deben ser capaces de evaluar y comprender las demandas y características del entorno, así como las capacidades y motivaciones de sus seguidores, para adaptar su enfoque de liderazgo de manera adecuada. Esta teoría enfatiza la importancia de la flexibilidad y la capacidad de ajuste por parte de los líderes para lograr resultados óptimos en diferentes situaciones.

Inteligencia emocional.

La inteligencia emocional en las teorías del liderazgo se refiere a la capacidad de un líder para reconocer, comprender y manejar sus propias emociones y las emociones de los demás de manera efectiva. Se basa en la idea de que el liderazgo efectivo no solo requiere habilidades técnicas y cognitivas, sino también habilidades emocionales y sociales.

Este enfoque es uno de los más nuevos sobre el tema, ya que, La teoría de la inteligencia emocional en el contexto del liderazgo se planteó por primera vez en la década de 1990. Fue popularizada por el psicólogo Daniel Goleman en su libro Inteligencia emocional, publicado en 1995.

El autor identifica cinco componentes clave de la inteligencia emocional: la autoconciencia, la autorregulación emocional, la motivación, la empatía y las habilidades sociales. Estos aspectos son fundamentales para un liderazgo efectivo, ya que permiten al líder conectarse con los demás, inspirar y motivar a su equipo, gestionar conflictos y tomar decisiones informadas.

La inteligencia emocional implica la capacidad de autoconciencia emocional, es decir, estar consciente de las propias emociones y cómo afectan el comportamiento y las decisiones. Un líder con alta inteligencia emocional es capaz de reconocer y gestionar sus emociones de manera adecuada, lo que le permite mantener la calma y la claridad mental incluso en situaciones estresantes.

Además, la inteligencia emocional implica la capacidad de empatía, es decir, la capacidad de comprender y compartir las emociones de los demás. Un líder con alta inteligencia emocional puede leer las señales emocionales de los demás, comprender sus necesidades y preocupaciones, y responder de manera apropiada.

La inteligencia emocional también implica la capacidad de manejar las relaciones interpersonales de manera efectiva. Los líderes con alta inteligencia emocional son capaces de establecer y mantener relaciones positivas con sus seguidores, fomentando la confianza, la comunicación abierta y el respeto mutuo.

En el contexto del liderazgo, la inteligencia emocional es importante porque afecta la forma en que los líderes se relacionan con su equipo y cómo influyen en ellos. Los líderes con alta inteligencia emocional son capaces de motivar y inspirar a sus seguidores, generar un clima de trabajo positivo y fomentar la colaboración y el compromiso.

Goleman respalda sus argumentos con estudios científicos y ejemplos de líderes destacados que han demostrado habilidades de inteligencia emocional en sus roles. Además, ofrece estrategias y técnicas para desarrollar la inteligencia emocional y mejorar el liderazgo, como la práctica de la atención plena, el fomento de relaciones de confianza y el desarrollo de habilidades de comunicación efectiva.

En resumen, la inteligencia emocional en las teorías del liderazgo se refiere a la capacidad de un líder para reconocer y gestionar las emociones propias y de los demás de manera efectiva. Esta habilidad ayuda a los líderes a establecer relaciones sólidas, comprender las necesidades de sus seguidores y manejar las situaciones de manera calmada y coherente. La inteligencia emocional es una cualidad valiosa en el liderazgo, ya que contribuye a un clima de trabajo positivo, una mayor motivación y una mayor eficacia en el logro de objetivos.

Teoría situacional

La Teoría Situacional del liderazgo, también conocida como Modelo de Hersey-Blanchard, se centra en la idea de que no hay un estilo de liderazgo único y universalmente efectivo. En cambio, sostiene que el estilo de liderazgo más adecuado depende de la situación y las necesidades específicas del equipo o grupo que se está liderando.

Según esta teoría, existen dos dimensiones principales que definen la situación de liderazgo: el grado de orientación a la tarea y el grado de orientación a las relaciones. La orientación a la tarea se refiere a la importancia dada a la finalización de las tareas y el logro de metas, mientras que la orientación a las relaciones se refiere a la importancia dada a las relaciones interpersonales y la satisfacción de los miembros del equipo.

El modelo establece cuatro estilos de liderazgo: dirigir, orientar, apoyar y delegar. Estos estilos varían en términos de la cantidad de dirección y apoyo que el líder proporciona a los miembros del equipo. El líder debe evaluar la madurez de los seguidores en términos de su capacidad y disposición para asumir responsabilidades y tomar decisiones, y adaptar su estilo de liderazgo en consecuencia.

En situaciones en las que los seguidores tienen una baja madurez, es decir, tienen poca experiencia o habilidades en la tarea y baja motivación, se requiere un estilo de liderazgo más dirigido. El líder debe proporcionar instrucciones claras y supervisión cercana para ayudar a los seguidores a realizar su trabajo de manera efectiva.

Cuando los seguidores tienen una madurez moderada, el estilo de liderazgo más apropiado es el de orientar. El líder continúa proporcionando dirección, pero también se enfoca en el desarrollo de habilidades y la motivación de los seguidores.

En situaciones en las que los seguidores tienen una alta madurez, es decir, son competentes y motivados, se requiere un estilo de liderazgo más de apoyo. El líder brinda autonomía y respaldo a los seguidores, permitiéndoles tomar decisiones y resolver problemas por sí mismos.

Finalmente, cuando los seguidores tienen una madurez muy alta, el estilo de liderazgo más efectivo es el de delegar. El líder confía en los seguidores para tomar decisiones y llevar a cabo las tareas de manera autónoma.

Recapitulando, la Teoría Situacional del liderazgo sostiene que no existe un estilo de liderazgo único y efectivo en todas las situaciones. El líder debe adaptar su estilo de liderazgo en función de la madurez y las necesidades de los seguidores, utilizando un enfoque dirigido, orientado, de apoyo o de delegación según corresponda. Esto permite un liderazgo más efectivo y una mejor satisfacción y rendimiento del equipo.

Toma de decisiones

Las funciones del proceso administrativo pueden ser formuladas de manera secuencial y este es el orden que se ha seguido en esta presentación temática, abordando las cuatro fases de este proceso: planificación, organización, dirección y control.

Sin embargo, el proceso administrativo también puede ser comprendido desde la perspectiva de sus funciones permanentes o continuas. En este caso, las principales son: análisis de problemas, toma de decisiones y comunicación.

La toma de decisiones es una función continua y se encuentra presente en cada una de las fases del ciclo si este es visto de manera secuencial. Sin embargo, donde se encuentra presente con mayor fuerza es en la función de dirección.

Esta función es clave dentro del proceso de dirección en la teoría de la administración. Consiste en el proceso mediante el cual los líderes y gerentes seleccionan entre diferentes alternativas de acción para resolver problemas, alcanzar objetivos y enfrentar situaciones desafiantes en una organización.

La toma de decisiones implica evaluar y analizar información relevante, considerar diferentes opciones, evaluar los posibles resultados y consecuencias, y seleccionar la opción más adecuada para avanzar hacia los objetivos establecidos. Esta función requiere habilidades cognitivas, capacidad de análisis, juicio crítico y capacidad para evaluar el riesgo.

En términos generales el proceso de toma de decisiones puede ser entendido como la selección entre múltiples alternativas. De a acuerdo a Koontz y Weihrich[47] el proceso de toma de decisiones consiste de los siguientes pasos:

- Establecimiento de premisas (supuestos).

- Identificación de alternativas.

- Evaluación de alternativas en términos de la meta buscada.

- Elección de una alternativa, es decir, la toma de una decisión.

- Recopilación de información

47. *Elementos de administración.*

Sin embargo, el proceso de toma de decisiones no puede ser considerado sólo como elección entre alternativas, ya que elegir una opción no asegura que un problema sea resuelto, por lo que las alternativas presentadas deben tener la capacidad de solucionar la situación que afecta a la organización.

Es por esto que una visión integral de la toma de decisiones de cierta trascendencia se enriquece identificando el contexto que da origen a la situación. La identificación de situaciones que ameritan ser estudiadas y analizadas en profundidad puede constituirse en un activo valioso para la organización.

De acuerdo a Diez de Castro Et. al.[48] las cinco grandes dimensiones para el enfoque de problemas consisten en:

- Naturaleza del problema
- Gestión
- Información
- Participación
- Poder

La comprensión acabada del problema permite distinguir entre líneas de acción que sean real alternativa de solución para la situación que motiva la decisión. Con el problema definido con claridad es posible pasar a la elección de las opciones definidas. En este punto las etapas que continúan el proceso son:

- Fijar criterios. Estos son los elementos de juicio para la decisión.

- Ponderar criterios. Es posible que se desee asignar más importancia a unos criterios que a otros.

- Despliegue de alternativas. En esta etapa se presentan las alternativas desarrolladas.

- Valoración de alternativas. De acuerdo a los criterios seleccionados se procede a valorar las alternativas.

- Elección de la mejor alternativa.

En la teoría de la administración, se han desarrollado diferentes

---

48. *Administración y dirección.*

enfoques y modelos para entender y mejorar la toma de decisiones. Algunos de los enfoques más conocidos incluyen el enfoque racional, el enfoque incremental y el enfoque basado en la intuición.

Enfoques en toma de decisiones

El enfoque racional en la toma de decisiones se basa en la idea de que los tomadores de decisiones son seres racionales y buscan maximizar sus objetivos y beneficios. Este enfoque sigue un proceso sistemático y lógico, que incluye las siguientes etapas:

Identificación del problema: En esta etapa, se identifica y define claramente el problema o la situación que requiere una decisión. Se establece el objetivo que se busca lograr a través de la decisión.

Generación de alternativas: Se exploran y generan diferentes alternativas de acción posibles para abordar el problema. Se busca considerar todas las opciones relevantes y se evalúa su viabilidad y factibilidad.

Evaluación de alternativas: Cada alternativa se evalúa en función de criterios y parámetros establecidos. Se consideran aspectos como costos, beneficios, riesgos, oportunidades y eficacia en la consecución del objetivo. Se emplean herramientas y técnicas de análisis, como el análisis costo-beneficio o el análisis de riesgos, para evaluar y comparar las opciones.

Selección de la mejor opción: Basándose en la evaluación de las alternativas, se selecciona la opción que se considera la mejor para alcanzar el objetivo establecido. Se fundamenta en criterios objetivos y se busca maximizar los beneficios y minimizar los riesgos.

En contraste, el enfoque incremental reconoce que la toma de decisiones en la práctica a menudo está limitada por la información disponible, el tiempo y los recursos. Este enfoque se caracteriza por tomar decisiones pequeñas y graduales, ajustándose y aprendiendo de los resultados antes de tomar decisiones más grandes. Las etapas del enfoque incremental incluyen:

Identificación de problemas inmediatos: Se abordan los problemas más urgentes y evidentes de manera prioritaria, en lugar de intentar resolver todos los problemas a la vez.

Toma de decisiones limitadas: Se toman decisiones pequeñas y específicas para abordar cada problema identificado. Estas decisiones se basan en la información disponible en ese momento y no se espera tener todos los datos completos.

Evaluación y ajuste: Después de implementar las decisiones, se evalúan los resultados y se ajustan las decisiones o se toman nuevas decisiones basadas en la retroalimentación obtenida.

El enfoque basado en la intuición se refiere a la capacidad de los líderes y gerentes para tomar decisiones basadas en su experiencia, conocimiento y juicio intuitivo. Este enfoque se basa en la idea de que los tomadores de decisiones tienen la capacidad de evaluar rápidamente situaciones complejas y tomar decisiones efectivas basadas en su "corazonada". Algunas características del enfoque basado en la intuición son:

Evaluación rápida: Los tomadores de decisiones confían en su experiencia y conocimiento acumulados para evaluar rápidamente la situación y tomar una decisión sin un análisis detallado.

Conexiones subconscientes: La toma de decisiones se basa en la capacidad del tomador de decisiones para reconocer patrones, conectar información relevante y aprovechar su conocimiento tácito sin un razonamiento consciente.

Sensibilidad a las señales no verbales: Los tomadores de decisiones basados en la intuición pueden captar señales sutiles o no verbales que pueden influir en su toma de decisiones.

Es importante destacar que la toma de decisiones no es un proceso lineal y puede verse influenciada por diversos factores, como el contexto organizacional, los valores y la ética, el estilo de liderazgo y la cultura organizacional. Además, la toma de decisiones puede ser individual o grupal, y puede requerir la participación de diferentes actores y la consulta de expertos.

Capacidad de toma de decisiones

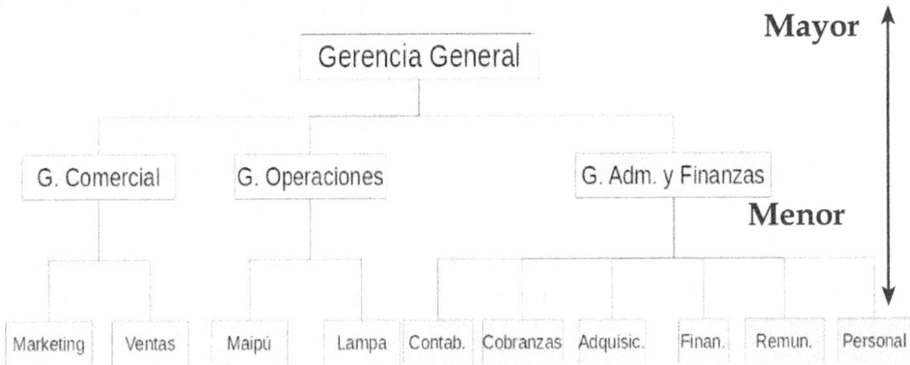

La capacidad en la toma de decisiones varía según el nivel en el organigrama de una organización:

1. Nivel operativo: En este nivel, se toman decisiones rutinarias y de corto plazo que requieren conocimientos técnicos y habilidades prácticas.

2. Nivel de supervisión: Los supervisores toman decisiones estratégicas que afectan el rendimiento del equipo, y necesitan habilidades de liderazgo y resolución de conflictos.

3. Nivel directivo: Los gerentes toman decisiones estratégicas y de largo plazo que afectan la organización en general. Requieren habilidades de pensamiento estratégico y análisis de datos.

4. Alta dirección: Los ejecutivos toman decisiones de gran alcance que impactan toda la organización. Necesitan habilidades de liderazgo estratégico y visión a largo plazo.

En resumen, la capacidad en la toma de decisiones varía según el nivel jerárquico en una organización, desde decisiones prácticas en el nivel operativo hasta decisiones estratégicas de alto nivel en el nivel ejecutivo. Cada nivel requiere habilidades específicas, como conocimientos técnicos, liderazgo, pensamiento estratégico y capacidad de evaluación, para tomar decisiones efectivas y contribuir al éxito de la organización.

Herramientas para la toma de decisiones

En la toma de decisiones, se utilizan diversas herramientas y técnicas para ayudar a los tomadores de decisiones a analizar información, evaluar alternativas y seleccionar la mejor opción. Algunas de las herramientas más comunes incluyen:

1. Análisis de costo-beneficio: Permite comparar los costos asociados con una decisión y los beneficios esperados. Ayuda a evaluar si los beneficios superan los costos y si la decisión es financieramente viable.

2. Análisis de riesgos: Permite identificar y evaluar los riesgos asociados con cada opción. Ayuda a comprender las posibles consecuencias negativas y a determinar cómo mitigar o gestionar esos riesgos.

3. Matriz de toma de decisiones: Es una herramienta visual que ayuda a comparar y clasificar las alternativas en función de diferentes criterios. Permite asignar pesos o puntuaciones a cada criterio y evaluar cómo se desempeña cada alternativa en relación con esos criterios.

4. Árbol de decisiones: Es una representación gráfica de las diferentes opciones y los posibles resultados que se derivan de cada opción. Ayuda a visualizar y comprender las ramificaciones de cada decisión.

5. Análisis FODA (Fortalezas, Oportunidades, Debilidades, Amenazas): Permite evaluar los factores internos y externos que pueden afectar una decisión. Ayuda a identificar las fortalezas y debilidades de una opción, así como las oportunidades y amenazas asociadas.

6. Análisis de Pareto: Se utiliza para identificar y priorizar los problemas o factores más importantes. Ayuda a determinar qué problemas o factores deben abordarse primero para obtener el mayor impacto.

El principio de Pareto, también conocido como la regla del 80/20, sugiere que aproximadamente el 80% de los efectos provienen del 20% de las causas. En el análisis de Pareto, se identifican y clasifican las causas o factores en función de su frecuencia o impacto, y se determina cuáles son los más significativos.

7. Diagrama de flujo: Es una representación visual de los pasos o procesos involucrados en una decisión. Ayuda a visualizar el flujo de trabajo y las interacciones entre diferentes etapas o partes de la decisión.

8. Lluvia de ideas: El propósito de este enfoque es mejorar la resolución de problemas encontrando soluciones nuevas y poco comunes.

Las reglas son las siguientes:

No se critica nunca ninguna idea.

Cuanto más radicales sean las ideas, mejor.

Se hace énfasis en la cantidad de ideas.

Se motiva el mejoramiento de las propuestas de otras personas.

9. Análisis PESTEL: Consiste en evaluar y analizar los factores políticos, económicos, sociales, tecnológicos, ambientales y legales que pueden influir en una organización o proyecto. Cada una de las letras del acrónimo PESTEL representa un área específica de análisis: Político, Económico, Social, Tecnológico, Ambiental y Legal.

Para finalizar esta sección se examinarán en detalle el análisis PESTEL y el árbol de decisiones.

Análisis PESTEL

El análisis PESTEL es una versión ampliada y más completa del análisis PEST. Ambos modelos son herramientas utilizadas en la planificación estratégica para analizar el entorno externo de una organización y evaluar los factores políticos, económicos, sociales y tecnológicos que pueden influir en su funcionamiento.

El análisis PEST se centra en cuatro dimensiones principales: Político, Económico, Social y Tecnológico. Estas áreas de análisis permiten comprender el impacto de las políticas gubernamentales, las condiciones económicas, los cambios sociales y las tendencias tecnológicas en el entorno empresarial.

Por otro lado, el análisis PESTEL amplía estas cuatro dimensiones al incluir dos aspectos adicionales: Ambiental y Legal. La dimensión ambiental se refiere a los factores relacionados con el medio ambiente, como regulaciones ambientales, sostenibilidad y conciencia ecológica. La dimensión legal abarca las leyes y regulaciones que pueden afectar a la organización, incluyendo aspectos como normativas laborales, protección al consumidor y legislación fiscal.

Al incorporar estas dos dimensiones adicionales, el análisis PESTEL proporciona una visión más completa y detallada del entorno externo de una organización, permitiendo identificar y comprender aspectos clave que pueden tener un impacto significativo en sus operaciones y estrategias

El análisis PESTEL se puede expresar en una tabla para facilitar la organización y visualización de los factores relevantes. A continuación, se proporciona un ejemplo de cómo se podría estructurar una tabla de análisis PESTEL:

Dimensiones	Factores a considerar
Político	Políticas gubernamentales, estabilidad política, legislación y regulaciones
Económico	Indicadores económicos (PIB, inflación, tasa de desempleo), fluctuaciones del mercado, condiciones financieras
Social	Cambios demográficos, tendencias culturales, comportamiento del consumidor
Tecnológico	Avances tecnológicos, innovación, adopción de nuevas tecnologías
Ambiental	Regulaciones ambientales, sostenibilidad, impacto ambiental
Legal	Leyes y regulaciones aplicables a la organización, normativas laborales, protección al consumidor

En esta tabla, se identifican las seis dimensiones del análisis PESTEL y se enumeran algunos ejemplos de factores relevantes que podrían incluirse en cada dimensión. Esta tabla es solo un ejemplo ilustrativo y los factores específicos a considerar pueden variar según el contexto y la organización analizada.

Al utilizar esta tabla, se puede realizar un análisis exhaustivo de cada una de las dimensiones, identificando las oportunidades y desafíos que cada factor presenta para la organización. Esto brinda una base sólida para comprender el entorno externo y tomar decisiones estratégicas informadas.

Árbol de decisiones

El árbol de decisiones es una herramienta utilizada en la toma de decisiones para representar gráficamente las diferentes opciones disponibles y los posibles resultados que pueden derivarse de cada una de ellas. Consiste en una estructura ramificada que muestra de manera visual las decisiones y sus consecuencias.

El árbol de decisiones se construye a partir de un problema o situación en el cual se deben tomar decisiones. En la parte superior del árbol se encuentra el nodo raíz, que representa el punto de partida del análisis. A partir de este nodo, se crean ramas que representan las diferentes opciones o decisiones disponibles.

Cada una de estas ramas se descompone en subramas que representan los posibles resultados que pueden surgir de cada decisión. Estos resultados se representan como nodos terminales o finales. En cada nodo final se asigna un valor o una probabilidad que indica el resultado esperado de esa opción.

El proceso de construcción del árbol de decisiones implica identificar todas las decisiones clave que deben tomarse y los posibles resultados asociados a cada una. Se pueden incluir también ramas adicionales que representen eventos inciertos o situaciones que pueden influir en los resultados.

En la figura siguiente los íconos representan lo siguiente:

Nodos Cuadrados o de decisión.

Nodos Circulares o de probabilidad

Nodos Terminales: Representan un resultado definitivo de una ramificación.

Ramificaciones alternativas: Cada ramificación representa un resultado probable.

Alternativa rechazada: Una vez desarrollado el árbol, las alternativas que no se seleccionan se marcan con dos líneas.

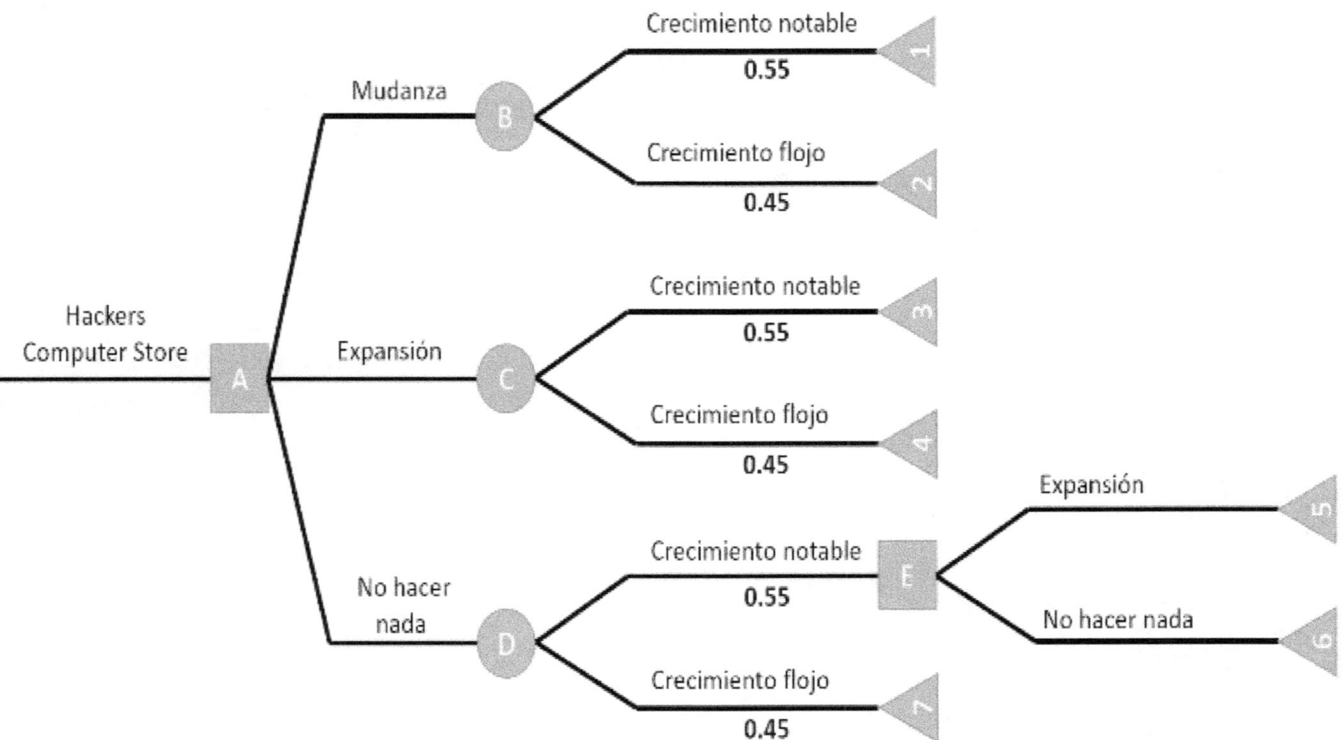

Hackers
Computer Store
A
Mudanza
B
Crecimiento notable
0.55
1
Crecimiento flojo
0.45
2
Expansión
C
Crecimiento notable
0.55
3
Crecimiento flojo
0.45
4
No hacer
nada
D
Crecimiento notable
0.55
E
Expansión
5
No hacer nada
6
Crecimiento flojo
0.45
7

En la figura se representan las opciones para definir la ubicación del local de una organización. Las opciones son mudarse, expandirse o no hacer nada (lo que siempre es una decisión).

A cada una de las opciones se les asigna dos opciones: crecimiento notable y crecimiento flojo. A estas opciones se les asigna las probabilidades de 55% y 45% respectivamente.

Alternativa	Cálculo de Ingresos	Ingresos	Costo	Valor Neto
1) Mudarse a otro lugar, crecimiento notable	$195 000 × 5 años	$975,000	$210,000	$765,000
2) Mudarse a otro lugar, crecimiento flojo	$115 000 × 5 años	$575,000	$210,000	$365,000
3) Expandir tienda, crecimiento notable	$190 000 × 5 años	$950,000	$87,000	$863,000
4) Expandir tienda, crecimiento flojo	$100 000 × 5 años	$500,000	$87,000	$413,000
5) No hacer nada por ahora, crecimiento notable, expandirse el año entrante	$170 000 × 1 año + $190 000 × 4 años	$930,000	$87,000	$843,000
6) No hacer nada por ahora, crecimiento notable, no expandirse el año entrante	$170 000 × 5 años	$850,000	$0	$850,000
7) No hacer nada por ahora, crecimiento flojo	$105 000 × 5 años	$525,000	$0	$525,000

A continuación se escenifica las opciones monetarias de cada alternativa, calculando el valor neto de cada una.

Al considerar las opciones valorizadas de acuerdo a la tabla anterior se pueden descartar las opciones menos favorables y ponderar por las probabilidades como se muestra en el árbol y la tabla siguiente. En el árbol se tachan las líneas según se van descartando las opciones.

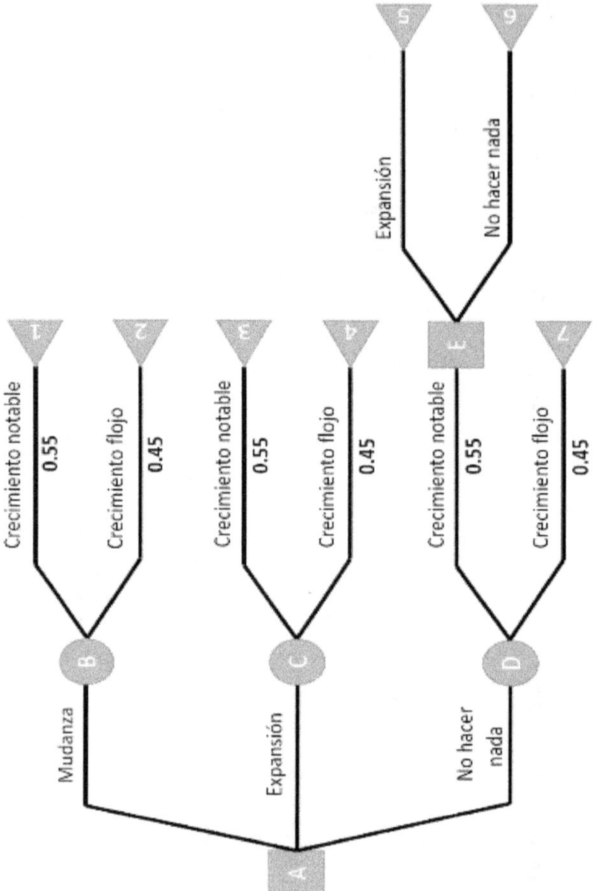

	Alternativa	Valor Neto	Pro-babili-dad	Valoración	Valor fi-nal
A	1) Mudarse, no-table	765.000	55 %	420.750	585.000
	2) Mudarse, flojo	365.000	45 %	164.250	
B	3) Expandir, no-table	863.000	55 %	474.650	660.500
	4) Expandir, flojo	413.000	45 %	185.850	
C	5) No hacer nada, notable, expandir	843.000	55 %	463.650	
	6) No hacer nada, notable, no expandir	850.000	55 %	467.500	703.750
	7) No hacer nada, flojo	525.000	45 %	236.250	

De lo anterior se desprende que la mejor alternativa es la D con el valor de $703.750.

La elección de la herramienta adecuada depende del tipo de decisión, la complejidad del problema y la disponibilidad de datos e información. Cada herramienta tiene sus propias ventajas y limitaciones, por lo que es importante seleccionar la que mejor se ajuste al contexto y los requisitos de la decisión en particular.

La toma de decisiones es una función esencial dentro de la dirección en la teoría de la administración. Consiste en seleccionar entre diferentes alternativas de acción para abordar problemas y situaciones desafiantes. La toma de decisiones puede seguir enfoques racionales, incrementales o basados en la intuición, y se ve influenciada por diversos factores y procesos.

Comunicaciones

En tanto la función dirección se refiere al proceso de influir y guiar a los miembros de la organización para lograr los objetivos establecidos, se requiere una comunicación clara, abierta y fluida entre los líderes y los miembros del equipo.

La comunicación en la función de dirección implica transmitir información, instrucciones, objetivos, expectativas y retroalimentación a los empleados. Esto se puede lograr a través de diversos canales de comunicación, como reuniones, correos electrónicos, informes, comunicaciones verbales y otros medios disponibles. La elección del canal de comunicación adecuado depende de la naturaleza del mensaje, la urgencia, la importancia y las preferencias de los receptores.

Una comunicación efectiva en la función de dirección tiene varios beneficios. En primer lugar, permite a los líderes transmitir claramente las expectativas y los objetivos a los empleados, lo que ayuda a alinear los esfuerzos y mejorar el desempeño. Además, facilita la coordinación de actividades, evitando la duplicación de esfuerzos y asegurando una colaboración eficiente entre los miembros del equipo. También fomenta la participación y la retroalimentación, lo que permite a los empleados compartir sus ideas, preocupaciones y sugerencias, y contribuir al proceso de toma de decisiones.

Sin embargo, la comunicación en la función de dirección puede enfrentar desafíos y barreras. Estas barreras pueden incluir la falta de claridad en los mensajes, la falta de habilidades de comunicación por parte de los líderes, las diferencias de lenguaje o cultura, y las barreras físicas o geográficas en organizaciones distribuidas. Para superar estas barreras, es esencial fomentar una comunicación abierta y transparente, establecer canales de comunicación claros y promover una cultura de retroalimentación y participación.

El proceso de comunicación, al igual que la toma de decisiones, forma parte de las funciones permanentes de los directivos, por lo que se encuentra presente en cada una de las cuatro etapas del ciclo secuencial y, también se encuentra de manera predominante en la función de dirección, por lo que al analizarla se la suele incluir dentro de este grupo.

Se puede afirmar que en toda acción dentro de una organización existe comunicación, porque es a través de la comunicación que las personas reciben la información sobre los objetivos por lo cuales trabajarán. A su vez, es a través de la comunicación que el equipo directivo se retroalimenta respecto al cumplimiento de esos objetivos o de las desviaciones que se producen.

Además, la comunicación en la función de dirección también implica escuchar activamente a los empleados y brindar retroalimentación constructiva. Los líderes deben estar dispuestos a recibir y considerar las ideas y preocupaciones de los empleados, y brindar retroalimentación efectiva para mejorar el desempeño y el desarrollo profesional. La comunicación bidireccional y la retroalimentación continua son fundamentales para establecer una relación de confianza y fortalecer el compromiso de los empleados.

Lo que es válido para las comunicaciones al interior de la organización es igualmente cierto para los vínculos que esta tiene con el medio, ya que es posible afirmar respecto de las organizaciones que "La consideración de éstas como sistemas abiertos y dinámicos exige también la presencia de un continuo flujo de información con los elementos del entorno"[49].

En términos sistémicos básicos se puede entender la comunicación como un emisor que transmite un mensaje a un receptor sobre un canal. El mensaje activa diferentes acciones en el receptor. En una organización el proceso no se detiene aquí, sino que genera un flujo circular de información que le permite al emisor recibir retroalimentación sobre su mensaje.

En una organización es posible distinguir tres tipos de flujos de comunicación.

- **Comunicación vertical descendente.**

En este caso el flujo de comunicación se produce desde los niveles superiores a los inferiores[50] con el propósito de:

  ○ Dar órdenes o instrucciones de trabajo.

  ○ Definir los objetivos del trabajo.

  ○ Comunicar procedimientos y prácticas.

  ○ Evaluar el cumplimiento de los objetivos.

49. Diez de Castro, E.; García del Junco, J;Martín, F; Periáñez R., 159.
50. Johansen, Oscar, *Introducción a la teoría general de sistemas*, 117.

◦ Adoctrinamiento.

• **Comunicación vertical ascendente.**

En esta modalidad, la comunicación fluye hacia arriba y los motivos más frecuentes son:

◦ Comunicar el resultado del trabajo.

◦ Transmitir quejas.

◦ Formular consultas.

◦ Manifestar desacuerdos.

• **Comunicación horizontal.**

En esta modalidad, la comunicación se produce entre niveles similares dentro de la estructura organizativa. Existen formas de trabajo que priorizan este modo de comunicación como los comités y los equipo de trabajo.

Comité, equipo, grupo de trabajo

La modalidad de trabajo en comités dentro de una organización consiste en la creación de grupos de trabajo específicos compuestos por representantes de diferentes áreas o departamentos de la organización. Estos comités se establecen con el propósito de abordar temas o asuntos específicos y llevar a cabo funciones específicas en beneficio de la organización.

En las organizaciones complejas es poco habitual que una sola persona tome decisiones importantes, por ello se recurre a grupos de personas.

Se entiende por comité a un grupo de personas a quienes en conjunto se les encomienda alguna función o tarea.

Existen al menos dos tipos de comités:

Permanentes

Específicos

Los comités se crean para facilitar la toma de decisiones, el intercambio de información, la resolución de problemas, la formulación de políticas y la implementación de proyectos o iniciativas.

Los miembros del comité son seleccionados debido a su experiencia, conocimientos y habilidades relacionadas con el tema en cuestión. Cada comité tiene una estructura y un propósito definidos, y puede estar encabezado por un presidente o líder designado.

La modalidad de trabajo en comités ofrece varias ventajas. En primer lugar, permite una mayor participación y representación de diferentes perspectivas y conocimientos en el proceso de toma de decisiones. Al involucrar a personas de diversas áreas y niveles jerárquicos, se fomenta la colaboración y se obtienen diferentes puntos de vista, lo que puede conducir a decisiones más informadas y acertadas.

Además, los comités promueven la comunicación y la coordinación entre los miembros de la organización. Proporcionan un espacio formal para el intercambio de información, la discusión de temas relevantes y la resolución de problemas. La interacción en el comité puede ayudar a identificar desafíos, generar ideas creativas y buscar soluciones conjuntas.

Otra ventaja de los comités es que brindan una estructura organizada para la implementación de proyectos o iniciativas. Los miembros del comité pueden asignar tareas, establecer plazos y supervisar el progreso de los proyectos. Esto garantiza un enfoque sistemático y una mayor responsabilidad en la ejecución de las actividades.

Sin embargo, también hay desafíos asociados con la modalidad de trabajo en comités. Puede haber dificultades para lograr la participación activa y el compromiso de todos los miembros. Además, los comités pueden requerir tiempo y recursos para llevar a cabo reuniones y actividades, lo que puede afectar la eficiencia de la organización.

Coaching

Muy ligado a las comunicaciones se han desarrollado dos enfoques que resultan de interés para la teoría administrativa, los trabajos desarrollados por Fernando Flores y Rafael Echeverría.

Ambos se nutren de las teorías de los biólogos chilenos Humberto Maturana y Francisco Varela. En el caso de Flores tiene además influencias del filósofo alemán Jürgen Habermas y Rafael Echeverría de Martín Heidegger.

Coaching Ontológico

Echeverría destaca la importancia de la responsabilidad personal en el coaching ontológico. Plantea que al asumir la responsabilidad de nuestras propias acciones y resultados, podemos desarrollar un mayor poder de agencia y tomar decisiones más conscientes y auténticas.

Al ser aplicado en el ámbito de la administración, brinda herramientas y perspectivas que contribuyen al desarrollo de líderes efectivos y a la mejora de la gestión organizacional. A continuación, se presentan algunas formas en las que se puede aplicar su enfoque en la administración:

1. Desarrollo de la conciencia de los líderes: Esto implica que los líderes deben ser conscientes de sí mismos, sus creencias y emociones. Esto les permite gestionar de manera más efectiva sus acciones y relaciones dentro de la organización.

2. Mejora de las conversaciones y el lenguaje: Destaca la influencia del lenguaje en nuestras percepciones y acciones. Esto promueve conversaciones efectivas y constructivas, fomentando un ambiente de diálogo abierto y valorando la escucha activa.

3. Desarrollo de la inteligencia emocional: Reconocer las emociones, permite desarrollar una mayor inteligencia emocional. Los líderes deben comprender y gestionar sus propias emociones y las de los demás, permitiéndoles fomentar un clima organizacional positivo.

4. Promoción de la responsabilidad y accountability: Aplicar este enfoque fomenta una cultura de responsabilidad y accountability en la administración. Los líderes promueven que los miembros del equipo asuman la responsabilidad de su trabajo y contribución en los resultados organizacionales, aprendiendo de los errores y tomando acciones para mejorar.

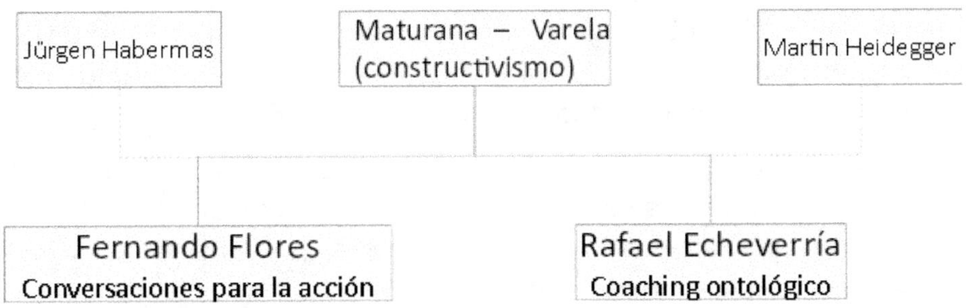

Aplicar el enfoque de Echeverría en la administración significa desarrollar la conciencia de los líderes, mejorar las conversaciones y el lenguaje, desarrollar la inteligencia emocional y promover la responsabilidad y accountability en la organización. Estas prácticas contribuyen al desarrollo de líderes conscientes, efectivos y responsables, generando mejoras significativas en el liderazgo y la gestión organizacional.

Conversaciones para la acción

El enfoque de Fernando Flores en la administración se basa en la importancia del lenguaje y las conversaciones en la generación de resultados y en la eficacia de las organizaciones. Flores propone una serie de prácticas que pueden ser aplicadas en la administración para mejorar la comunicación, la coordinación y la toma de decisiones. Entre ellas se pueden mencionar:

1. Conversaciones efectivas: Se destaca la importancia de las conversaciones como una herramienta clave para la coordinación y el logro de resultados. Se fomenta el uso de conversaciones claras y directas. Esto significa establecer acuerdos claros, comunicar expectativas y generar compromiso entre los miembros del equipo.

2. Declaraciones de compromiso: Flores propone el uso de declaraciones de compromiso como una forma de generar acciones. Estas declaraciones son compromisos explícitos y específicos sobre lo que se va a hacer, cuándo y por quién. Al utilizar declaraciones de compromiso, se establece una estructura de responsabilidad clara.

3. Uso del lenguaje para la acción: Flores enfatiza el poder del lenguaje como una herramienta para generar resultados. Se

alienta a los miembros de la organización a utilizar el lenguaje de manera efectiva, evitando la queja, la crítica y el juicio, y en su lugar, enfocándose en la acción y la generación de soluciones.

4. Coordinación a través de conversaciones: Según Flores, la coordinación efectiva se logra a través de conversaciones claras y estructuradas. Esto implica tener conversaciones regulares para alinear acciones, compartir información y tomar decisiones conjuntas. Se fomenta el diálogo abierto y la participación activa de todos los miembros del equipo.

Evaluación (control)

El control es la última de las funciones administrativas considerados por Fayol y su importancia surge de la necesidad de verificar si los objetivos definidos inicialmente se han cumplido o no.

La exigencia de optimizar el uso de los recursos es otro de los argumentos para considerar evaluar cuál ha sido el desempeño del proceso administrativo en el logro de los fines.

La función control en la administración se refiere al proceso mediante el cual se evalúa el desempeño de los miembros de la organización y de las actividades llevadas a cabo, para asegurar que se alcancen los objetivos establecidos y corregir desviaciones o errores. La función de control puede ser entendida como una forma de retroalimentación continua que permite monitorear y medir el progreso y los resultados obtenidos, comparándolos con los estándares y metas establecidos.

Desde una perspectiva sistémica esta función es clave para retroalimentar la organización en su conjunto y en particular al equipo de alta dirección. De esta manera es posible adoptar medidas correctivas que resuelvan los errores e introducir mejoras en el sistema.

El control se basa en la recopilación y análisis de información relevante, así como en la toma de decisiones basadas en esos datos. A través del control, se identifican desviaciones en relación con lo planeado, y se pueden tomar acciones correctivas para corregirlas.

De acuerdo a Koontz y Weihrich esta consiste en "La función administrativa del control consiste en la medición y corrección del desempeño con la finalidad de asegurarse de que se cumplen los objetivos de la empresa y los planes para lograrlos; se relaciona estrechamente con la función de planeación"51.

La función de control implica varios elementos importantes:

51. Koontz H. y Weirich H., *Elementos de administración.*, 361.

En primer lugar, se requiere establecer estándares y criterios, que sirvan como referencia para evaluar los resultados. Estos estándares pueden incluir indicadores de rendimiento, metas cuantitativas o cualitativas, y otros parámetros.

En segundo lugar, se necesita una sistemática de seguimiento y medición del desempeño, que recopile datos y evidencias sobre cómo se desarrollan las actividades. Esto puede involucrar la utilización de herramientas y técnicas como informes de rendimiento, análisis de datos, auditorías o inspecciones y sobre todo la implementación de un sistema de información administrativa.

En tercer lugar, es fundamental contar con mecanismos de retroalimentación y comunicación, para que la información generada en el proceso de control sea compartida de con las personas y áreas involucradas. Esto permite que se tomen las acciones correctivas necesarias.

Para realizar la función de se requiere definir estándares e indicadores que puedan servir de referencia. Con ellos como orientación se pueden efectuar las mediciones que proporcionan una magnitud de las desviaciones respecto de los objetivos.

La evaluación contribuye en los siguientes aspectos:

• Prevé las desviaciones probables o detecta las ocurridas.

• Las desviaciones son la medida de las diferencias entre los resultados previstos y los efectivos.

• Contribuye a solucionar las desviaciones.

• Orienta las acciones de las personas para alcanzar las metas.

La función control se desarrolla a través de las siguientes etapas:

• Fijación de estándares e indicadores.

• Medición de los resultados

• Observación y corrección de las desviaciones.

La función de control implica también la toma de decisiones y la implementación de acciones correctivas. Una vez identificadas las desviaciones o problemas, se deben tomar medidas para corregirlos y ajustar el curso de las actividades. Esto puede incluir cambios en los procesos, asignación de recursos adicionales, capacitación del personal, entre otras acciones.

Por último, es necesario señalar que se ha optado por titular esta función como evaluación, ya que tiene una perspectiva más amplia que la de control y da una mejor idea de la relevancia de esta función en la generación de información útil para la gestión. Además, se le quita la carga negativa asociada a la expresión control, que generalmente está relacionada con un estilo de dirección de orientación más autoritaria.

Sistemas de información

Los sistemas de información en la función de control consisten en la utilización de tecnologías y herramientas para recopilar, procesar y transmitir datos relevantes de una organización. Estos sistemas permiten obtener información actualizada y precisa, que es fundamental para evaluar el cumplimiento de los objetivos y tomar decisiones informadas.

Los sistemas de información en el control se utilizan para recopilar datos sobre diferentes aspectos del desempeño organizacional, como la producción, las finanzas, los costos, la calidad, el cumplimiento de los plazos.

Una vez recopilados, los datos son procesados y analizados para generar información significativa. Esto implica aplicar técnicas y herramientas de análisis de datos, como tablas dinámicas, gráficos, modelos estadísticos, control presupuestario, etc.

Los sistemas de información también permiten almacenar y organizar los datos de manera segura y accesible. Esto incluye la utilización de bases de datos que facilitan la recuperación y el uso de los datos cuando se necesiten. Los sistemas de información proporcionan herramientas de presentación de informes, que facilitan la interpretación de los resultados.

Otro aspecto importante de los sistemas de información en el control es la transmisión de la información a las personas. Esto requiere el uso de tecnologías de comunicación compartir la información de manera oportuna y en un formato comprensible.

Como se mencionó, la información es uno de los aspectos esenciales para descubrir de manera oportuna las alteraciones que afectan a un sistema. Los Sistemas de Información Administrativa (SIA) existen desde hace décadas en el mundo de la administración, pero con la irrupción de la informática, se han fortalecido y adquirido capacidades que hasta hace poco eran insospechadas.

Los sistemas de información son de diversa índole y pueden ser de utilidad específica o más general como por ejemplo el cuadro de mando integral, que se verá en una sección siguiente. Se pueden mencionar los siguientes tipos de sistemas de control:

- Controles financieros.

- Controles de producción.

- Controles de recursos humanos.

En términos generales un sistema de administración es una herramienta de apoyo a la toma de decisiones y un valioso soporte para la evaluación. Su propósito principal es dar una visión global del estado de la organización.

Presupuesto

Los presupuestos se utilizan en la función de control como una herramienta para evaluar el desempeño financiero de una organización. Estos presupuestos establecen las metas y los límites financieros para un período determinado, y luego se comparan los resultados reales con las cifras presupuestadas para identificar desviaciones y tomar acciones correctivas.

En primer lugar, los presupuestos se utilizan como una referencia para evaluar el rendimiento financiero de la organización. Los resultados reales se comparan con los montos presupuestados en diferentes categorías, como ingresos, gastos, costos de producción, entre otros. Si los resultados reales están por debajo de lo presupuestado, puede indicar un problema de rendimiento o una desviación que requiere atención y acción.

En las instituciones del Estado todas las operaciones están referidas a la Ley de presupuestos en el caso del gobierno central y al presupuesto municipal en el de las instituciones descentralizadas.

Koontz y Weihrich consideran que un presupuesto puede ser entendido como "La preparación de presupuestos es la formulación de planes en términos numéricos para un periodo futuro determinado. Como tales, los presupuestos son declaraciones de resultados anticipados, ya sea en términos financieros (como en los presupuestos de ingresos y de gastos o en los presupuestos de capital) o no, como los presupuestos de horas de mano de obra directa, materiales, volumen físico de ventas o unidades de producción. Se ha dicho, por ejemplo, que los presupuestos financieros representan la monetarización de los planes"52.

Existen dos tipos de técnicas básicas de presupuestación:

• **Presupuesto de base cero**

En este enfoque se dividen las actividades de la organización en grupos, ya sea un ministerio o un programa y para cada una de ellas se calculan los costos estimados desde cero.

• **Presupuesto incremental**

En este tipo de presupuesto la proyección se hace basada en años anteriores, es decir, respecto al desempeño que la unidad obtuvo en años anteriores.

En la siguiente tabla se presenta de forma resumida el presupuesto de un municipio.

Ingresos	12.865.000
- Patentes	250.000
- Permisos circ.	1.400.000
- Licencias cond.	350.000
Transferencias	
Impuesto territorial	6.000.000
Multas	25.000

---

52. Koontz H. y Weirich H., 361.

Transferencias	
- Educación	3.400.000
- Salud	1.440.000
Gastos	12.865.000
Personal	1.080.000
Bs y Servicios	450
- Educación	3.400.000
- Salud	1.440.000
Inversión	
- Estudios	15.000
- Proyectos	6.429.550
- Terrenos	500.000

Cuadro de mando integral (balanced scorecard)

El abuso de la utilización de información financiera redujo la perspectiva a solo esta dimensión en el proceso de toma decisiones, por lo que fue necesario ampliar la mirada para cubrir otros aspectos que la información financiera no proporciona.

La respuesta surgió a través de un instrumento conocido como cuadro de mando integral (CMI) en castellano, que es la traducción del inglés de balanced scorecard. Los desarrolladores y divulgadores de esta herramienta han sido Robert Kaplan y David Norton, su origen se puede situar en General Electric en la década de 1950 y a ingenieros de proceso franceses.

El Cuadro de Mando Integral es una metodología de gestión y control que busca medir y evaluar el desempeño de una organización en base a diferentes perspectivas y objetivos estratégicos. El cuadro de mando integral no es exclusivamente una herramienta de control, sino que también puede ser utilizada durante la planeación y la administración estratégica y sobre todo como apoyo a la toma de decisiones.

El CMI se basa en la premisa de que los indicadores financieros tradicionales, como las ganancias y los ingresos, no son suficientes para medir el éxito de una organización. Por lo tanto, propone la inclusión de otras perspectivas clave, además de la financiera, como la perspectiva del cliente, la perspectiva interna y la perspectiva de aprendizaje y crecimiento.

Esta herramienta busca situarse en la perspectiva de la visión y la estrategia, por lo que para lograr este punto de vista hay que incluir cuatro grupos de miradas.

• La perspectiva de aprendizaje y crecimiento se refiere a la capacidad de la organización para adaptarse, aprender y mejorar continuamente. Se miden indicadores relacionados con la capacitación y desarrollo del personal, la adquisición de conocimientos y habilidades, la cultura organizacional y la innovación. El objetivo es asegurar que la organización esté en constante evolución y mejora.

• La segunda opción consiste en orientarse en los procesos internos de los negocios, los que señalan la satisfacción de los productos y servicios a las demandas de los usuarios.

Se identifican los procesos clave que impulsan el éxito financiero y se definen indicadores para medir su eficiencia y efectividad. Esto puede incluir indicadores relacionados con la calidad, la productividad, la innovación y la eficiencia operativa.

• El tercer grupo se enfoca en la satisfacción del cliente, ya que incluso si los resultados financieros son adecuados, los usuarios disconformes proporcionan información relevante para prevenir problemas futuros.

Aquí se miden indicadores como la satisfacción de los usuarios y la calidad del servicio. El objetivo es entender las necesidades y expectativas de los clientes y asegurarse de que la organización esté entregando valor de manera efectiva.

• El cuarto grupo es la óptica financiera, que por cierto es relevante, pero no debe llevar a descuidar los otros tres grupos. Se enfoca en los resultados financieros de la organización, como los ingresos, los gastos, las utilidades y el retorno de la inversión. Esta perspectiva busca medir el desempeño económico y evaluar si la organización está alcanzando sus metas financieras.

El CMI proporciona un marco integral para medir y evaluar el desempeño de la organización en todas estas perspectivas. Utiliza una combinación de indicadores financieros y no financieros para proporcionar una visión equilibrada y completa de la organización. Estos indicadores se presentan en un tablero o cuadro de mando, que permite monitorear y visualizar el desempeño en tiempo real y facilita la toma de decisiones estratégicas.

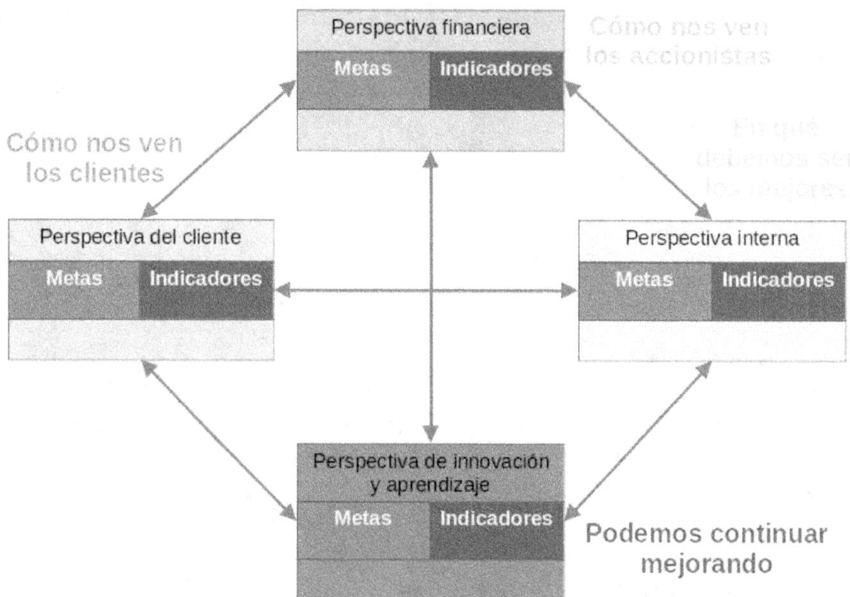

Instrumentos tradicionales de control

Existe una amplia variedad de herramientas de control y evaluación que no se apoyan en datos financieros o presupuestales. Entre ellos se encuentran los que usan datos estadísticos de diferentes aspectos del desempeño de la organización, entre los más frecuentes se encuentran las mediciones de diferentes aspectos de la operación.

Otra fuente de herramientas, en este caso de origen externo son los informes especializados y las auditorías.

Dentro de la variada gama de instrumentos de control hay dos que destacan por su amplia utilización.

Carta Gantt

Entre las técnicas clásicas y que se han usado tradicionalmente se encuentra la carta Gantt. Esta es una herramienta gráfica utilizada en la gestión de proyectos para planificar y programar las actividades a lo largo del tiempo. Consiste en un diagrama de barras que muestra las diferentes tareas o actividades del proyecto

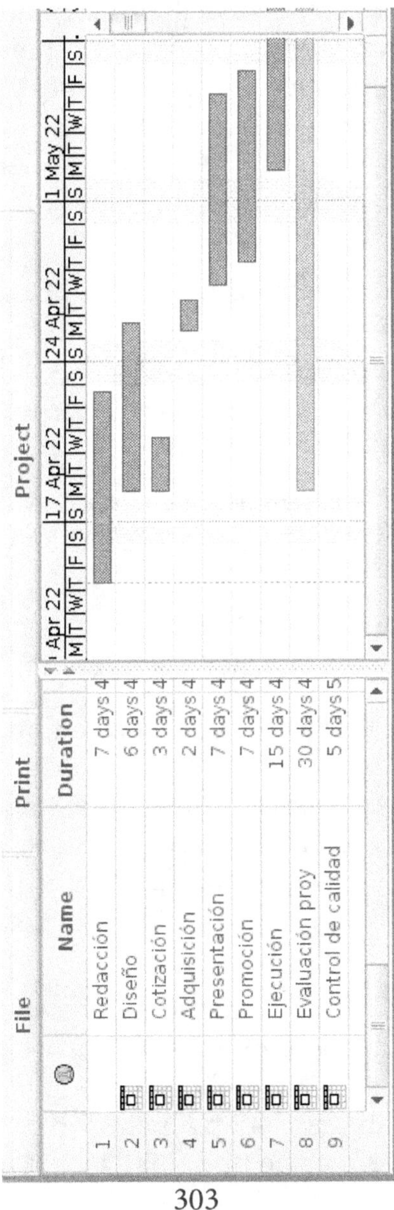

en el eje horizontal y el tiempo en el eje vertical.

Cada tarea se representa con una barra horizontal cuya longitud representa la duración estimada de la tarea. Además, se pueden incluir otras informaciones como la fecha de inicio, la fecha de finalización, las dependencias entre tareas y los recursos asignados a cada tarea.

La carta Gantt permite visualizar de manera clara y estructurada el cronograma del proyecto, facilitando la asignación de recursos, la identificación de tareas críticas y la detección de posibles retrasos o superposiciones de actividades. También permite realizar un seguimiento del progreso del proyecto, ya que se pueden ir actualizando las barras a medida que las tareas se van completando.

Además, la carta Gantt puede ser utilizada como una herramienta de comunicación, ya que permite mostrar de manera sencilla el plan del proyecto a los miembros del equipo, y otras partes interesadas. Esto facilita la comprensión de las fechas clave, las interdependencias entre tareas y la secuencia de actividades.

Aunque es una herramienta simple, es efectiva y muy poderosa, ya que ofrece de manera gráfica una visión de conjunto de un proyecto.

Diagrama PERT

Un Diagrama PERT (Program Evaluation and Review Technique, por sus siglas en inglés) es una herramienta utilizada en la gestión de proyectos para representar gráficamente las tareas y las relaciones de dependencia entre ellas. El objetivo principal del diagrama PERT es facilitar la planificación, programación y control de un proyecto. Su tradición al castellano es técnica de evaluación y revisión de programas.

El diagrama PERT se compone de una serie de nodos y flechas que representan las actividades del proyecto y la secuencia en la que deben llevarse a cabo. Cada nodo representa una tarea y las flechas indican las dependencias entre las tareas. Estas dependencias pueden ser de tipo finalización a inicio, finalización a finalización o inicio a inicio.

Cada tarea en el diagrama PERT está asociada con información relevante como la duración estimada, la fecha de inicio y la fecha de finalización. Además, se pueden agregar otros elementos como eventos o hitos importantes en el proyecto.

El diagrama PERT también permite calcular la ruta crítica del proyecto, que es la secuencia de tareas que determina la duración total del proyecto. Las tareas en la ruta crítica no pueden retrasarse sin afectar la fecha de finalización del proyecto.

Esta herramienta es especialmente útil para proyectos complejos con múltiples tareas y dependencias, ya que proporciona una representación visual clara y estructurada del flujo de trabajo. Permite identificar las tareas más críticas, programar adecuadamente los recursos y anticipar posibles retrasos o desviaciones en el proyecto.

Los diagramas PERT permiten una visualización clara y de manera gráfica de los requisitos de tiempo de un proyecto y las relaciones entre las tareas. Con esta información es posible tomar decisiones informadas respecto a la secuencia de tareas y sus fechas límite.

Esta herramienta ayuda en la planificación y programación del proyecto, identifica la ruta crítica y facilita el seguimiento y control del avance del proyecto. Es una herramienta útil para gestionar proyectos complejos y garantizar una gestión eficiente y efectiva.

PREGUNTA: De acuerdo al uso extendido de las técnicas presupuestarias, crees qué basta con el uso de indicadores financieros para una buena gestión.

RESPUESTA: La gestión enfocada en indicadores financieros puede hacer perder de vista otras dimensiones de la gestión. Por ejemplo, analizar las quejas de los clientes, permitiría anticipar problemas que aún no se presentan.

La función de control en la administración es esencial para garantizar que las actividades y procesos se desarrollen de acuerdo a los planes establecidos y los objetivos sean alcanzados de manera eficiente y efectiva. Para ello, se lleva a cabo un monitoreo continuo y una evaluación sistemática de los resultados obtenidos, comparándolos con los estándares establecidos y realizando las correcciones necesarias en caso de desviaciones.

La función de control en la administración consiste en evaluar y supervisar el desempeño de las actividades y los resultados, comparándolos con los estándares y metas establecidos, y tomando acciones correctivas cuando sea necesario. A través del control, se busca asegurar que la organización se mantenga en el rumbo correcto y alcance sus objetivos de manera eficiente y efectiva.

En este sentido, los sistemas de información desempeñan un papel fundamental en el control. Los presupuestos son herramientas que permiten planificar y asignar recursos de manera adecuada, estableciendo metas financieras y comparando los resultados reales con los previstos. Esto proporciona una visión clara de la salud financiera de la organización y ayuda a tomar decisiones informadas sobre el uso de los recursos.

La función de control en la administración implica el monitoreo constante de los resultados y la comparación con los estándares establecidos. El control es esencial para asegurar la eficiencia y eficacia de los procesos, identificar áreas de mejora y lograr los resultados deseados en una organización.

Conclusiones

En conclusión, las cuatro funciones del proceso administrativo - planificación, organización, dirección y control - son fundamentales para el éxito y el funcionamiento eficiente de una organización.

La planificación establece la dirección y los objetivos a largo plazo, proporcionando una guía para la toma de decisiones y la asignación de recursos. La organización se encarga de estructurar los recursos y las actividades de la organización de manera eficiente, asegurando la coordinación y el cumplimiento de los objetivos.

La dirección implica el liderazgo y la motivación de los empleados, asegurando que se realicen las tareas necesarias y se alcancen los objetivos establecidos.

Finalmente, el control es esencial para evaluar el desempeño y garantizar que las actividades se desarrollen de acuerdo con los estándares y los planes establecidos, permitiendo realizar ajustes y correcciones necesarios.

Estas funciones no son lineales, sino que se interrelacionan y se retroalimentan entre sí, formando un proceso continuo y dinámico.

En conjunto, estas funciones proporcionan una base sólida para la gestión y administración eficiente de una organización, permitiendo alcanzar los objetivos de manera efectiva, aprovechar las oportunidades y enfrentar los desafíos.

Es importante destacar que cada función requiere de habilidades y competencias específicas, y que el éxito en la administración depende de la capacidad para integrar y equilibrar estas funciones de manera efectiva.

En conclusión, el proceso administrativo proporciona una estructura y un enfoque para la gestión eficiente y efectiva de las organizaciones, permitiendo alcanzar el éxito y el logro de los objetivos establecidos.

Ejercicios resueltos

Planificación

301. En términos generales la planificación tiene las siguientes características:

A. Define el organigrama, define procedimientos y actividades, y asigna recursos.

B. Define objetivos, control del presupuesto y asigna recursos.

C. Define objetivos, define procedimientos y actividades, y control del presupuesto.

D. Define objetivos, define procedimientos y actividades, y asigna recursos.

302. ¿Cuáles de los siguientes son instrumentos de la función planificación de acuerdo a la clasificación en cuatro funciones del proceso administrativo?

A) Análisis FODA, carta Gantt, organigrama.

B) Proyectos, programas y carta Gantt.

C) Organigrama, programas y balanced score card.

D) Proyectos, programas e integración del personal.

303. La planificación pretende moldear el futuro de una determinada manera. En otras palabras por medio de los planes se busca delinear una situación presente para que en el futuro sea de otra forma. Selecciona misiones, objetivos y evalúa el cumplimiento de estos.

• Verdadero

• Falso

304. Desde una perspectiva teórica se plantea que una organización siempre sigue una estrategia. ¿Con qué nombre se alude a la situación en que la estrategia no es declarada explícitamente?

A. Estrategia deliberada.

B. Estrategia emergente.

C. Estrategia ocasional

D. Estrategia fortuita

305. Explique en que consiste el concepto de planificación.

Enfoque VICA

306. El enfoque VICA puede ser de utilidad para planificar. Si el escenario es ambiguo, es decir, existe falta de conocimiento con respecto a las reglas básicas del juego. ¿Cuál es la respuesta apropiada de la organización para enfrentar esta situación?

A. Experimentación.

B. Experiencia.

C. Formalidad.

D. Una estructura sólida.

Organización

307. Un fenómeno presente en las organizaciones es la existencia de límites a la supervisión. ¿Por qué se produce esta situación?

A. Número de personas que es posible supervisar.

B. Por la ambigüedad existente en la organización.

C. Por la estructura informal.

D. Debido a una estrategia fortuita.

308. ¿Cuáles de las siguientes combinaciones corresponde a tipos de estructura organizacional?

I. Funcional, Divisional

II. Matricial, En línea o staff

III. Departamentalización, Matricial, En línea o staff

IV. Formal, Organigrama, Matricial

A.   I y II

B.   I y III

C.   II y IV

D.   III y IV

309. La organización consiste en establecer una estructura intencional de papeles o roles para la integración de una corporación.

• Verdadero

• Falso

310. Las funciones de apoyo se encargan que la unidad de producción y otras unidades cuenten con los insumos necesarios para la realización de sus actividades.

• Verdadero

• Falso

Se debe rellenar el espacio en blanco. Completar la oración con una o varias palabras de manera exacta.

311. La función de asesoría o ______ la componen personas o unidades, que asesoran a otras unidades y no dan órdenes directas.

312. El organigrama es la representación ________ de la estructura formal de una empresa.

313. Explique en que consiste el concepto de Organización.

Dirección

401. ¿Cuáles de los siguientes son exclusivamente componentes del liderazgo?

A) Talento para inspirar, aptitud de ejercer el poder, influir en personas.

B) Organizado, creativo, habilidad para generar un entorno adecuado.

C) Analítico, puntual, apto para influir en personas.

D) Metódico, puntual, Talento para inspirar.

402. ¿Cuáles son los aspectos claves del proceso de dirección?

I. La motivación, el liderazgo

II. La toma de decisiones, las comunicaciones

III. La motivación, factores motivadores, factores de higiene.

IV. La toma de decisiones, factores de higiene, factores motivadores

A.   I y II

B.   III y IV

C.   I, III y IV

D.   I, II y III

403. La Teoría de las necesidades de Herzberg se enfoca en las necesidades de desarrollo profesional de las personas.

• Verdadero

• Falso

404. La función administrativa de la dirección se define como el proceso de influir en las personas de modo que contribuyan a las metas organizacionales y de grupo.

• Verdadero

• Falso

405. La motivación, el liderazgo, la toma de decisiones y las comunicaciones son aspectos claves en la función dirección.

• Verdadero

• Falso

406. La Teoría X y teoría Y es un modelo bidimensional para evaluar la calidad de las comunicaciones un a organización.

• Verdadero

• Falso

Se debe rellenar el espacio en blanco. Completar la oración con una o varias palabras de manera exacta

407. La teoría de las necesidades de Maslow plantea que las necesidades de las personas se pueden clasificar en dos grandes grupos: Las primeras de carácter más básico, entre las que se en-

cuentran las_______ y las de seguridad, y las segundas de orden superior como las necesidades sociales, de autoestima y de realización.

408. Explique en que consiste el concepto de dirección.

Evaluación

409. El cuadro de mando integral o balanced scorecard es un instrumento de evaluación. ¿El énfasis en qué tipo de indicadores busca superar?

A. Indicadores de productividad

B. Indicadores financieros.

C. Indicadores de ventas.

D. Indicadores de personal.

410. El cuadro de mando integral o balanced scorecard es un instrumento de evaluación. ¿Qué utilidad presta en una empresa u organización?

A. Entregar información para la gestión que los datos financieros no proporcionan.

B. Organizar los equipos de trabajo.

C. Junto al organigrama asignan recursos de personal.

D. Proporciona normas éticas que orientan la gestión.

411. ¿Qué elementos tiene una carta Gantt?

I. Evalúa las desviaciones financieras.

II. Muestra las relaciones de tiempo que existen entre las actividades.

III. Asigna responsable o encargados de las actividades.

IV. Es un gráfico de barras.

A.   I, II y IV

B.   II, III y IV

C.   I, III y IV

D.   I, II y III

412. La función administrativa del control o __________ consiste en la medición y corrección del desempeño con la finalidad de asegurarse de que se cumplen los objetivos de la empresa .

413. Explique en que consiste el concepto de evaluación o control.

414. Explique por qué es preferible la acepción evaluación que la de control para referirse a esta función del proceso administrativo.

Respuestas

Planificación

301. Respuesta: La alternativa correcta es la D.

Retroalimentación: En términos generales un plan define objetivos, define procedimientos y actividades, y asigna recursos. Evaluar el control del presupuesto corresponde a la función control y definir el organigrama a la función organización.

302. Respuesta: La alternativa correcta es la B.

Retroalimentación: Proyectos, programas y carta Gantt son herramientas ampliamente utilizadas en la planificación. Los organigramas corresponden a la función organización, el balanced score card a dirección y la integración de personal a la función dirección.

303. Respuesta: Falso.

Retroalimentación: La evaluación del cumplimiento de los objetivos corresponde a la función control.

304. Respuesta: La alternativa correcta es la A.

Retroalimentación: La estrategia deliberada es aquella que se registra de manera explícita. La Estrategia emergente corresponde a las situaciones en que las organizaciones no formulan explícitamente su estrategia.

305. Retroalimentación: La planificación pretende moldear el futuro de una determinada manera. En otras palabras por medio de los planes se busca delinear una situación presente para que en el futuro sea de otra forma. Selección de misiones y objetivos, así como de las acciones para lograrlos, lo cual requiere tomar decisiones, es decir, elegir una acción entre diversas alternativas.

306. Respuesta: La alternativa correcta es la A.

Retroalimentación: La experimentación es necesaria para reducir la ambigüedad. Atreverse a probar nuevas técnicas de gestión puede ser la clave.

Organización

307. Respuesta: La alternativa correcta es la A.

Retroalimentación:El límite de personas supervisables cambia de acuerdo a las características de la tarea, el tipo de organización y el tipo de personal a cargo.

308. Respuesta: A.

Retroalimentación: La departamentalización es importante para el diseño de una estructura organizacional, pero no es un tipo de estructura en sí. Un organigrama es la representación de una estructura, pero no un tipo de ella.

309. Respuesta: Verdadero.

Retroalimentación: El propósito de una organización es generar un entorno adecuado para que las personas desarrollen actividades, para ello crea una estructura con roles definidos.

310. Respuesta: Verdadero.

Retroalimentación: Las funciones de apoyo se encargan de que las unidades relacionadas con el giro de la organización cuenten con lo necesario para cumplir su propósito.

311. Respuesta: staff.

Retroalimentación: Esta modalidad de estructurar las unidades del organigrama se representan con línea segmentada, ya que asesoran, apoyan o cumplen una función de staff.

312. Respuesta: gráfica.

Retroalimentación: El organigrama es un instrumento que representa mediante rectángulos y líneas las relaciones que existen en una organización.

313. Retroalimentación: La organización consiste en establecer una estructura intencional de papeles o roles para la integración de una corporación.

Dirección

401. Respuesta: La alternativa correcta es la A.

Retroalimentación: Organizado, puntual, analítico, metódico no corresponden a características exclusivas de liderazgo, por lo que la opción adecuada es: Talento para inspirar, aptitud de ejercer el poder, influir en personas.

402. Respuesta: A.

Retroalimentación: Factores de higiene y factores motivadores son conceptos de la Teoría de las necesidades de Herzberg, por lo que se deben descartar. La motivación, el liderazgo,la toma de decisiones y las comunicaciones son las que se consideran las funciones de la dirección.

403. Respuesta: Verdadero.

Retroalimentación: La teoría de Herzberg sostiene que existen dos factores que deben ser considerados: Factores de higiene son aquellos correspondientes al entorno, que su presencia no lleva a la motivación, pero su ausencia sí provoca insatisfacción.

404. Respuesta: Verdadero.

Retroalimentación: Esta es la definición que propone Koontz para entender la función dirección.

405. Respuesta: Verdadero.

Retroalimentación: Estos son considerados los aspectos más importantes que un directivo debe tener en cuenta al desarrollar esta función.

406. Respuesta: Verdadero.

Retroalimentación: La teoría X considera que a la persona le desagrada el trabajo. La teoría Y, en cambio, considera que los individuos quieren y necesitan trabajar.

407. Respuesta: fisiológicas.

Retroalimentación: Maslow jerarquiza estas necesidades ubicando en la base de una pirámide las necesidades fisiológicas y en la cima la autorealización.

408. Retroalimentación: La función administrativa de la dirección se define como el proceso de influir en las personas de modo que contribuyan a las metas organizacionales y de grupo

Evaluación

409. Respuesta: La alternativa correcta es la B.

Retroalimentación: Este enfoque busca superar los indicadores financieros, ya que limitan a una visión solo de esta área.

410. Respuesta: La alternativa correcta es la A.

Retroalimentación: Este enfoque considera indicadores más allá de los estrictamente financieros.

411. Respuesta: B.

Retroalimentación: La evaluación de las desviaciones financieras corresponde al uso del presupuesto como herramienta de control.

412. Respuesta: evaluación.

Retroalimentación: Al considerar esta función como evaluación, se tiene una perspectiva más amplia que la de control y da una mejor idea de la relevancia de esta función en la generación de información útil para la gestión.

413. Retroalimentación: La función administrativa del control consiste en la medición y corrección del desempeño con la finalidad de asegurarse de que se cumplen los objetivos de la empresa y los planes.

414. Retroalimentación: Evaluación tiene una perspectiva más amplia que la de control y da una mejor idea de la relevancia de

esta función en la generación de información útil para la gestión. Además, se le quita la carga negativa asociada a la expresión control, que generalmente está relacionada con un estilo de dirección de orientación más autoritaria.